Adolph Friedrich IV.

Erb - Vergleich

Adolph Friedrich IV.

Erb - Vergleich

ISBN/EAN: 9783742809520

Hergestellt in Europa, USA, Kanada, Australien, Japan

Cover: Foto ©ninafisch / pixelio.de

Manufactured and distributed by brebook publishing software (www.brebook.com)

Adolph Friedrich IV.

Erb - Vergleich

Erb-Vergleich,

wie solcher, von dem

Durchlauchtigsten Fürsten und Herrn,

HERRN

Adolph Friederich, IV.

Hertzoge zu Mecklenburg,

Fürsten zu Wenden, Schwerin und Ratzeburg, auch Grafen zu Schwerin, der Lande Rostock und Stargard Herrn ꝛc.

durch Dero Accession angenommen, und im Stargardischen Creyse publiciret worden.

Neu-Brandenburg,
gedruckt bey E. Wapler, Hertzogl. Mecklenb. Strelitzs. Hof-Buchdrucker.
1760.

Von GOttes Gnaden,
Wir Adolph Friedrich,

Hertzog zu Mecklenburg, Fürst zu Wenden Schwerin und Ratzeburg, auch Graf zu Schwerin, der Lande Rostock und Stargard
HErr ꝛc.

hrkunden und bekennen für Uns und Unsere Nachkommen, Regierende Hertzoge zu Mecklenburg: Demnach zur Beförderung Friedens und Ruhe, mithin zur wahren Glückseeligkeit der
A 2   gesäumt

gesammten Lande Mecklenburg, über die, seit vielen Jahren, obgewaltete und unverhoffte neu entstandene Irrungen, zwischen Unsers in GOtt ruhenden Herrn Vetters, des Regierenden Herrn Herzogs, Christian Ludwigs, zu Mecklenburg ꝛc. Liebden, und E. E. Mecklenburgischen Ritter- und Landschafft, unter dem 18. April: 1755. zu Rostock, ein Vergleich getroffen worden: Daß auch Wir, in gleicher Landes-Väterlicher Absicht, auf unterthänigstes Ansuchen gedachter Ritter- und Landschafft, besagtem Vergleich mit seinen angefügten Beylagen und darinnen enthaltenen Instructionibus und Verordnungen, gleich als wenn solche in Ansehung Unsers Stargardischen Creyses, respective von Uns abgefasset und erlassen worden, vermittelst und nach Maaßgabe der darüber denenselben gnädigst ertheilten Versicherungs-Acte, welche wörtlich folgendergestalt lautet:

Wir Adolph Friedrich,
Von GOttes Gnaden,
Herzog zu Mecklenburg, Fürst zu Wenden, Schwerin und Ratzeburg, auch Graf zu Schwerin, der Lande Rostock und Stargard Herr ꝛc.

Uhrkunden hiemit für Uns und Unsere Nachkommen, Regierende Herzoge zu Mecklenburg: Nachdem Ihro Kayserliche Majestät bereits unterm 9ten Jun: 1749. zu gütlicher Hinlegung aller derjenigen innerlichen

nerlichen Streitigkeiten, welche theils schon von vielen Jahren her, zwischen denen Regierenden Hertzogen zu Mecklenburg und dem uniirten Corps der Ritter- und Landschafft vorhanden gewesen, theils sich besonders dazumahl, zwischen Unsers Herrn Vettern, des Herrn Hertzogs, Christian Ludewigs, zu Mecklenburg-Suerin, zusammt Weyland Unsers Herrn Vettern und Verfahren an der Regierung, Herrn Hertzogs Adolph Friedrichs III. Lbd. Lbd. und der erwehnten Ritter- und Landschafft, hervorgethan, eine Kayserliche Hof-Commission allergnädigst zu verordnen geruhet, und dann in deren Verfolg zu Vergleichung solcherley Irrungen, ersagten Unsers Herrn Vetters zu Mecklenburg-Suerin Lbdn. vorzüglich den Weg gütlicher Unterhandlungen alhier im Lande auf einem allgemeinen, nach Rostock ausgeschriebenen Convocations-Tag, anzutreten beliebet, zu welchen Wir die Ritter- und Landschafft Unsers, mit der übrigen Mecklenburgischen Ritter- und Landschafft, uniirten Stargardischen Creyses, nach Maaß-Gebung des Hamburgischen Vergleichs §. 8. mit entbothen, folglich gleichfals in conformité deßen, auf sothanem allgemeinen Convocations-Tage, durch Unsern Bevollmächtigten die Nohtdurfft, ratione Unsers Stargardischen Creyses beobachtet, und solchergestalt deshalb, so viel an Uns seyn mögen, um Erreichung eines allgemeinen Vergleichs, Uns mit bearbeitet haben, der auch unter Kayserl. allerhöchsten Obwaltung, erreichet, am 18. April. des jetztlauffenden Jahrs, zwischen Unsers Herrn Vetters, des Herrn Hertzogs Christian Ludewigs, zu Mecklenburg-Suerin Lbdn. und der uniirten Mecklenburgischen Ritter- und Landschafft, geschlossen und vollzogen und von dieser an Uns, mit der dahin gerichteten Bitte überreichet worden, selbigen, zu endlicher Beforderung des gleichfals, in Ansehung des Stargardischen Creyses zu schliessenden allgemeinen Vergleichs, in Gnaden durchgehends anzu nehmen, und so wohl für Unsere Person und Fürstliche Erben

A 3 und

und Nachkommen an der Regierung für jetzt, und in casum eventualis Successionis zu vollziehen, als auch, daß demselben von der verwittweten Frau Hertzoginn, Unserer Hochgeehrtesten Frau Mutter Gnaden, im Nahmen und Vormundschafft Unserer drey minderjährigen Herren Brüder Lbdn. Lbdn. Lbdn. beygetreten werde, zu bewircken, daß Wir demnach hiemit und Krafft dieses offenen Briefes nicht nur pro præsenti, ratione Unsers Stargardischen Districts, sothanen Vergleich, allen seinen wesentlichen Innhalt nach, wie derselbe auf Unser Haus und ersagten Unkrn Stargardischen Creyß insonderheit applicable, gnädigst angenommen, und von Nachkommen zu Nachkommen fest und unverbrüchlich zu halten Landes-Fürstlich versprochen und zugesaget, sondern auch in Consideration und auf dem Fall der, in des Höchsten Händen Rehenden Succession, Unserer oder Unserer Nachkommen in die Hertzoglich-Suerin- und Gustrowische Lande, der gesammten Ritter- und Landschafft hiedurch die Versicherung ertheilet haben wollen, daß Wir in der Qualität als Agnat und eventual-Successor den vorberührten, am 18. Aprilis a. c. zu Rostock getroffenen, aus 25. Articuln und 530. §. §. bestehenden Erb-Vergleich mit seinen Beylagen, als immerwährend gültig und kräfftig, annehmen, erkennen und erklären, dergestalt, daß alles dasjenige, was darinn vertragen, geschloßen und festgesetzet worden, stett, vest und unverbrüchlich gehalten und erfüllet werden solle.

  Gereden und geloben demnach, zu sagen und verheißen vorstehendes alles respective für jetzt, ratione Unsers Stargardischen Creyses unter obiger Erklärung, und für die Zukunfft als Agnatus auch Successor eventualis für Uns und Unsere Fürstliche Erben und Nachkommen, bey Fürstlichen Ehren, Würden, wahren Worten und Glauben.

            Zu

Zu deßen Uhrkund und mehrerer Versicherung haben nicht nur Wir diese respective Accessions- und Agnitions-Acte für Uns Selbst eigenhändig unterschrieben, sondern es haben auch, für künfftige Successions-Fälle, der verwittweten Hertzoginn, Unserer Hochgeehrtesten Frau Mutter Gnaden im Nahmen und in Vormundschafft Unserer viel geliebten Herren Brüder, des Printzen Carl Ludewig Friedrichs, Lbdn. des Printzen Ernst Albrecht Gottlob, Lbdn. und des Printzen Georg August, Lbdn. unterschrieben und mit Unsern Insiegeln bestärcket. So geschehen Neu-Strelitz den 11ten Julii und 30. Septembr. Anno 1755.

Adolph Friedrich
H. z. M.
(L.S.)

Elisabetha Albertina
H. z. M. G. H. z. S.
im Nahmen und in Vormundschafft Unserer Drey obbenannten Printzen.

(L.S.)

beygetreten, auch solchen, mit Zurück-Nehmung der, von vorerwehnter Ritter- und Landschafft, de dato Malchin, den 25. Novembr. 1755. unterthänigst gegebenen Gegen-Versicherungs-Acte, welche, wie nach stehet, lautet:

Wir, auf gegenwärtigen allgemeinen Land-Tage versammlete Land-Räthe, Land-Marschälle und übrige von Ritter- und Landschafft der Hertzogthümer Mecklenburg, geben und geloben hiemit, für uns, unsere Erben und Nachfolgern in unseren Aemtuern:
Als

Als der Durchlauchtigste Fürst und Herr, HERR Adolph Friedrich, Herßog zu Mecklenburg, Fürst zu Wenden, Schwerin und Ratzeburg, auch Graf zu Schwerin, der Lande Rostock und Stargard Herr, unser gnädigster Fürst und Herr, den, auf dem allgemeinen Convocations-Tage zu Rostock, am 18. Aprilis dieses Jahres, zwischen dem Durchlauchtigsten Fürsten und Herrn, HERRN Christian Ludewig, Herßogen zu Mecklenburg, Fürsten zu Wenden, Schwerin und Ratzeburg, auch Grafen zu Schwerin, der Lande Rostock und Stargard Herrn, unserm gnädigsten Fürsten und Herrn, an einem, und der uniirten Mecklenburgischen Ritter- und Landschafft, am andern Theil, geschloßenen und vollzogenen, in 25. Articula und 510. Paragraphis befaßeten Erb-Vergleich mit seinen Beylagen, für Dero höchste Person und Fürstliche Erben, so wohl für jetzt, ratione des Stargardischen Creyses, als auch in Consideration und auf dem Fall der, in des Höchsten Händen stehenden Succession in die Herßoglich Mecklenburg-Schwerin- unt Gustrowische Lande, in der qualitæt als Agnatus und eventual-Successor, als immerwährend gültig und kräfftig, dergestalt angenommen, erkannt und erkläret, daß alles dasjenige, was darinn vertragen, geschloßen und fest gesetzet worden, stet, fest und unverbrüchlich gehalten und erfüllet werden solle, zugleich auch bewürcket haben, daß demselben von Dero Durchlauchtigsten Verwittweten Herßoginn Frau Mutter, im Nahmen und Vormundschafft der Drey Durchlauchtigsten minderjährigen Prinßen, des Prinßen, Carl Ludewig Friedrich, Durchlaucht, des Prinßen, Ernst Albrecht Gottlob, Durchlaucht, und des Prinßen, Georg August, Durchlaucht, beygetreten, alles mehreren Innhalts und Krafft der zu Neu-Strelitz den 11. Julii und 30. Septembr. 1755. an

gesammte

gesammte Ritter-und Landschafft ausgestelleten Agnitions-Acte: Daß wir demnach sothanen Erb-Vergleich in allen seinen Puncten und Clausuln, seiner gantzen Schrifft und Fassung nach, nicht nur ratione des Stargardischen Creyses für jetzt, sondern auch fürs künfftige, auf dem eventualen Successions-Fall des Durchlauchtigsten Hertzogl. Hauses Mecklenburg-Strelitz, in die Mecklenburg-Schwerin und Güstrowische Hertzogthümer und Lande, sodann für das gantze Land, bewilliget und angenommen haben, mithin, als einen Landes-Grund-Gesetzlichen Erb-Vertrag, für verbindlich und kräfftig halten, demselben unserer Seits aufs genaueste nachkommen und Genüge leisten, und mit denenjenigen, welche ihm entgegen zu leben, oder thn, als einen gemeinen und allverbindlichen Landes-Vergleich, nicht zu erkennen sich beygehen lassen wolten, nie gemeine Sache machen, sondern mit Ihro Hertzogl. Durchl. unserm gnädigsten Fürsten und Herrn, inn- und außer Gericht diesen allgemeinen Landes-Vergleich, als ein Pragmatisches Landes-Fundamental-Gesetz anerkennen, behaupten, befolgen und erfüllen wollen: Gestalt wir solches alles hiemit wohlbedächtlich versprechen und dahero nicht nur allen bisherigen, wegen hiebevoriger Streitigkeiten und Irrungen mit unsers gnädigsten Landes-Fürsten und Herrn, Hertzogl. Durchl. obgewalteten Processen und Appellationen bey den höchsten Reichs-Gerichten, bündigst entsagen, sondern auch allen uns, wieder diesem Vergleich, zu statten kommenden Einreden und Ausflüchten, wie die Nahmen haben mögen, insonderheit dem Einwand der Ueberrellung, nicht genugsamen Bedachts, der Furcht, der Ueberredung, des Irrthums, nicht gehabter genugsamer Freyheit, einer nicht so, sondern anders getroffenen Abrede ꝛc. und besonders

B der

der Regul, daß eine allgemeine Verzicht ohne Vorhergehung einer besondern, unverbindlich sey, uns hiemit feyerlichst und bündigst begeben und verzeihen. Zu dessen allen mehreren Beglaubigung und Versicherung wir gegenwärtiges unser Annehmungs- und Erfüllungs-Gelöbniß, eigenhändig unterschrieben, und so wohl mit dem allgemeinen Landes-Siegel, als mit unsern angebohrnen und gewöhnlichen Pettschafften, bestärcket haben. So geschehen zu Malchin den 15. Novembris 1755.

(L.S.)
Prov:

Ludwig Achatz Hahn, Land-Rath des Herßogthums Mecklenburg-Güstrow, auf Dieckhoff Erbgesessen. (L.S.)

Cord von Hobe, Land-Rath des Herßogthums Mecklenburg-Schwerin, auf Behrendshagen Erbgesessen.
(L.S.)

Volrath Levin Molßahn, Land-Rath des Herßogthums Güstrow und Erb Land Marschall des Wendischen Creyses, Erbgesessen auf Grubenhagen. (L.S.)

Carl Leopold Halberstadt, Landrath des Herßogthums Schwerin, auf Gottesgabe Erbgesessen. (L.S.)

Hans Heinrich von Blücher, Landrath des Herßogthums Mecklenburg-Schwerin, auf Schlin. (L.S.)

Magnus Friedrich Barner, Land-Rath des Herßogthums Schwerin, auf Bülow und Lütten-Gornau. (L.S.)

August Barthold de Lützow, Erb-Land-Marschall Mecklenburgischen Creyses, auf Eickhoff. (L.S.)

Ernst

Ernſt Ludwig von Gentzlow, auf Derwitz, als Vice-Land-
Marſchall des Stargardiſchen Creyſes. (L. S.)
Helmuth Graf von Ploſſen, Erb-Herr auf Iwenack und
Cambs. (L. S.)
Bernhard Matthias Graf von Baſſewitz, Erb-Herr auf
Dalwitz ꝛc. (L. S.)
Jaſpar von Oertzen, Erb-Herr auf Roggow und Gerdes-
hagen. (L. S.)
Friederich Ludwig Vieregg, auf Subſien und Kronscamp
Erbgeſeſſen. (L. S.)
Chriſtoff Ezard von Jasmund auf Mollenbeck. (L. S.)
Claus Dettloff von Oertzen, auf Gorow und Bolckow. (L. S.)
Carl Friederich von Jasmund, auf Camin, Godenſwege
und Riepke. (L. S.)
Joachim Werner von Oertzen, auf L. Nienhagen und Al-
tenhagen. (L. S.)
Hans Hinrich Levetzow, Erb-Herr auf Schwiſſel und
Schorrentin. (L. S.)
Johann Wilhelm von Preſſentin zu Preſtin. (L. S.)
Engelck de Pleſſen, auf Wooſten. (L. S.)
Georg Chriſtoff von Ahrenſtorff, auf Crummel. (L. S.)
Victor Wilhelm von Oertzen, auf Leppin. (L. S.)
Bogislav Helmuth von Moltzahn, auf Wolde wegen Cas-
torff ꝛc. (L. S.)
Theodoſius Levetzow auf Teſchow. (L. S.)
Hans Adolph von Lepel auf Dobbin. (L. S.)
Johann Dieterich von der Oſten auf Caarsſtorff (L. S.)
Ludwig Auguſt Molcke, auf Wotrum. (L. S.)

B 2   Chriſtian

Christian Friederich von Klinggräff, auf Chemnitz und
    Plunow. (L. S.)
Joachim Gottfried von Bassewitz auf Hohen-Luckau. (L. S.)
Jobst Hinrich von Bülow, auf Moserin. (L. S.)
Stephan Wernher von Dewitz, zu Cölpin (L. S.)
Arnd Heinrich von Oertzen, Erb-Herr auf Kotelow. (L. S.)
Henning Christian von Bülow, auf Cummin. (L. S.)
August Friedrich von Stralendorff, auf Gnuicke und
    Tutow. (L. S)
Ernst Christoph von Keyserlinck, auf Gewezin. (L. S.)
Henning Leopold von Oertzen, auf Anckershagen und Blu-
    menow cum pert: (L. S.)
Georg Ulrich von Bülow, auf Crietzow. (L. S)
Henning Otto von Below, auf Deven. (L. S.)
Julius Ernst von Bülow, auf Pluschow und Theslorff.
    (L. S.)
Johann Georg von der Jahn, auf Neese. (L. S.)
Christoff Albrecht von Kampz, auf kl. und gr. Plasen.
    (L. S.)
Gerd Carl von Dessien. In Ermangelung meines Pett-
    schaffts.
Jürgen Ernst von Oldenburg, zu Möllenstorff. (L. S.)
Christian Diederich von Oldenburg, zu Federow. (L. S.)
Elert Christoff von Oldenburg, auf Glabe. (L. S.)
Peter le Fort, auf Marien. (L. S.)
Cord Hans von Bülow, zu Prützen und Schönenwalde.
    (L. S.)

Christoph

Christoff Friederich von Bieregg, auf Cobsow.   (L. S.)
Joachim Dieterich von Kampz, auf Koppelow.   (L. S.)
Berend Wigand von Pressentin, auf Weltendorff.   (L. S.)
Friederich Wilhelm Hans von Lowzow, auf Gaartz.
                                                                                 (L. S.)
Friederich von Grabow, auf Suckwitz.   (L. S.)
Conrad Justus Schoepffer, auf Selpin.   (L. S.)
Georg Ludewig von Oertzen, auf Kittendorff, Lübberstorff
    und Claustorff.   (L. S.)
Lucius Arnold von Rabde, auf Helpte.   (L. S.)
Hartwich Hinnerich von Drieberg, auf Grambzow. (L. S.)
Andreas David Röpert, auf Grabow.   (L. S.)
Carl Balzer von Gentzkow, auf Poggelow und Guns-
    dorff.   (L. S.)
Joachim Ulrich von Preen, auf Bandelstorff.   (L. S.)
Friederich von Lowzow, auf Lewzow, Zürck cum perti-
    nentiis, wie auch auf Rehow, Leppin cum pertinentiis.
                                                                                  (L. S.)
Georg Friederich Bassewitz, Erb-Herr von Glocksin und
    Dambeck.   (L. S.)
Gotthard Carl Friederich von Peckatell, auf Weledin,
    Wrodow cum pertinentiis.   (L. S.)
Friederich Casimir Siegfried von Molcke, auf Garnau.
                                                                                  (L. S.)
Bernd de Pressentin, auf Daschow und Curpentin.
                                                                                  (L. S.)
Dieterich von Hobe, auf Medling.   (L. S.)
Hans Friederich von Marschalk, auf Crisow.   (L. S.)

Zabel Leopold Christoffer von Grabow, auf Zahle.
(L. S.)
Ernst Johann von Hobe, auf Jürgenstorff. (L. S.)
Friedrich August de Kalckreuth, auf Bredenfelde. (L. S.)
Joachim Ernst de Kampz, auf kleinen Barchow. In Ermangelung meines Pettschaffts.
Georg Hinrich de Lehsten, auf Wardau Erbgesessen.
(L S.)
Friedrich Ernst von Tornow, auf Wittenhagen. (L.S.)
Martin Heinrich Saefert von Gäfertshelun, auf Rebbemin,
(L. S.)
Johann Christoph von Scheve, auf Canzow, (L. S.)
Valentin Johann Besellin, Consul Rostochiensis. (L. S.)
Joachim Christian Detloff, Consul Parchimensis. (L.S.)
Friedrich Balcke, Consul Parchimensis. (L. S.)
Conrad Justus Schoepffer, Consul Gustroviensis. (L. S.)
Johann Albrecht Keller, Consul Neobrandenb. (L. S.)
Johann Joachim Stemwede, Consul Suerinensis. (L. S.)
Johann Friedrich Mehlmann, Consul Wahrensis (L. S.)
Jacob Tangas, Consul Strelitzensis. (L. S.)
Johann Philipp Ludewig Albinus, Senator Boitzenburgensis, (L. S.)
Johann Friedrich Blese, Consul Röbelensis. (L. S.)
Anton Pefers, Senator Boitzenburgensis. (L. S.)

geschlossen, und in so weit er auf Unsere Stargardische Lande applicabel, angenommen haben, welcher Landes-Erb-

Vergleich

Vergleich mit seinen Beylagen, von Wort zu Wort, folgendergestalt lautet:

Wir Christian Ludewig
Von GOttes Gnaden,
Hertzog zu Mecklenburg, Fürst zu Wenden, Schwerin und Ratzeburg, auch Graf zu Schwerin, der Lande Rostock und Stargard Herr ꝛc.

Uhrkunden hiemit für Uns und Unsere Nachkommen, Regierende Hertzoge zu Mecklenburg: Nachdem Ihro Kayserliche Majestät dem von Uns, gleich mit Antritt Unsrer Regierung gefasseten, und von Zeit zu Zeit, so viel an Uns, kenntlich gemachten Landes-Väterlichem Vorsatz, alle von Unseren in GOtt ruhenden Vorfahren an der Regierung hinterlassene innerliche Streitigkeiten, durch gründliche Verträge zu heben, mithin Unsere gesammte Lande in die Glückseligkeit des Friedens und der Ruhe zu versetzen, dadurch zu Statten zu kommen, allerhuldreichst geruhet haben, daß Allerhöchst Dieselbe bereits unterm 9ten Junii 1749. zu gütlicher Hinlegung aller, zwischen Uns und Unsrer Ritterschafft der Zeit entstandenen und entstehen wollenden Streitigkeiten, eine Kayserliche Hof-Commission zur Güte allergnädigst zu verordnen, und in deren Verfolg Wir mit der Ehrbaren Unserer lieben getreuen Ritter- und Landschafft, über die, zwischen

schen Uns und Ihr, theils vorgefundene, theils unverhoft neuentstandene Irrungen, in die Wege zum Vergleich getreten sind; daß nunmehro die bis hieher, theils vor allerhöchst-gedachter Hof-Commißion, theils hier im Lande gepflogene mühsame Handlungen, ihr vergnügliches Gedeyhen erreichet, und Wir unter Kayserlicher allerhöchster Obwaltung mit Unserer Ritter-und Landschafft folgenden Vergleich getroffen, vollzogen, und von Nachkommen zu Nachkommen unverbrüchlich zu halten, Landes-Fürstlich versprochen haben.

§. 2.

Wir verkündigen und versprechen also hiemit gleich Anfangs Unserer gesammten Ritter-und Landschafft vollkommene Sicherheit und Erhaltung bey Ihren Rechten, Gerechtigkeiten, Freyheiten, Vorzügen, Gebräuchen, und Gewohnheiten, wie solche Unsere Ritter-und Landschafft überhaupt, oder ein jeder Stand für sich alleine, und ein jeglicher derselben insonderheit, rechtsbeständig erworben und hergebracht hat.

§. 3.

Und da Wir schon in dem ersten Jahre Unserer Regierung der Ritter-und Landschaft einen förmlichen und bündigsten Bestätigungs-Brief über ihre Rechte und Gerechtigkeiten ertheilet; So wollen wir auch, zu nochmahligem Beweis, wie sehr Uns die Erhaltung derselben am Hertzen liege, die, Unsrer Ritter-und Landschaft von Unseren in GOtt ruhenden Vorfahren, verliehene Rechte, Privilegien und Begnadigungen, welche in den Assecurations-Reversen überhaupt, und insbesondere in den, zur bequemern Einsicht und Norm,

unter

unter den Nummern I. & II. beygefügten Reversalen von den Jahren 1572. und 1621, in den Resolutionibus ad Gravamina, und in den darauf ergangenen Kayserlichen und Reichs-Vicariats-Erkäntnissen, enthalten sind, abereinst Landes-Fürstlich anerkannt, bestätiget, und versichert haben, der Gestalt: daß solche in allen Punkten und Articuln, welche in diesem Fundamental-Vergleich nicht anders wohin verglichen worden, als Landes-Grund-Gesetze, nach wie vor gehalten, angezogen und geltend gemachet, die von Ritter- und Landschaft auch dabey alle Wege geschützet, gehandhabet, und dagegen nicht beschweret werden sollen.

Num.
I. & II.

§. 4.

Gleichwie nun Unser so wohl, als Unser getreuen Ritter- und Landschaft Wunsch und Absehen dahin gehet, daß so wohl alle alte, noch nicht erledigte Landes-Beschwerden, als auch alle neue Irrungen völlig zur gesammten Zufriedenheit hingeleget und verglichen werden mögen; So soll sich dieser Fundamental- und Erb-Vertrag über alle in vorigen und neuern Zeiten ergangene Beschwerden in der Maaße erstrecken, daß nicht nur die unerledigte Beschwerden, alter und jetziger Zeiten, gäntzlich in diesem Vergleich abgethan, sondern auch die dieserwegen hiebevor ergangene, so wohl Kayserliche- und Reichs-Vicariats-Erkäntnisse, als ertheilte Landes-Fürstliche Reversales und Resolutiones nochmals anerkannt, bestätiget, bekräftiget, erläutert, und solcher Gestalt zur unwandelbaren Verbindlichkeit aufs bündigste vestgesetzet seyn sollen.

C   Erster

Erster Articul.

Von der Landes-Contribution zu Garnisons-Fortifications-Legations-Kosten, zu Reichs-Deputations- und Crayß-Tägen, auch Cammer-Zielern.

§. 5.

Da das Contributions-Wesen in Mecklenburg von Zeit zu Zeit eine Materie zu mancherley innerlichen Zwistigkeiten, theils zwischen den Landes-Fürsten und Ritter- und Landschaft, theils zwischen der Ritter- und Landschaft unter ihr selbst, abgegeben, und Wir daher allen Bedacht dahin genommen, daß in Ansehung des Contributions-Wesens, und alles dessen, was dem anhängig ist, mit Ritter- und Landschaft eine billige, und zu ewigen Zeiten bestehende Vergleichung und Richtigkeit getroffen werden möge; So haben Wir

(I.)

so viel die aus den Ritterschaftlichen Güthern insonderheit, jährlich, zu obgedachten, in Reichs-Gesetzen selbst vorgeschriebenen Erfordernissen, zu erlegende Contribution betrift, über den Modum so wohl, als über das Quantum derselben, Uns mit Unsrer getreuen Ritterschafft, folgender Gestalt unwiderruflich verglichen, daß in den Ritterschafftlichen Güthern der, von der Ritterschafft selbst, als der älteste und füglichste, beliebte Hufen-Modus von nun an bis

zu

zu ewigen Zeiten hiermit angenommen, zugestanden, und vestgesetzet seyn soll.

§. 6.

Wann nun der Hufen-Modus zur sichern Norm im Contributions-Wesen nimmermehr gereichen kann, daferne nicht zuvor die eigentliche Anzahl der würcklich vorhandenen Hufen, dann auch der Begrif einer Hufe an ihr selbst, ins gewisse gesetzet worden: So haben Wir Uns mit Unserer getreuen Ritterschafft, die nach den Reversalen ein freyer Stand ist und seyn soll, mit billigmäßiger Voraus- und Bestsetzung ihrer Immunität, einer allgemeinen Ausmessung der Ritterschafftlichen Güther verglichen, und solchem nach, wegen des gantzen Ritterschafftlichen Hufen-Messungs- und Bonitirungs-Wesens, nachfolgendes verabredet, und Packtweise vestgesetzet.

§. 7.

Es soll nämlich die Ausmessung aller und jeder Ritterschafftlichen Güther, sie mögen Stamm-Güther oder nicht, Lehn oder Erbe seyn, mit allen ihren gegenwärtigen Höfen, Dörfern, Aeckern, Wiesen, Hölzungen, Brüchen, Möhren, Land-Seen, Weyden, und allen Ländereyen, auch übrigen Pertinenzien, wie die Nahmen haben, ohne Unterscheid, von wem dieselbe besessen werden, und ob sie vorhin für Ritter-Hufen, Hof-Acker, oder Baur-Hufen gehalten worden, nach dem, zwischen Uns und Unserer Ritterschafft besonders verglichenen, und unter den Nummern III. und IV. Num. III.&IV. hieneben geschlossenen Messungs- und Bonitirungs-Fuß vorgenommen, und demnächst in einem jeden, durch solche Ausmessung und Taxation zu einem gewissen Hufen-Stand überhaupt gebrachtem Adelichen Guth, ohne einige weitere Ausnahme, die Hälfte der Hufen, gegen Leistung der, in allen

allen Lehn- und Allodial-Briefen vorbehaltenen Ritter- und
Mann-Dienste, von der Landes-Contribution befreyet, und
solcher Gestalt für Immun zu ewigen Zeiten gehalten werden: Die andere Hälfte der Hufen aber, es besitze sie wer
da wolle, Contributions-pflichtig bleiben, und von selbiger
steuerpflichtigen Hälfte der Hufen die jährliche Landes-Contribution abgetragen werden solle.

§. 8.

Die Consistenz, oder der Innhalt einer Hufe, wird hiedurch
solcher Gestalt bestimmet, daß darunter ein Erstreck und
Innbegrif von Dreyhundert Scheffeln Einfall an claßi-
ficirtem Saat-Lande, Wiesen, und Weide verstanden wird:
mithin wird die Zahl der Ritterschaftlichen steurfreyen so
wohl, als steurpflichtigen Hufen, wenn zuvor alles nach der,
im ersten Articul unter den Nummern III. und IV. zum
Grunde liegenden Instruction, gemessen und taxiret ist, auf
solche Art ausfündig gemacht, daß man alle, bey den Ritterschaftlichen oder Adelichen Feld-Marken und Dorfschaf-
ten befindliche Grund-Stücke, an Aeckern, Wiesen, Weiden, Holtz, Rusch und Busch, und wie es sonst Nahmen
haben mag, nichts als die hiernächst benannte wenige, von
Uns ausdrücklich nachgegebene Stücke, davon ausbeschieden, in eins wirft, und so oftmahl eine volle Hufe statui-
ret, als oftmahl sich in mehrbemeldeten Ritterschaftlichen
Güthern volle Dreyhundert Scheffel an Saat-Lande,
Wiesen, Weiden, Rusch und Busch, nach der Kette und der
Taxe der beeidigten Hauswirthe finden.

§. 9.

Woben jedoch Oeconomischer Billigkeit nach ausdrücklich
vorbedungen ist, daß ein Landsübliches Baur-Fuder
Heu für zween Scheffel claßificirten Saat-Landes in beyderley

Von der Landes-Contribution.

derley Fällen, es sey hinlänglicher oder überflüßiger Wiese-Wachs verhanden, oder es fehle daran, gerechnet werden sollen; Gleichwie hingegen jeglicher Scheffel claßificirten Saat-Landes, gegen jeden Scheffel Jnstructionsmäßig bonitirter Weyde, auf-und abgerechnet wird.

§. 10.

Die Scheffel-und Ruhten-Maaße betreffend, wird der richtige Rostecker Scheffel zum Grunde genommen: Auf eine Ruthe aber, werden, nach hiesiger oder Lübecker Maaße, Acht Ellen oder Sechszehn Fuß, und auf einen Fuß zwölf Zoll, mehrern Innhalts der unterm Num. III. beygefügten Messungs-Jnstrucktion, gerechnet.

§. 11.

Wegen Taxation und Claßification der Aecker, Wiesen, Weiden, Hölzungen, Möhre, Rusch, Busch und Seen ꝛc. lieget die unterm Nummer IV. verglichene Bonitirungs-Jnstrucktion, ohne alle weitere Reservation und Einrede, zum Grunde.

§. 12.

Mit den, binnen den Adelichen Güthern, Feld-Marken und Dorffschaften etwa belegenen, oder damit vermengeten Pfarr-und übrigen Geistlichen Aeckern, samt allen sonst erweißlich ad pia Corpora gehörigen Grund-Stücken, soll es solcher Gestalt gehalten werden, daß, was davon bishero nicht steurpflichtig gewesen, oder den Adelichen Possessoribus als Contribuable angerechnet ist, auch künftig der Ritterschafft nicht zur Last gereichen, vielmehr nach geschehener Vermessung, bey Ausrechnung des steurbaren Hufen-Standes, abgeschlagen werden soll.

C 3 §. 13.

§. 13.

Damit aber künftig hierüber keinerley Streit oder Irrung entstehe; So sollen die Pfarr- und übrige Geistliche Hufen hiemit folgender Gestalt bestimmet seyn: So offtmahl ein solcher Prediger, welcher Theil an des Guths oder Dorfs Außen-Weide hat, erweißlich, oder nach untrieglicher Maaßgebung der Kirchen-Bücher, und Visitations-Protocolle, an saatbarem Lande, oder an urbaren Wiesen-Gründen, in welchen letzteren, nach Maaßgebung des 9ten §. ein Baur-Fuder Heu für 2. Scheffel Einsaat gerechnet wird, ein hundert und fünf und siebenzig Scheffel Einfall besitzet, so offtmahl sollen auch die Pfarr- und übrige besetzte Geistliche Hufen Ein hundert und fünf und zwanzig Scheffel an Außen-Weide, oder in Rusch und Busch gerechnet werden, und so nach Proportion bey den übrigen.

§. 14.

Jedoch sollen die Geistliche durch diese, bloß zu richtiger Ausfindung des wahren Ritterschafftlichen Hufen-Standes, willkührlich angenommene Bestimmung ihrer Hufen, nichts erwerben, was sie vorhin nicht gehabt haben.

§. 15.

Solchen Endes sollen auch an Orten, wo die Prediger und Geistliche etwa nur eine, längst vorhin bestimmte Anzahl Vieh halten dürfen, nicht mehr als præcise fünf classificirte Scheffel an Außen- oder gemeiner Weide auf jegliches Haupt-Vieh, abgerechnet werden.

§. 16.

§. 16.

Ob zwar nach Anleitung obigen §. 7. die Ausmessung der Adelichen Güther solcher Gestalt allgemein ist, daß nichts, es habe Nahmen wie es immer wolle, davon ausbeschieden worden; So sollen doch nach geschehener Hauswirthlicher Taxation, bey Ausfindung der steurfreyen und steurpflichtigen Hälfte, nachfolgende Stücke, als: Adeliche Hof-und Dorff-Stälen, ferner auch Adeliche Lust-Gärten, Teiche, und geringe Gewässer und Bäche, welche nicht auf die, in der vestgestelleten Bonitirungs-Instruction verglichene Art dislimiret oder taxiret werden können, desgleichen die Acker-Koppeln und Wasser-Graben, nicht minder unbrauchbare Sand-Schollen, Post-Heer- und übrige beständige, nie zum Aufbrechen und zur Cultur und Weide kommende Wege, samt solchen Möhren und Revieren, welche gar nicht zu Aeckern, Wiesen, und Weiden zu nutzen sind, abgeschlagen, und den Besitzern der Güther nicht mit angerechnet werden.

§. 17.

Dahergegen sollen Küchen- und Baum-Gärten, Land-Seen, und Gewässer, Mühlen-Stälen, und alle andere Grund-Stücke, welche an Aeckern, Wiesen, und Weiden, oder sonst Genuß geben, unter dem Anschlag begriffen seyn, und ad computum kommen.

§. 18.

Jedoch sollen insonderheit die Gärten nicht nach ihrem Ertrag, sondern als Acker taxiret werden.

§. 19.

Erster Articul.

§. 19.

So kommen auch Wälder, Brüche, und Dickungen, ohne einigen Unterscheid, mit zum Anschlag.

§. 20.

Doch soll dabey von den Taxatoren nur auf den Gras-Wachs, und auf die darinn zu nutzende Weide, keines-weges aber auf die Beschaffenheit des Bodens, oder auf andere Abnutzungen gesehen werden.

§. 21.

Daher sollen Wälder, Brüche, und Dickungen, nachdem sie mehr oder weniger Weide geben, bis an Fünfhundert Quadrat-Ruthen, claßificiret werden.

§. 22.

Mehrere Quadrat-Ruthen als Fünfhundert sollen auch in den dicksten Zuschlägen, jungen Holtz-Kämpen, Latten-Brüchen, und andern Dickungen, gesetzt auch, daß zur Zeit der Taxation solche gantz keine Weide geben könnten, nicht auf einen Scheffel Einfall gerechnet werden.

§. 23.

Weil bey der Ausmessung und Taxation der Adelichen Güther, wenn auch die Messungs- und Bonitirungs-Instructiones, noch so vollständig eingerichtet und gefasset wären, leicht allerhand Irrungen unter den Possessoren der Güther, und den Landmessern oder Taxatoren entstehen können: überdem auch nicht rathsam seyn dürfte, jetzt benannten Leuten, das wichtige Vermessungs- und Bonitirungs-

Von der Landes-Contribution.

rungs-Weſen, ohne einige Direction und Auffſicht zu vertrauen, ſo ſoll eine aus dreyen bis vier Unſerer Räthe, und eben ſo vielen Ritterſchaftlichen Deputirten, gleichzählig beſtehende Directorial-Commißion, angeordnet, und ſolche, nachdem die Glieder derſelben, ihrer ſonſtigen Eyde und Pflichte, ſo viel ſolches Directorium betrifft, erlaſſen worden, dahin beendiget und inſtruiret werden, daß ſie nicht nur das gantze Meſſungs-Taxations-und Regulirungs-Weſen der adelichen Huſen, auf eine unpartheyiſche gewiſſenhafte Art dirigire, ſondern auch alle dabey auf irgend erdenckliche Art entſtehende Gravamina und Diſſenſus, per Majora, und nöthigen Falls nach angeſtellter Local-Beſichtigung und Unterſuchung, durch den kürtzeſten Weg und ſolcher Maaßen entſcheide, damit jedem Gleich und Recht wiederfahre, und man weitläuftiger Rechtsgänge und weitausſehender Irrungen, ſo viel möglich eines jeden Befugniß unſchädlich, überhoben ſey.

§. 24.

Von eben dieſer Directorial-Commißion, ſollen jedesmahl ihrer zween, einer von Unſerer, der ander aber von Ritterſchaftlicher Seite, auf demjenigen Guth, welches nach geſchehener Vermeſſung und eingerichteten Charten und Regiſtern, bonitiret und taxiret werden ſoll, gegenwärtig ſeyn, und das Taxations-Weſen, unter Zuziehung eines hiezu von ſolchem Directorio beſonders in Eyd zu nehmenden Notarii, ſolchergeſtalt dirigiren, daß ſie die Claſſificatores, je zween und zween, einen von Unſerer, den andern von Ritterſchaftlicher Seite zuſammen ſchürtzen, hiernächſt der geſammten Schürtzen ſeparate Ausſage ſeparatim ad Protocollum nehmen, ſolche Ausſagen, wenn ſie etwa differirten, erſt zuſammen addiren, und darnach, durch Hülfe der Diviſion, zu etwas gewiſſes reduciren: Geſtalt-

ſam

Erster Articul

fam dann solches Endes, dieses Directorium mit einer gantz besondern Instruction versehen werden soll.

§. 25.

Die erforderliche Landmesser, wie auch die Landwirthschafts- und Acker-verständige Taxatores, sollen Unserer und Ritterschaftlicher Seits, und zwar von beyden Theilen in gleicher Anzahl, vorgeschlagen, und dieselben, wann sie zuvorderst anderweitiger, etwa geleisteten Special-Eyde erlassen sind, nach den, unter den Nummern V. und VI. hieneben gefügten Formularen, in gemeinschaftlichen Eyd bey dem, in vorhergehenden §. gedachtem Commißions-Collegio genommen werden.

Num. V. & VI.

§. 26.

Die Zahl der Landmesser ist eigentlich nicht zu bestimmen, und will man, damit das verglichene Messungs-Wesen desto schleuniger von statten gehe, deren so viel engagiren, als an geschickten und untadelhaften Personen nur zu haben sind.

§. 27.

Der Taxatoren aber sollen aus Ursachen, welche die Natur der Sache, und die Bonitirungs-Instruction unter Num. IV. von selbst an die Hand giebt, auf jeglicher Seite drey, mithin in allen Sechs erwählet, und so oft die Landmesser Plan und Register eines adelichen Guths bey mehrgedachter Directorial-Commißion einliefern, in rem præsentem geführet werden, wobey so wohl Uns, als der Ritterschaft frey bleibt, nach Befinden solche Taxatores, durch mehrere und alle Aemter beyzubehalten, oder sie abzuschaffen

zuschaffen, und an deren Statt andere, von mehrgedachter Directorial-Commißion in Eyd nehmen zu laſſen.

§. 28.

In Anſehung der, zu dieſem Regulirungs-Werck überhaupt erforderlichen Koſten, bleibt es bey Unſerm gnädigſten Erbieten, daß Wir, zum Beweiß Unſrer Neigung zum Frieden und zum Wohlſtand Unſrer getreuen Ritterſchaft, die Vermeſſungs-Koſten bis auf Vier Tauſend Sieben Hundert ſteurbare, und Vier Tauſend Sieben Hundert Steurfreye Hufen zuſammen gerechnet, und alſo überhaupt die ſämtlichen Meſſungs-Regulirungs-Koſten von 9400 Hufen, gemeinſchaftlich, hinfolglich mit der Ritterſchaft zur Hälfte übernehmen wollen.

§. 29.

Die überſchüßige, oder über jene Zahl hinaus gehende Hufen aber, ſie ſeyn ſteurpflichtig oder ſteurfrey, werden auf Ritterſchaftliche alleinige Koſten vermeſſen und regulirt.

§. 30.

Die Ausmeſſung der adelichen Güther ſoll zur bequemen Jahrs-Zeit im Früh-Jahr und Herbſt, ſo daß niemanden in der Wirthſchaft Aufenthalt oder Schade geſchicht, vorgenommen werden.

§. 31.

Weil jedoch die Haupt-Abſicht dieſes §. nur dahin gehet, daß das angewachſene Korn von den Landmeſſern, und deren Baackern und Ketten-Ziehern, nicht zertreten werde: So ſollen, damit die Ausmeſſung nicht gar zu langſam von

Statten

Staten gehe, die Landmesser zu der Zeit, wenn in den besaamten Schlägen Schaden geschehen kann. Rusch, Busch und unbesäete Oerter vermessen, mithin zu keiner Zeit von der einmahl angefangenen Arbeit seyren.

§. 32.

Es soll auch jedem Besitzer eines Adelichen Guts frey stehen, bey der Messung und Taxation gegenwärtig zu seyn, und seine Nothdurft geziemend dabey wahrzunehmen, nur daß niemand die Landmesser und Taxatores an ihren Geschäften auf irgend einige Art irre mache.

§. 33.

Damit die Ausmessung einen so viel geschwindern Fortgang gewinne; So soll dieselbe Aemterweise, und, nachdem man eine zureichige Anzahl von Landmessern haben kann, in so vielen Aemtern, als nur möglich ist, zugleich geschehen.

§. 34.

In eben solcher Absicht versprechen Wir Uns, es werden diejenige von der Ritterschaft, welche bereits vorhin zu ihrem Privat-Nutzen die Güter vermessen, und davon die Charten und ordentliche Feld-Register aufnehmen lassen, Uns und ihnen selbst, die großen, und mit einer abermahligen, in solchem Fall vergeblichen Ausmessung, verknüpften Kosten, sparen, und gedachte ihre Plans, samt den Feld-und Schlag-Registern, oder aufs wenigste vidimirte Extracte der Quadrat-Ruthen-Zahl bona fide heraus zu geben, sich nicht entziehen.

§. 35.

§. 35.

Gleichwie Wir aber auch hierunter niemanden etwas vorzuschreiben gemeinet sind, vielmehr solche Production der Charten und Register in eines jeden freyen Willen gestellet seyn lassen; So soll jedoch in Fällen, wo die Besitzer der Ritterschaftlichen Güther sich dazu in unterthänigster Aufmercksamkeit und aus redlicher Absicht bereitwillig finden lassen würden, die Taxation und Clasification der Aecker, Wiesen, Weiden und übrigen Grund-Stücke eines solchen Guths der Production der Feld-Register vorhergehen, damit die Landwirthschafts- und Ackerverständige Bonitatores durch die, in solchen Feld- und Schlag-Registern bereits radicirte Bonitirung nicht verleitet werden, sondern wieder die jetzt verabredete, und ihnen zur Richtschnur vorgeschriebene Instruction zu bonitiren.

§. 36.

Wenn aber die Taxation geschehen ist, und ein Possessor des Guths produciret alsdann seine Register; So soll der zu Ausmessung solchen Guths verordnete Landmesser einige Figuren und Haupt-Linien solchen Plans, accurat nachmessen, und die Feld-Register revidiren: Und wann sich alles richtig befindet; So sollen dergleichen Charten und Register zu Rectificirung und Ausfindung der steurfreyen und steurpflichtigen Hufen solchen Orts, pro norma genommen werden.

§. 37.

Würden im übrigen nicht so viele tüchtige Landmesser herbey zu schaffen seyn, daß man die Ausmessung in allen

allen Aemtern zugleich anfangen könnte; So soll der Anfang zu messen/ in den Aemtern so wohl/ als in den Güthern/ durchs Looß/ oder nach dem Vorschlag der Ritterschaft/ gemacht werden.

§. 38.

Finden sich bey der Außmessung streitige Scheiden und Grenzen: So sollen dieselben genießen, auf der Charte notiret/ in dem Messungs-Register bemercket/ und demjenigen vor der Hand/ und bis zu außgemachter Sache zugeschrieben werden/ der in Possebion ist.

§. 39.

Der Lohn der Landmesser und Notarien/ wird mit denselben/ wenn man zum Werck schreitet/ gemeinschaftlich und bestens zu behandeln seyn/ so wie hingegen die Taxatores jeglicher Seits bezahlet werden/ als welches die gemeinschaftlich anzuordnende Directorial-Commißion am bequemsten besorgen wird.

§. 40.

Diesemnach wird hiemit weiter verglichen und vestgesetzet/ daß die würckliche Außmessung und Bonitirung auf Maaße und Weise/ wie vorstehende §. §. und die in selbigen angezogene Entwürfe/ buchstäblich vorschreiben/ nicht nur nach vollzogenem Vergleich/ so fort ihren uneinstelligen Anfang nehmen/ sondern auch damit nicht eher aufgehöret werden soll/ als biß das ganze Werck zum Stand gebracht seyn wird.

§. 41.

§. 41.

Die Güther und Dorffschaften der drey Landes-Clöster Dobbertin, Malchau, und Ribbenitz, nichtweniger die so genannte Rostocker Gemeinschafts-Oerter, imgleichen die zu den Cämmereyen der Land-Städte, auch den Oeconomien gehörigen Höfe und Dorffschaften, werden auf gleichen Fuß, wie die Ritterschaftlichen, gemessen, und in Hufen getheilet: Da dann der Betrag der Hufen eines jeden Guths, Hofes, und Dorfs, zu ewigen Zeiten, mit den Ritterschaftlichen Güthern, halb frey, und halb steur-pflichtig bleiben soll.

§. 42.

Die Vermessungs-Kosten wollen Wir bis auf Fünf Hundert steurbare, und Fünf Hundert steurfreye Hufen zusammen gerechnet, und also überhaupt die sämtliche Messungs- und Regulirungs-Kosten dieser Hufen, Ein Tausend an der Zahl, gemeinschaftlich, folgsam mit den Clöstern, so genannten Gemeinschafts-Oertern, und Städten, auch den Oeconomie-Dörfern, zur Hälfte übernehmen. Die über Ein Tausend hinausgehende Hufen aber, sie seyn steuerpflichtig oder steurfrey, werden auf der Clöster, Gemeinschafts-Oerter, und Städte alleinige Kosten vermessen und reguliret.

§. 43.

Eine jegliche, nach dieser Ausmessung und Rectification auffkommende steurbare Hufe, soll zur obbenannten jährlichen ordentlichen Landes-Contribution, von nun an, bis zu ewigen Zeiten, Neun Reichsthaler Neue Zwey Drittel erlegen, und solcher Erlag von der Landes-Herr-schaft

schaft unter keinerley Vorwand jemahls gesteigert werden.

§. 44.

Anlangend hiernächst die, in den Adelichen und Closter-Güthern, so genannten Rostockschen Gemeinschafts-Oertern, und Städtischen auch Oeconomie-Güthern und Dörfern, ausser den Hufen wohnende freye Leute, und derselben jährliche Besteurung zu obberegter jährlichen Landes-Contribution; So ist nachstehende Norm, nach dem Vorschlag Unsrer Ritter- und Landschaft, darüber verglichen und vestgesetzet.

Es geben nämlich:

	Rthlr.	ßl.
1. Die Glas-Hütten-Meister oder Vice-Meister	20.	₰
2. Die Glas-Hütten-Gesellen Wenn der Grund-Herr selbst Glasmeister ist, So gibt er nichts; Ein jeder Geselle aber das obbenannte.	4.	₰
3. Die Kessel- und Sensen-Träger	6.	₰
deren Gesellen	2.	₰
deren Jungen	1.	₰
4. Ein Handwercksmann	2.	24.
5. Die Papiermacher	4.	₰
6. Die Müller, sie seyn Korn-Walck-Graupen-Grütz-Stamp- und Schneide ꝛc. Pacht- oder Erb-Müller	3.	₰
7. Ziegel-Kalck- und Potasch-Brenner	3.	₰
8. Theer-Schwäler	3.	₰

9. Salpeter-

Von der Landes-Contribution.

		Rthlr.	gl.
9.	Salpeter-Sieder	3.	ɼ
10.	Molden-und Stab-Holtz-Hauer	3.	ɼ
11.	Spon-Reisser	3.	ɼ
12.	Lementirer	3.	ɼ
13.	Säger	3.	ɼ
14.	Decker	3.	ɼ
15.	Teich-und andere Gräber Wenn diese von Num. 7. bis 15. benannte als Handwercker in den Gütern leben, freye und nicht unterthänige und zum Gute gehörige Leute sind.	3.	ɼ
16.	Küster und Schulmeister, wenn sie ein Handwerck treiben, steuren von ihrem Handwerck.	2.	ɼ
17.	Eine Grütz-Querre, so nicht auf adelichen Höfen oder in den Mühlen ist	5.	ɼ
18.	Ledige und freye Manns-Personen, wenn sie dienen können und nicht wollen	4.	ɼ
19.	Ledige und freye Weibs-Personen, wenn sie dienen können und nicht wollen	2.	ɼ
20.	Die Pacht-Fischer	2.	ɼ
21.	Die Pensionarien von ihrem Eigenthum als eine ordentliche Kopf-Steuer	10.	ɼ
22.	Die Holländer	5.	ɼ
23.	Die Pacht-Schäfer	3.	ɼ
24.	Die Kruglagen-Inhaber	2.	24.

E   Bey

Bey allen diesen Personen, welche lediglich von ihrem Kopf steuren, wird veſtgeſetzet:

a) Wenn der Müller gleich ein Handwerck, oder zwo oder mehr Mühlen gepachtet hat, zahlet er doch nur einmahl.

b) Ein Krüger zahlet, wenn er ein Handwerck treibet, als ein Handwercker einmahl, oder wann er zugleich Holländer iſt, einmahl als Holländer.

c) Ein Holländer, wenn er zugleich Schäfer iſt, ſteuret einmahl als Holländer.

d) Die Pächter, wenn ſie zugleich zwey oder mehr Güter und Höfe in Pacht haben, ſteuren doch nur einmahl.

e) Die Pächter, welche nur Bauer-Hufen gepachtet, geben nichts, weil ſie nicht als Pächter, ſondern als Hüfener angeſehen werden, und von den Hufen ſteuren müſſen.

§. 45.

Dabey geben Wir Unſrer Ritter- und Landſchaft hiemit die feyerlichſte Verſicherung:

1.) daß ſothane Steuer jährlich nebſt der Hufen-Steuer auf einem allgemeinem Land-Tage ſpecifice nach der jetzt beliebten Norm verkündiget:

2.) von der Ritter- und Landſchaft und von den übrigen Eigenthümern und Inhabern eines jeden Guths, von den benannten Guths Einwohnern eingehoben;

3.) in den Land-Kaſten gebracht, und

4.) von daraus, nebſt der Hufen-Steuer, unter richtigen Specificationen, an Unſre Rent-Cammer bezahlet werde. Es ſoll auch

5.) den zu übergebenden, von dem Guths-Herrn und Eigenthümer ſelbſt, oder deren Adminiſtratoren, oder, wenn das

Von der Landes-Contribution.

das Guth verpachtet, von dem Pächter eigenhändig zu unterschreibenden wahrhaften Specificationibus völliger Glaube beygemessen, und keine eydliche Bescheinigung oder Versicherung verlanget werden. Wie dann auch

6.) Die von der Ritterschafft und übrige Landbegüterte in keine Wege mit Visitationibus von Unsern Beamten beschweret werden, sondern, wenn es nöthig, auf Unser Verlangen die Untersuchungen von dem Engern Ausschuß angeordnet, und durch die Landes-Executores, mit Vorwissen jeden Guths-Herrn und Eigenthümers, vollstrecket werden sollen. Ubrigens haben

7.) Die Contribuenten diese Steuer in Curanter gäng- und gebiger Münze zu entrichten, und soll

8.) Diese verglichene Norm, auf ewig der Gestalt vestgesetzet seyn, daß weder die in derselben enthaltene Gattungen von Personen, unter einigerley Prätext im geringsten verändert, noch auch die Steuer auf andere oder mehrere erstrecket und hinausgezogen, weniger das Quantum Contributionis jemahlen erhöhet werden kann oder soll.

§. 46.

Gestalt Wir mit dem gesammten Ertrag dessen, was von den steurbaren Hufen, eine jede zu Neun Reichsthaler neuer Zwey Drittel, und mit dem Ertrag der Steuer, die nach obangeführter Norm, von den, ausser den Hufen wohnenden, und Verkehr treibenden Leuten erleget wird, welche beyde Erträge zusammen geschlagen werden, und das General-Quantum Contributionis ausmachen sollen, als der ordentlichen, respective Ritter- und Landschafftlichen Contribution, zu Garnisons-Fortifications- und Legations-Kosten, zu Reichs-Krayß- und Deputations-Tägen, auch Cammer-Zielern völlig zufrieden seyn wollen. Was

(II.)

§. 47.

Die von Unseren Städten zu Fortifications-Garnisons-Reichs- und Crauß-Deputations-Kosten, auch Cammern-Zielern jährlich zu entrichtende Contribution anlanget; So lassen Wir Uns den nachgesetzten, von der Ritter- und Landschaft entworfenen Modum in Gnaden gefallen.

Städtischer Modus Contribuendi

I. Von Häusern.

	Rthl.	fl.
Von einem vollen Hause, ohne Unterscheid, in Ring-Mauren und Vor-Städten belegen, quartaliter 12. fl. also jährlich	1.	–
Von einem halben Hause, quartaliter 6. fl. also jährlich	–	24.
Von einem Viertel-Hause oder Bude quartaliter 3. fl. also jährlich	–	12.

II. Von Ländereyen.

	Rthl.	fl.
Von einem Morgen Acker, der nicht in Schlägen liegt, und alle Jahr besäet werden kann, à vier Scheffel Rostocker Maaße, wenn er besäet ist, jährlich	–	4.
Von einem Morgen besäeten Acker, der in Schlägen lieget, jährlich	–	2.

	Rthl.	gl.
Von der Brack wird nichts gegeben, es sey dann, daß etwas darinn gesäet ist, welchen Falls der Morgen giebet	–	2.
Von einem vierspännigen Fuder Heu, so auf dem Stadtfelde geworben	–	2.
Von einem zweyspännigen Fuder	–	1.
Wer nicht in der Stadt oder Vorstadt wohnet (nämlich ein Fremder) und dennoch Acker und Wiesen auf dem Stadt-Felde an sich gebracht, giebt von allen gedoppelt.		
100. Hopfen-Kuhlen	–	4.

III. Vom Vieh.

Einer der Ackerbau treibet, von einem Pferde jährlich	–	4.
Einer der keinen Ackerbau treibet, von einem Pferde jährlich	–	8.
Von einem Ochsen oder Stier jährlich	–	4.
Von einer Kuhe jährlich	–	3.
Von einem Schaaf oder Hammel	–	1.
Von einem Fahsel-Schwein	–	1.
Von einer Ziege oder Bock	–	16.
Von einem Stock Immen	–	4.

IV. Vom Scharren-Schlachten.

Von einem Ochsen ohne Unterscheid, er sey groß oder klein, auch Stier	1.	–
Von einer Kuhe		¾

	Rthl.	fl.
Von einem Kalb ohne Unterschied	–	6.
Von einem großen oder kleinen Schwein	2	5.
Von einem Hammel, Ziege, Bock, oder Schaaf	–	4.
Von einem Lamm oder Holcken	–	2.

V. Vom Haus-Schlachten.

	Rthl.	fl.
Von einem Ochsen, groß oder klein, auch Stier	1.	–
Von einer Kuh	–	24.
Von einem Kalb ohne Unterschied	–	4.
Von einem Schwein, groß oder klein	–	4.
Von einem Hammel, Bock, Ziege oder Schaaf	–	3.
Von einem Lamm	–	1.

VI. Vom Getraide zur Mühle.

	Rthl.	fl.
Von einem Scheffel Weitzen	–	5.
Von einem Scheffel Roggen	–	3.
Von einem Scheffel Maltz	–	5.
Von einem Scheffel Brandwein-Schroot	–	6.
Von einem Scheffel Futter-Schroot	–	2.
Von einem Scheffel Korn zu Grütz oder Graupen	–	2.

VII. Von Kaufmannschaften und sonstigem Erwerb und Nahrung.

Ein einheimischer Kauf- und Handelsmann, er handele womit er wolle, auch Häcker,

und

	Rthl.	gl.
und andere Handlung treibender, es bestehe dieselbe worinnen sie wolle, giebt an dem Orte, wo er sein Domicilium hat, nach dem Debit von jedem Reichsthaler verkaufter Waare	3	k.
Alle mit Wein und starckem Getränck handelnde von ihrem Debit à Reichsthaler		3.
Ein fremder Kauf- und Handelsmann, auch Künstler und Handwercker, er verkaufe, was er wolle, nicht minder Pferde- und Viehe-Händler, innund außerhalb Jahrmärckten, von jedem Reichsthaler gelöseten Geldes		2.
Ein Herbergierer in kleinen Städten jährlich		1.
Ein Herbergierer in großen Städten jährlich		2.
Ein Künstler und Handwercker, auch Gärtner ohne Gesellen, quartaliter 12. gl. also jährlich		1.
Ein Handwercker oder Künstler mit einem Gesellen oder zwey Jungen quartaliter 24 gl. also jährlich	2	2.
Ein Handwercker, so drey Gesellen hält, quartaliter 36 gl. also jährlich		3.
Ein Handwercker oder Künstler, so vier und mehr Gesellen hält, giebt quartaliter 1 Rthl.		4.
Ein Schornsteinfeger, so Gesellen hält, in Loco Domicilii jährlich		4.

Ein

	Rthl.	ßl.
Ein Schweinschneider in loco Domicilii jährlich	4.	
Ein Tagelöhner, so seine gesunde Gliedmaßen hat, er sey beweibet oder nicht, quartaliter 12 ßl. also jährlich	1.	
Weiber, Knechte, und Mägde, so auf ihre eigene Hand liegen, und nicht dienen wollen, jährlich 1. bis	3.	
Commödianten, Seiltänzer, Marionetten-Spieler, Marckschreyer, Oculisten, Bruchschneider, Bärenzieher, und dergleichen, täglich	1.	

§. 48.

Hierauf versichern Wir in Gnaden, daß vorstehender, mit dem ersten October dieses Jahrs seinen Anfang nehmender Städtischer Contributions-Modus, zu keinen Zeiten verhöhet, und weder überhaupt noch in einigen Stücken, ohne Einwilligung Unserer Land-Stände geändert werden, vielmehr diejenige Summa, welche solhaner Modus, nach Abzug der bewilligten, sowohl Landes-als besondern Städtischen Necessariorum, in jeglichem Jahr auswerfen wird, das jährliche Städtische Quantum Contributionis seyn und bleiben, auch allezeit an gangbarer kleiner Münze, ohne Agio, angenommen werden soll.

§. 49.

Diese Steur soll in einem Zimmer auf dem Rathhause zu gewissen Stunden, Vor-und Nachmittags, eingenommen werden.

§. 50.

Von der Landes-Contribution.

§. 50.

Im Fall aber kein Zimmer vorhanden, oder dazu der erforderliche Raum fehlet; So kann der Einnehmer jeden Orts die Steurstube in seiner Wohnung anlegen; Doch unter der ausdrücklichen Bedingung, daß dieserhalb keine Miethe gefordert werde.

§. 51.

Es soll auch bey Besetzung der Einnehmer-Stellen, auf die dazu genugsam qualificirte Magistrats-Personen in den kleinen Städten vorzüglich Absehen genommen werden.

§. 52.

In den größeren Städten aber, wollen Wir noch einen Einnehmer setzen. Jedoch soll dem Magistrat, wie bishero, also auch fernerhin frey und unbenommen seyn, jemanden aus seinem Mittel zur gnädigsten Confirmation in Vorschlag zu bringen, der gegen den, aus der Steur zu erhebenden gewöhnlichen Gehalt, als Inspector, der Einnahme, an dem dazu bestimmten Ort, täglich mit beywohnen, und sich möglichst angelegen seyn lassen soll, dabin zu sehen, daß Edict-und Instructionsmäßig, so wohl von dem Einnehmer, als auch von den Unter-Bedienten, in allen Stücken verfahren, und besonders auch die einkommende Steuer von dem Einnehmer richtig und ordentlich berechnet, auch dessen Register-oder Rechnungs-Buch, jedesmahl, bey Ablauf eines jeden Monaths, über Einnahme und Ausgabe geschlossen, mithin zur Nachsicht und Einsendung bereit gehalten, und, Falls bey einem oder andern

F ein

ein Mangel oder Unordnung zu verspüren, solches zu nöthiger Anordnung gehörigen Orts angezeiget werde.

§. 53.

Das einkommende Geld ist jedesmahl bey dem Schluß
der Session von dem Einnehmer, in Beyseyn des
Inspectoris, nachzuzählen, und demnächst in einen verschlos-
senen Kasten zu stecken, zu welchem der Inspector den einen,
und der Einnehmer den andern Schlüssel hat, und werden
die daraus auf Unsere Anweisung zu bezahlende Gelder,
nicht anders, denn in beyderseitiger Gegenwart, aus der
Casse bezahlet.

§. 54.

Die Einnehmer sollen ohne Vorwissen und Consens des
Inspectoris nichts vornehmen, auch keine Zetteln, als
nur in dem höchsten Nothfall, zu Hause ausgeben, noch
Geld annehmen, sondern die Contribuenten nach dem Ort
und auf die Zeit verweisen, so zur eigentlichen Einnahme
gesetzet ist.

§. 55.

Gleich sie auch so wenig inn- als außerhalb Jahrmärckten,
hinfolglich zu keiner Zeit, den Juden, oder andern
fremden Kauf- und Handelsleuten, einige Freyheit und Erlaubniß, in der Stadt zu haussren, ertheilen, sondern allezeit die Concession, Ordnungs-mässig von dem Worthaben-
den Burgermeister, schriftlich gewärtigen sollen.

§. 56.

Wenn Defraudationes und Contraventiones bey der Steur
vorfallen; So soll die Untersuchung derselben, in den
großen

Von der Landes-Contribution.

großen Städten von Unserm Licent-Inspectore, mit Zuziehung der Licent-Einnehmer, in den kleinen aber von Unserm Licent-Einnehmer, allein geschehen. Nach befundener Defraudation und Contravention, sollen die Defraudanten und Contravenienten, ia die, in der Einnehmer-Instruction darauf gesetzte Strafe vertheilet werden.

§. 57.

Des Endes soll vor jetztgedachtem Licent-Bedienten, ein jeder Contravenient, ohne Ansehung und unbeschadet seines sonstigen fori ordinarii, sich gestellen, und nach kurtzer rechtlichen Erörterung, dem Ausspruch desselben, ohne davon an ein- oder anderes Collegium appelliren zu können, sich unterwerfen. Falls aber jemand dadurch beschweret zu seyn vermeinen würde; So soll ihm der Recursus an Uns, oder Unsere Regierung, oder an das zum Steurwesen verordnete Collegium, frey und offen stehen, da Wir dann die Gravamina dem Collegio, zu Erstattung seines Gutachtens, communiciren, und nach Befinden desselben weitere gnädigste Verfügung machen wollen.

§. 58.

Wenn mit der Execution zu verfahren nöthig ist: So wird solche, auf vorhergehende Requisition der Steurstube, gewöhnlich vollstrecket, und so viel die Edictmäßige, in Casum Defraudationis & Contraventionis zu confiscirende Sachen, wie auch die Edictmäßig zu dictirende Strafe betrifft: So soll, wenn der Werth des Confiscirten, oder das Quantum der dictirten Strafe, über vier Reichsthaler gehet, solche pro dimidia parte, ohne einigen decourt berechnet, die übrige Hälfte aber, halb dem Denuncianten, und das übrige zu milden Sachen gereichet werden. Wenn es aber

F 3 unter

unter vier Reichsthaler ist: So soll davon der vierte Theil dem Denunciauten gegeben, und das übrige ad pios usus verwandt werden.

§. 59.

Von denenjenigen Sachen, welche in diesem Modo nicht ausdrücklich enthalten, soll keine Steuer gefordert und genommen werden.

§. 60.

Die Visitatores sowohl, als auch Thor- und Mühlen-Schreiber, sollen unter jeden Orts gewöhnlicher Gerichtsbarkeit, außer in Sachen, so ad officium gehören, stehen.

§. 61.

Alle Accidentien werden den Inspectoren, Einnehmern, auch den Unter-Bedienten bey harter Strafe, außer was wegen der Bücher und Stempelung der Säcke gebräuchlich ist, hiemit untersaget: wie dann auch besonders den Thor-Schreibern hiemit ernstlich verbothen seyn soll, weder Holtz noch Torff, noch sonst etwas von den zur Stadt kommenden Victualien und einpaßirenden Wägen, unter welchem Vorwand es auch seyn möchte, zu fordern und anzunehmen.

§. 62.

Den Neuanbauenden, wenn sie eine wüste oder abgebrannte Stelle neu bebauet, sollen, wenn solches Haus zuvor durch erfahrne Handwercksleute, in Beysein eines Membri aus dem Stadt-Magistrat, und des Einnehmers

selbigen

Von der Landes-Contribution.

selbigen Orts, wo der Bau geschehen, auf ihren geleisteten Bürger-Eyd tariret werden, nach dem Werth des Hauses, wenn es vier hundert Reichsthaler und darunter tariret ist, funfzehn pro Cent, über solche Summa aber zwanzig pro Cent, von Unserer Steur-Einnahme in den bishero üblichen Ratis, baar entrichtet werden.

§. 63.

Wohergegen diejenigen, welche ihre alte Häuser niederreißen, und statt deren neue bauen, nach vorgängiger gleichmäßiger Taxe, zehn pro Cent zur Hülfe zu gewarten haben sollen.

§. 64.

Imgleichen sollen einer jeglichen Stadt, ohngeachtet von Uns bey diesem Modo, sowohl die Landes- als besondern Städtischen Necessarien, für die Städte übernommen werden, zur Aufnahme ihrer Cämmerey, aus der Steur, annoch fünf Jahr die bisherigen zehn pro Cent hiemit bewilliget und versichert seyn: Mit Anfang des Jahrs 1760. aber, soll eine jede Stadt Fünf von jeglichem Hundert bis zu alten Zeiten eigenthümlich, und ohne einige Berechnung zu genießen haben, und von dem Steur-Ertrag einer jeden Stadt, in jeglichem Monat vorabnehmen.

§. 65.

Den Schützen-Königen in den Städten, soll dasjenige, was ihnen von Uns bishero gnädigst bewilliget ist, zu ihrer Ergötzung ferner gelassen, und aus der Steur selbiger Stadt, wo der König-Schuß geschehen, ohne weitere Verordnung, baar gereichet werden.

§. 66.

§. 66.

Jedoch fallen die vorhin ausgezahlte zwölf Reichsthaler Bürger-Gelder, wegen der von Uns für die Städte jährlich abzutragenden Landes-Necessarien, an Uns wiederum dergestalt zurück, daß solche forthin nicht weiter ausgezahlet werden.

§. 67.

Endlich wollen Wir dasjenige, was Unsere in GOtt ruhende Vorfahren und Wir, in Ansehung der Städtischen allgemeinen und besonderen Angelegenheiten gnädigst versprochen haben, in so ferne das alles hiedurch nicht limitiret worden, hiemit in genere und in specie huldreichst bestätigen, mit der weitern gnädigsten Verheissung, den künftig etwa entstehenden übrigen gemeinen und besondern Beschwerden und Angelegenheiten Unserer Städte, nach Billigkeit, in Gnaden völlig abzuhelfen.

§. 68.

Num. VII. Im übrigen werden Unsere Einnehmer in den Städten zur genauen Beobachtung der sub Numero VII. anliegenden Instruction gnädigst angewiesen. Anlangend

(III.)

§. 69.

Die jährliche Landes-Contribution von Unsern Aemtern und Cammer-Güthern; So wollen Wir Uns aus selbigen ebenmäßig nach den steurbaren Hufen, und zwar von
jeder

jeder Hufe nicht unter Neun Reichsthaler neuer Zweydrittel, gleich den Ritterschaftlichen steurbaren Hufen, dazu
Beytrag thun lassen.

§. 70.

Diese jährliche Landes-Contribution aus den Ritterschaftlichen, wie auch aus den Closter-Güthern, und so genannten Gemeinschafts-Oertern nach den steurpflichtigen
Hufen, und zwar von einer jeden zu Neun Reichsthaler
neue Zweydrittel: und von den in den Güthern außer den
Hufen wohnenden Leuten, nach der obenangezogenen Norm:
von den Städten, nach dem verglichenem Modo Contribu-
endi: und von Unseren Fürstlichen Aemtern, und Cammer-
Güthern, nach den steurpflichtigen Hufen, wird jährlich
auf einem öffentlichem allgemeinem Landtag verkündiget,
und mittelst Landes-Fürstlichen Edicts darauf ausgeschrieben. Wonächst die aus den adelichen Güthern auf eine,
der Ritterschaft beliebige Art, zusammen und in den Land-
kasten gebracht, mithin ferner zu gesetzter Zeit an Unsere
Herzogliche Cammer sofort bezahlet werden soll.

§. 71.

Aus Unsern Aemtern und den Städten wird die jährliche
Contribution oder Steur, nicht in den Landkasten gebracht, sondern unmittelbar von Unser Cammer wahrgenommen.

§. 72.

Die Contribution aus den Closter-Güthern und sogenannten Rostockischen Gemeinschafts-Oertern, auch Städtischen Cämmerey-und Oeconomie-Güthern und Dörfern,
wird gleich der Ritterschaftlichen Contribution, in den
Land-

Landkasten gebracht, und aus demselben an Uns specifice bezahlet.

§. 73.

Wegen des Zahlungs-Termins, sind Wir zwar erböthig, Uns jedesmahl, nach Bewandniß der Umstände mit Unsrer Ritterschaft zu vergleichen; Doch bedingen Wir hiemit zum voraus, daß die Zahlungs-Frist nicht weiter als auf zwey Termine, nämlich Weynachten und Fastnacht, hinaus gesetzet werden solle.

§. 74.

Ausser oberwehnter Behandlung der jährlichen Contribution, wollen Wir aus keinerley Grund, Vorwand, oder Angabe, weder der Garnisons- und Legations-Kosten, zu Reichs-Deputations- und Crayß-Tägen, auch Cammer-Zielern, noch sonst zu einigen andern Collecten und Hülfen, allein die Reichs- und Crayß- auch Prinzeßins-Steüren ausgenommen, zu keinerley Zeit und in keinerley Weise oder Wege, von Unsrer getreuen Ritterschaft und deren Hintersassen, noch von den Städten und deren Bürgern, Einwohnern und Hintersassen, ein mehreres fordern, noch unter einigerley Behelf und Rabnien, am wenigsten durch den Weg der Thätlichkeit, sie zu mehreren Erlag anhalten.

§. 75.

Ins besondere soll die Ritter- und Landschaft aus dem Grund oder Vorgeben der Garnisons- und Legations-Kosten, zu Reichs-Deputations- und Crayß-Tägen, auch Cammer-Zielern, zu einem grössern Quanto nicht verbunden

Von der Landes-Contribution.

den seyn, ob gleich mehr oder weniger Vestungen in unseren beyden Hertzogthümern Schwerin und Güstrow, jetzo oder künftig seyn, und angeleget, viel oder weniger Mannschaft, Proviant, Munition, oder andere Kriegs-Bedürfnisse, zu des Landes und desselben Beschütz-Erhaltung, Besserung, Bau, oder sonst dazu mögten nöthig erfunden werden, sondern sie soll durch den Abtrag, der verglichenen Steur, hievon und insgemein von allem und jedem Beytrag, unter was Nahmen, Vorwand, Conception, General- oder Special-Verleihungen, oder deren Extension, selbiger gegenwärtig oder künftig erfordert werden mögte, gäntzlich und überall befreyet seyn und bleiben, und weiter zu keinen andern Collecten, Hülfen und Beyträgen, gehalten seyn. Vielmehr wollen Wir nun und zu ewigen Zeiten von der Ritterschaft und ihren Hintersassen, wie auch von den Städten weiter nichts, ohne nur, wie obgedacht, die Reichs-Crayß-und Printzeßinn-Steuren fordern, auch künftig zwey- oder mehrjährige Landes-Contributiones nicht aufschwellen lassen, und darnach mit einemmahl verkündigen, sondern jährlich nur eine, und zwar die verglichene, für das Jahr fällige Landes-Contribution, verkündigen und verglichener maßen erheben.

§. 76.

Jedoch soll Ritter- und Landschaft die verglichene Contribution nur so lange zu bezahlen schuldig seyn, als dieselbe und ihre Hintersassen bey dem Ihrigen ruhig wohnen, und desselben zu ihrem Unterhalt und Behuf genießen können.

§. 77.

Was die Remissiones der Contribution anlanget: Es soll das Quantum und der Modus Remissionis der Gestalt
G   bestimmet

bestimmet seyn, daß bey allgemeinem totalem Mißwachs, Hagel- und Brand-Schäden, wenn alle Früchte auf dem Felde, oder in den Gebäuden verderben, so daß nicht das völlige Saat-Korn übrig bleibt, oder bey generalem Vieh-Sterben im Lande, wenn dem Bauren sein mehrestes Milch- oder Zugvieh umfällt, oder bey Wurm- und Heuschrecken-Fraß und dergleichen, die Hufen-Contribution ein gantz Jahr ceßiret.

§. 78.

Würde einem Hufener Haus und Scheune zugleich durch Feuer aufgehen; So soll er drey Jahr Contributions-frey seyn.

§. 79.

Betreffen diese Unglücks-Fälle den Halbscheid der Nutzungen, so daß nicht das zweyte Korn gebauet würde; So ceßiret die Contribution ein halb Jahr.

§. 80.

Diese Proportion soll ebenfalls in Ansehung der, zu dem Hof-Acker gezogenen steurbaren Hufen Statt haben.

§. 81.

Die Beschleinigung der einzelnen, etwa eine Hufe oder ein gantzes Guth betreffenden Unglücks-Fälle, wollen Wir im ersten Fall dem Gewissen und gutem Glauben des Gerichts-Herrn jedes Orts heimstellen, im andern Fall aber, die Untersuchung durch zweene, auf Landesfürstliche Kosten abzuordnende Commissarien, denen die Ritterschaft, oder

Von der Landes-Contribution.

in Ansehung der Städtischen Ländereyen, die Landschaft, einige ihres Mittels, gleichmäßig beyfügen kann und wird, vornehmen, und solchergestalt das Quantum Remissionis bestimmen lassen, mithin den Contribuenten die Remißion von der Contribution selbst ankündigen, und bey Abgabe der Contribution den Betrag der Remißion abziehen lassen, ohne daß darunter die Ritter- und Landschaft (in geringsten einiger Schadloßhaltung, oder Ergäntz- oder Ersetzung halber, Anspruch zu befürchten haben soll.

§. 82.

Betreffend die Remissiones der durch Brand-Schäden verunglückten Bürger in den Städten; So sollen sie, wenn sie Haus und Hof verlieren, Vier Jahre der Gestalt der Steur-Freyheit genießen, daß sie bey Ablauf des Jahrs die erlegte Steuer, baar aus der Steuerstube wiederum zurück erhalten sollen.

§. 83.

Bey Feld- und Acker-Schäden, wird es mit ihnen, wie oben bey den Land-Begüterten verglichen, gehalten.

§. 84.

Mittlerweile da die Ausmessung und Rectificirung ihren Vergleichmäßigen Fortgang hat, sind Wir gnädigst zufrieden, daß es bey der provisorischen Zahl von Vier Tausend Sieben Hundert steurbaren Hufen, und zwar so viel Unsere beyde Herzogthümer Schwerin und Güstrow, inclusive des, auf 535 und dreyviertel Hufen sich betragenden Stargardischen Districts, betrifft, sein zeitliches Bewenden habe, und darnach das provisorische Contributions-

Quantum von Vierzigtausend Reichsthaler neue Zweydrittel, inclusive der Stargardischen Quote, zusammen gebracht und erleget werde.

§. 85.

Jedoch ist die vorberührte Norm der Steuer von den, in
den adelichen Güthern befindlichen steurpflichtigen Leuten, so fort dabey mit in Gang und Uebung zu bringen,
mithin deren Steuer, ausser dem jetztgedachten provisorischen Quanto aufkommender Contribution, auf dem Land-
tage zu verkündigen, zu bewilligen, in den Landkasten zu
bringen, und daraus an Uns zu entrichten.

§. 86.

Wir bedingen aber hiebey ausdrücklich: daß dieses mitt-
lerweilige Steur-Wesen nach 4700 Hufen, keinen
Anlaß zur Zögerung des Messungs-und Rectifications-
Wesens geben, und daß folglich der, nach vollbrachtem
Messungs- und Rectifications-Werck, sich ergebende steurbare Hufen-Stand, so fort verglichenermaßen, als das
wahre künftige und beständige Fundament der Ritterschaftlichen Contribution, in volle Würcklichkeit und Ausübung
gesetzet werden soll.

§. 87.

Anlangend die seit den Jahren 1748. bis 1754. inclusive
unverkündigte und rückständige Contribution in den
Ritterschaftlichen Güthern; So wird solche auf Zweymahl Hundert und Funfzig Tausend Reichsthaler, in
gäng- und gäbiger Münze, worunter jedoch keine andere,
als Unsre eigene, oder auch Brandenburgische, Sächsische,
und Lüneburgische vier und acht Schillingstücke zu verkle-
ben

ben ſeyn ſollen, hiemit eins für alles, und ohne einigen
Abzug oder Einwand, verglichen und veſtgeſetzet, der Ge-
ſtalt, daß Unſre Ritterſchaft Unſrer beyden Hertzogthümer
Schwerin und Güſtrow, ſich zu dieſer Summe und deren
Abtrag, als eine unläugbare klare Schuld, pflichtig und
verbunden bekennet.

§. 88.

Die Art der Aufbringung dieſer rückſtändigen Contribution, kann und ſoll nach dem Contributions-Edict
vom 14ten November 1747, ſowohl im Haupt- als Neben-
Modo, unter der Ritterſchaft ſelbſt, hiemit geſtattet und
veſtgeſetzet ſeyn.

§. 89.

Weil ſich aber verſchiedene in den Ritterſchaftlichen Güthern finden, welche während der ſieben Jahre, der-
maßen in Verfall und Unvermögen gerathen, daß ihnen
die Aufbringung der rückſtändigen Contribution, unmög-
lich fället; So wollen Wir, zur Erleichterung der Unver-
mögenden, mithin zu deſto füglicherm Abtrag der vorhin
veſtgeſetzten Summe von Zweymahl Hundert und
Funfzig Tauſend Reichsthaler, die Steur von den Leuten, die außer den Hufen ſind, nach dem darüber oben verglichenem Fuß und Maaß, für die vergangene ſieben Jahre
der Ritterſchaft, und den übrigen Land-Begüterten, in
Gnaden, Kraft dieſes dahin überlaſſen und zugeeignet haben, daß alle und jede ſich des Ertrags derſelben, ohne einige Berechnung, zu richtiger Bezahlung des mehrbeſag-
ten Rückſtands von 250000 Rthlr. bedienen ſollen und
mögen.

§. 90.

Erster Articul

§. 90.

In Hinsicht auf die Zeit, zu welcher der Abtrag geschehen soll, ist verglichen und vestgesetzet, daß die Zahlung in Fünf Terminen zu beschaffen. Der Erste soll auf Trinitatis dieses Jahrs mit Funfzig Tausend Reichsthaler: der Andere auf Anthonii 1756. in eben der Summe: der Dritte auf Trinitatis 1756. in gleicher Summe: der Vierte auf Anthonii 1757. in vorbesagtem Belauf: und der Fünfte auf Trinitatis 1757. mit den letzten Funfzig Tausend Reichsthalern, an Unsre Rent-Cammer baar und ohne einige Ausflucht entrichtet werden. Gestalt sich die Ritterschaft hiemit des Einwands von Non-Valenten, und aller sonstigen Einreden, bündigst begiebt.

§. 91.

Die Contribution für dieses jetzt laufende 1755ste Jahr, soll, wie die in allen Folge-Zeiten, auf allgemeinen öffentlichen Land-Tägen verkündiget, folglich nicht eher, als bis solche alljährige Verkündigung Landes-Verfassungs-mäßig geschehen, entrichtet, noch beygetrieben werden.

§. 92.

Wegen der Städtischen Dörfer wollen Wir Uns der noch etwa rückständigen Contribution wegen, besonders vergleichen: Wegen der diesjährigen aber, geschicht der Abtrag, nach dem der Ritterschaft zugestandenen Fuß.

§. 93.

Von der Landes-Contribution.

§. 93.

Im übrigen wollen Wir der Ritter- und Landschaft den Beytrag der Closter-Güther und Gemeinschafts-Oerter, auf die rückständige sieben jährige Contribution, zu Gute kommen lassen. Was aber die dießjährige und künftige Contribution aus den Closter-Güthern, Rostockschen Gemeinschafts-Oertern, und Städtischen, auch Oeconomie-Dörfern betrift; So gehet deren Beitrag zwar in den Land-Kasten: Es wird Uns aber derselbe in den vorhin vestgesetzten beyden Terminen, gleich der Ritterschaftlichen Contribution, nebst der Steuer der Leute ausser den Hufen, specifice besonders entrichtet.

§. 94.

Wann nun hiernächst der Contributions-Rückstand voriger Jahre, nebst der jährlich zu erlegenden ordentlichen Contribution aus den Adelichen Güthern, in verglichener Zeit und Maaße abgetragen seyn wird; So soll, nach völlig geschehenem sothanem Abtrag, ausser der jährlichen, jetzt verglichenen ordentlichen Contribution und ausser den Reichs- und Crayß- auch Prinzeßinn-Steuern, von welchen im folgenden Articul gehandelt ist, die Ritter- und Landschaft mit ihren Hintersassen zu einigen Collecten oder Hülfen, sie mögen Nahmen haben wie sie wollen, aus eigener Landes-Fürstlicher Bemächtigung oder Anforderung, nicht verbunden gehalten werden.

§. 95.

Da auch Unsere in GOtt ruhenden Vorfahren denen von der Ritterschaft, wegen der Accise- oder Consumtionssumtions-Steuer-Freyheit in Unseren Städten, vortheilhafte Landes-Fürstliche Resolutiones ertheilet haben; So wollen Wir denen vom Adel Unserer Lande, und deren Wittwen und Kindern, solche Freyheit von der Accise-Consumtions-und Vieh-Steuer, ebenfalls so wohl in Rostock, als in Unsern übrigen Land-Städten, hiemit in Gnaden versichert und bestätiget haben. Gestalt Wir solches hiemit wissentlich thun: Jedoch der Gestalt, daß ein jedweder zu Vermeidung aller Unrichtigkeit sein eigenes Buch über die zu erlegende Steur und Accise halten, und den jährlichen Betrag aus der Steur-Stube, ohne weitere Verordnung baar wiederum zurück empfangen, derjenige aber, der wieder Verhoffen Mißbrauch davon, in Durchhelfung steurpflichtiger Leute und Waaren gemacht zu haben, überführet werden würde, für seine Lebens-Zeit der Accise-und Steur-Freyheit verlustig seyn solle.

§. 96.

In Ansehung der von Unseren Domainen zu den Ritterschaftlichen Gütern gekommenen, und wiederum, wegen der von den Ritterschaftlichen zu Unsern Domainen gezogenen Güther, ist hiemit verglichen und vestgesetzet, daß zu Vermeidung aller schädlichen Weiterungen, die aus langwierigen Untersuchungen oder Vergleichungen der, von dem einen an den andern Theil gekommenen Güther, entstehen könnten, alles gegen einander aufgehoben, und wie es jetzt ist, angenommen und gelassen werden solle.

§. 97.

Jedoch wollen Wir von denen Ritterschaftlichen Gütern, die seit Antritt Unser Regierung, mithin seit dem Jahr

Von der Landes-Contribution.

Jahr 1748. an Uns und Unsere Cammer gekommen, oder künftig an dieselbe kommen sollten, fürohin alleweahl, sowohl die Landes-Contribution zum Landkasten, als auch die Anlagen, und was sonst auf Landtägen, Crayß- oder Amts-Conventen, nach Maaßgabe des eilften Articuls dieses Vergleichs beliebet worden, an das Corps der Ritter- und Landschaft abstatten lassen.

§. 98.

Wir begeben Uns auch für Uns und Unsere Nachkommen, aller Ansprache an die, von Unseren Domainen, zu Unserer Fürstlichen Vorfahren Zeiten, an die Ritterschaft gekommene Güther, Meyereyen, Dörfer und Hufen, der Gestalt, daß Wir davon nichts zu ewigen Zeiten revociren wollen. Jedoch behalten Wir Uns das Jus Reluendi allenthalben, wo es Uns ex Pacto zuständig ist, hiemit offen und bevor. Wie denn auch die Revocationes derer Güther, die vor diesem Vergleich bereits von Unsernwegen angestellet sind, und derentwegen Lis pendens ist, weiter aber nicht, zur ordentlichen Ausführung, ausbedungen bleiben.

§. 99.

Dahingegen auch Unser Ritterschaft alle Wege unbenommen und vorbehalten seyn soll, derjenigen an Uns gekommenen Güther halber, wo das Jus Reluendi ex Pacto zuständig, oder die Revocation vor diesem Vergleich, rechtshängig gemacht ist, weiter aber nicht, sich gegen Uns und Unsere Nachkommen, des Rechten zu bedienen.

§. 100.

In Ausübung der nöthigen Execution bey dem Contributions-Wesen, haben Wir Uns mit Ritter- und Landschaft der Landes-Executorum halber, und über den Modum exequendi derjenigen Executions-Ordnung, ausdrücklich verglichen, welche am Ende der Beylagen dieses Vergleichs Siga. D. sub signo ⊙. angefüget ist.

Zweyter Articul.

Von Reichs-Crayß-und Prinzeßinn-Steuren.

§. 101.

Von dem Beytrag zu Reichs-und Crayß-Steuren, soll niemand befreyet seyn, sondern es hat bey der, in den Reichs-Constitutionen vestgesetzten allgemeinen Verbindlichkeit zu solchen Steuren, der Gestalt sein Bewenden, daß davon Niemand, wes Standes, Wesens, oder Betriebs er immer seyn möchte, ausgenommen werden soll.

§. 102.

Mithin sollen so wenig Unsere Hof-Civil-und Militair-Bediente, geist-und weltlichen Standes, als wenig die vom Adel und ihre Bediente oder Hintersassen, die Stadt Rostock und alle Städte mit Magistraten und Bürgern allerley Wesens, davon eximiret seyn, sondern alle und jede ordentlich herbey gezogen werden.

§. 103.

Zu Verkündigung dieser Reichs-und Crayß-Steuren, sollen jederzeit von der Landes-Herrschaft, hergebrachter maßen, termaßen, allgemeine Landtäge, ausgeschrieben und gehalten werden.

§. 104.

Auf selbigem wollen Wir der Ritter- und Landschaft eine vollständige und beglaubigte Abschrift der darüber ergangenen Reichs- und Crayß-Schlüsse, mittheilen, folglich ein mehreres, als in selbigen von Reichs- und Crayßwegen bewilliget und erfordert ist, von Ritter- und Landschaft nicht fordern.

§. 105.

Dahingegen soll Ritter- und Landschaft die auf öffentlichem allgemeinem Landtag verkündigte und bewilligte Reichs- und Crayß-Steur, nach dem darüber jedesmahl von der Ritter- und Landschaft in Vorschlag zu bringenden, und von der Landes-Herrschaft zu bestätigenden Contributions-Modo, unweigerlich und unnachstellig zu erlegen, schuldig seyn.

§. 106.

Wir versprechen hiebenebst Unser Ritterschaft besonders, daß, wenn nicht über Zweyhundert Römer-Monath in einem Jahr von Kayser- und Reichs- oder Crayßes-wegen erfordert werden, Unsere Ritterschaft für sich und ihre Hinterfassen, zu den Reichs- und Crayß-Steuren nichts erlegen, sondern von Uns und Unsern Fürstlichen Nachkommen bis dahin übertragen werden soll.

§. 107.

Ein gleiches versprechen Wir auch Unseren Land-Städten auf Dreyhundert Römer-Monathe.

§. 108.

§. 108.

Wenn aber über Zweyhundert Römer-Monathe erfordert werden; So soll zwar die Ritterschaft für sich und durch ihre Hinterlassen zu dem, was über 200 Römer-Monathe ergehet, gleich andern Landes-Eingesessenen, Beytrag thun, jedoch gleich Unsern Domainen und den Städten, nicht mehr als den dritten Theil, statt ihrer Quote erlegen, der Gestalt, wie das Quantum und der Modus dazu auf Land-Tägen bewilliget und vestgesetzet seyn wird.

§. 109.

Zu einer jeden Quote steuren die in den Fürstlichen Aemtern, adelichen Güthern, und Städten befindliche Ein- und Hintersassen, auch freye Leute, und sämtliche Geistlichkeit.

§. 110.

Gleichwie der Beytrag der Eximirten allerley Nahmens und Wesens, dann auch der Closter-Dörfer, der Stadt Rostock, und der sogenannten Gemeinschafts-Oerter, zu Reichs- und Crayß-Steuren, allen dreyen contribuirenden Theilen, als den Domainen, der Ritterschaft, und den Städten zu Gute kommt, also kommt auch der dritte Theil des gedachten Beytrags der Ritterschaft auf ihrem Drittheil insonderheit zu Gute.

§. 111.

Wegen der Wißmar- Poel- und Neu-Closterschen Quote, soll die Ritter- und Landschaft mit aller Anforderung

Von Reichs-Crayß- und Printzeßinn-Steuren.

so wohl fürs vergangene, als fürs künfftige, gäntzlich verschonet bleiben.

§. 12.

Die Reichs-Crayß- und alle andere gemeine Steuren, gehen von jedem der drey contribuirenden Theile, der Stadt Rostock, den Clöstern, und vormahligen so genannten Gemeinschaffts-Oertern, wie auch des Beytrag der Aulicorum und Clericorum, ingleichen des Civil- und Militair-Standes mit eingeschlossen, mit Einlieferung der Specificationum, nach Vorschrifft des XVIII^{ten} Articuli der Reversalien vom Jahr 1621, baar in den Land-Kasten; zu welchem ein Schlüssel bey denen von der Ritterschafft, und der andere bey denen von Städten hinführo seyn soll.

§. 13.

Die Einnehmer der Reichs- und Crayß-Steuren sollen uns von Ritter- und Landschafft präsentiret, und von Unseren Commissariis und dem Engern-Ausschuß, beeydiget werden. Diese sollen die einkommende Gelder in Unseren, zum Land-Kasten alsdann besonders zu verordnenden Commissarien, und der von Ritter- und Landschafft dazu Deputirten Beyseyn, gebührlich zu berechnen, verpflichtet seyn.

§. 14.

Wenn nun nach Abtrag der verkündigten Reichs- und Crayß-Steuren im Land-Kasten etwas übrig bleibt; So soll solches entweder einem jeden contribuirenden Theile, nach Proportion des, von ihme geschehenen Beytrags, baar wiederum ausgeantwortet, oder zu des Landes

§. 115.

Die Prinzeßinn-Steuren sollen auf allgemeinen öffentlichen Land-Tägen, in Fällen, da eines regierenden Landes-Herrn Prinzeßinn Tochter auszustatten ist, verkündiget, und berathschlaget werden.

§. 116.

Zu Vermeidung aller künftigen Gelegenheit, woraus einiger Zwist, in Ansehung der Summe einer Prinzeßinn-Stear, entstehen könnte, ist hiemit verglichen und vestgesetzet: daß solche überhaupt vom ganzen Lande zu Zwanzig Tausend Reichsthaler, in, alsdann in Unsern Landen gangbar, so wohl aus-als inländischer-Currenter Münze, für stets bestimmet seyn, und bleiben soll.

§. 117.

Der Modus, wornach diese Steuer aus den Domainen, Adelichen Güthern, und Städten, und zwar von jedem Theil zu seiner Tercia aufzubringen, wird zwar auf Land-Tägen beliebet und verglichen, doch bleibt alle Wege der Land-Beeden- oder der Erben-und Hufen-Modus, in Conformität der Landes-Reversalen de Anno 1572 und 1621, der Grund.

§. 118.

Zu dieser Prinzeßinn-Steuer, sollen die Stadt Rostock, die Closter-Güther und die Rostockschen Gemeinschafts-Oerter gleichfals das Ihrige, welches den dreyen contribuirenden

renden Theilen, jedem pro Tertia parte zu Gute gerechnet wird, beytragen.

§. 119.

In den Jahren, wenn Reichs-und Crayß-Steuren erge- hen, wird keine Prinzeßinn-Steuer gefordert oder er- leget, sondern ausgesetzet.

§. 120.

Die solcher Gestalt bewilligte Gelder gehen in den Land- Kasten, allwo es in Ansehung der Einnahme, Verwal- tung, und des Abtrags, nach dem XVIIIten §. der Rever- salen vom Jahr 1621. gehalten werden soll.

Dritter Articul.

Von den Clöstern, und deren sowohl, als der übrigen Land-Güther, Rechten und Steur-Pflichten.

§. 121.

Die drey Clöster, Dobbertin, Ribnitz, und Malchau, sollen bey ihrer Consistenz und bey ihren Rechten, wie darunter die Reversales vom Jahr 1572. Art: 4. und das Herkommen Maasse geben, gelassen und geschützet werden.

§. 122.

Der Ritter-und Landschaft bleibt auch die Wahl, Bestel- lung, und beliebige Veränderung der Provisorum und Beamten

Dritter Articul

Beamten unbenommen, und sollen so wohl die bereits erwählte und ernannte, als die künftig zu erwählende und zu ernennende Closter-Provisores und Haupt-Leute, jetzt und künftig allemahl unweigerlich und unaufhältlich, gewöhnlichermaßen Landes-Fürstlich bestättiget werden, und wenn die gesuchte Bestättigung binnen Jahr und Tag nicht erfolget, sollen selbige eo ipso pro confirmatis geachtet seyn.

§. 123.

Die von der Landes-Herrschaft bißhero nicht abgenommene Rechnungen dieser dreyen Clöster, sollen nach Innhalt vorangezogener Reversalen, von Uns und den Ritter-und Landschaftlichen Deputirten aufgenommen, auch solcher Gestalt alle Jahr gefertiget und abgeleget werden.

§. 124.

Unsrer erb-unterthänigen Stadt Rostock, und den übrigen Städten Unsrer Lande, bleiben ihre respective, den Reversalen, dem Herkommen, und mit der Ritterschaft getroffenen Vergleich gemäße Gerechtsame, in Ansehung der beyden Clöster Dobbertin und Ribnitz, in ihrem gantzen Umfang, mithin auch der Ritterschaft ihre Jura an dem Closter zum heiligen Creutz in Rostock, hiemit ausdrücklich verwahret und beybehalten.

§. 125.

Es hat auch bey dem, auf dem Land-Tage zu Güstrow am 14ten November 1747. zwischen Ritter-und Landschaft getroffenen Schluß in Ansehung der Städtischen Theilhabung an den Clöstern, sein Bewenden; Jedoch mit

dieser

Von den Clöstern, und deren Land-Güthern.

dieser Erklärung: Daß den Land-Städten über die, in dem Closter Dobbertin habende drey Plätze zur vollen Hebung, noch Sechs Plätze zur halben Geld-Hebung, als Zweene in dem Closter Dobbertin, Zweene in dem Closter Ribnitz, und Zweene in dem Closter Malchau, von Michaelis des jetzt laufenden Jahrs an, jede zu Sechzig Reichsthaler jährlichen Einkommens, jedoch weiter nichts, mithin weder Wohnung noch Victualien, hiemit accordiret werden. Wogegen sich die Städte hierdurch verbindlich machen, daß sie ferner und zu ewigen Zeiten unter keinerley Vorwand, mehrere Stellen in allen dreyen Clöstern, es mögen dieselben vermehret, oder verbessert werden, verlangen, noch sich sonstige Jura, als sie bishero exerciret, anmassen, und also in Ansehung der Wahl der Provisorum und Closter-Haupt-Leute, auch bey Aufnahme der Closter-Rechnung, so wie bishero bey Dobbertin, also auch in gleicher Maaße und nicht weiter, bey den Clöstern Ribnitz und Malchau, concurriren wollen.

§. 126.

Anlangend die Rostockschen Stadt-und Hospital-auch Closter-Güther, nämlich im Amte Ribnitz, Niedertrug, Röversbagen, Stuthof, ein Theil in Bentwisch, ein Theil in Dierkow, Cordshagen, Purkshagen, Voigtshagen, Gollnitz, Schlage, und Volckshagen; Im Amte Schwaan, Silberrow, Barnstorf, Brumm, Groffenklein, Grossen-Schwaß, Lütten-Stove, Dalvitzenhof, Dietrichshagen, Elmenborst, Schmarl, Lüttenklein, Kasebohm mit den Pertinenzen, Broderstorf, Jckendorf, Riedahl, und die übrigen Eigenthümer und Besitzer der Güther Bockholt, Bartelstorf mit den Pertinenzen, Bentwisch und Kesfin, Ebmkenhagen, Willershagen, Zeppelins-Wulfshagen, Rostocker-Wulfshagen, Albertstorf, Bejelin, Busseviß, Finkenberg, Harmstorf,

Grossen-

Grossen-Russevitz, Lütten-Russevitz, Oberhof, und Hohen-Schwartz, Gragetopfs-Hof, Huckstorf, Niendorf, Grossen-Stove, Wahrstorf, Bistow, Hucktorf, Polchow, und Evershagen, welche insgesamt bishero unfüglich Gemeinschafts-Oerter genannt worden; So soll diese Benennung, welche sich auf den, im Jahr 1621. unterm 3ten Mårz, zwischen damaligen beyden Landes-Fürsten getroffenen Theilungs-Vergleich, in welchem diese Oerter, zwischen beyden regierenden Herren zu Schwerin und Güstrow ungetheilt in Gemeinschaft gelassen worden, lediglich für damahls bezogen, folglich nach der, zu Anfang dieses Jahr-Hunderts ergangenen Consolidation nicht weiter statthaft ist, hinfühto gänzlich abgethan, und an deren Stat, zur künftigen Benahmung dieser Oerter, der Ausdruck: Unsers Rostockschen Districts, vestgesetzet seyn.

§. 127.

Es werden aber nichts destoweniger diese, im Rostockschen District belegene Güther und deren Eigenthümer oder Besitzer, bey ihren übrigen wohlhergebrachten Rechten gelassen und geschützet, auch die gemeinschaftliche Beyträge, nach wie vor, von ihnen geleistet.

§. 128.

In Ansehung der jährlichen Landes-Contribution, ergehet ebenfalls über diese gesammte Dörfer die Ausmessung, und folgliche Besteurung der dadurch sich ergebenden steurbaren Hufen, und zwar eine jegliche zu Neun Reichsthaler Neue Zweydrittel, in den Land-Kasten, und von daraus an Unsre Cammer.

§. 129.

§. 129.

Wie denn auch die übrige Steur von den Eingesessenen ausser den Hufen, nach der obgesetzten Norm, in den Land-Kasten gebracht, und von daraus an Unsere Cammer entrichtet wird.

§. 130.

Wegen der Reichs-Crays- und Prinzeßinn-Steuren, soll es gleiche Bewandniß, wie mit den Closter-Güthern haben, der Gestalt, daß diejenige Steuren dieser Gattung, welche auf Land-Tägen bewilliget sind, in den Land-Kasten geliefert, und also dem gantzen Steuer-Belauf mit zu gerechnet werden.

§. 131.

Im übrigen wird hiemit den Clöstern, der Ankauf- und die Erwerbung mehrerer Land-Güther, es sey aus Adellichen oder Städtischen Dörfern, ohne vorhergängigen Landes-Fürstlichen ausdrücklichen Consens, und der gesammten Ritter- und Landschaftlichen Einwilligung, von nun an biß zu ewigen Zeiten, gäntzlich benommen.

§. 132.

Jedoch soll ihnen frey bleiben, Permutationes zu treffen, und mit den ersparten Geldern auswerts liegende Gründe anzuschaffen.

§. 133.

Und gleich wie sie bey ihren jetzigen Güthern, Dörfern, und Besitzthümern, in der Eigenschaft, wie sie solche
etwor-

erworben, nochmahls bestätiget seyn sollen: Also werden hingegen alle künftige Acquisitiones der Clöster an liegenden Gründen und Güthern innerhalb Landes, jetzt alsdann, und dann als jetzt, vernichtiget.

§. 134.

Doch soll, im Fall von den jetzigen Closter-Güthern, insonderheit des Closters Ribnitz, einige resuliret werden sollten, den Clöstern, und besonders dem Closter Ribnitz freystehen, mit dem Gelde andere Güther innerhalb Landes an sich zu bringen, wozu nöthigen Falls, der Landes-Fürstliche Consens, nicht geweigert werden soll.

§. 135.

Auch wollen Wir und Unsere Successores Uns eines juris primariarum precum, für Uns oder Unsere Fürstliche Gemahlinnen, an gesamten Clöstern, nimmermehr anmaßen, noch dasselbe begehren. Was insonderheit das Closter Ribnitz betrifft; So wird der im Jahr 1669. den 18ten September deßfalls getroffene Vergleich, hiemit, gantzen Innhalts, wiederholet und bestätiget.

§. 136.

Und wollen Wir demselben zu Folge Unsern Lehnsherrlichen Consens, dem Closter Ribnitz, sowohl zu dem angekauften Guth, Wulfshagen, als zu dem, bis auf Dreyzehn Tausend Thaler annoch zu acquirirenden Guthe, ohne Erlegung einiger Cantzley-oder anderer Gebühren, ertheilen, und solches pro allodio, ohne alle Reservation, erklären.

§. 137.

Im übrigen werden die Clöster, die Eigenthümer und Besitzer der übrigen vorbenannten Güther, wie von Altersher, zu Land-Tägen nicht verschrieben, noch gestattet, sondern die Clöster und deren Güther werden von der Ritter- und Landschaft, und die Oerter des Rostockschen Districts, von der Stadt Rostock, auf Land-Tägen, und sonst, vertreten.

Vierter Articul.
Von der Union der Landstände.

§. 138.

Dieweil Unsere Ritter- und Landschaft nicht nur in einer natürlichen Verbindung stehet, sondern selbige auch im Jahr 1523. in eine unzertrennliche Union getreten ist; So bleibt dieselbe unter gesammter Ritter- und Landschaft nach wie vor, in ihrer unwandelbaren verbindlichen Krafft und Wirkung. Gestalt Wir sie dahin, wie in dem Hamburgischen Vergleich vom 8 Mertz 1701. geschehen, hiemit abermahl anerkannt und bestätiget haben wollen.

§. 139.

Es verstehet sich also die Landes-Union theils von der Verbindung der Provinzen unter sich, theils von der Verbindung der Landstände, nämlich der Ritterschaft und der Städte, in Ansehung ihrer selbst, unter einander.

§. 140.

Was die Verbindung der Provinzen unter sich betrift; So soll die Union dahin festgesetzet und verstanden werden, daß die Eingesessene von Ritter- und Landschaft in Unsern Herzogthümern Schwerin und Güstrow, mit Inbegrif der Ritter- und Landschaft des Stargardischen Crayses, in einer unverrückliche Gleichheit, an Rechten, Privilegien, und Gerechtigkeiten, bestehen, und gelassen werden: der Gestalt, daß obgedachte drey Crayse, nach einerley Gesetzen, Landes-Ordnungen, und Verträgen, zu regieren, mithin in solcher Gleichheit und Gemeinschaft wie am Hofgericht und Consistorio, so auch an den Land-Tägen, und gesammtem Contributionali, nicht weniger an den Landes-Clöstern, nach Inhalt des obererwehnten Hamburgischen Vergleichs vom 8ten März 1701. §. 8. 9, und 10. folglich an allen andern Rechten, Vorzügen, und Freyheiten, einander in allen gemeinen Anliegenheiten und Nothfällen, mit Rath und That, nach rechtlicher Ordnung, sich unter einander zu vertreten und beyzustehen haben sollen und mögen.

§. 141.

Anlangend die Union der Ritterschaft und der Städte unter ihnen selbst; So soll dieselbe in unverrücklicher Gemeinschaft und Theilnehmung an allen, der Ritter- und Landschaft zustehenden Gerechtsamen und Befugnissen bestehen, solchermaßen: daß die Stadt Rostock sowohl, als die übrige Städte an ihrer Concurrenz zu den Land-Tägen, zum Hofgericht, und Engern-Ausschuß, zu den Clöstern, und überhaupt zu allen Ritter- und Landschaftlichen gemeinsamen Rechten und Pflichten, nach wie vor, dem Herkommen

Von der Union der Landstände.

men gemäß, nirgend beeinträchtiget, zurückgesetzet, oder ausgeschlossen werden sollen.

§. 142.

Wie denn auch ein Stand, ohne Zuziehung und Einwilligung des andern, eine Verbindung über gemeinsame Rechte zu treffen, nicht befugt seyn, allen Falls aber solche für null und nichtig geachtet werden soll.

§. 143.

In einem andern, obigem zuwieder laufenden Verstande, soll die Union vom Jahr 1523 nie, weder gerichtlich noch außergerichtlich, angezogen und gebrauchet werden.

§. 144.

Wie denn im übrigen jene, in der, zu mehrerer Bevestigung alles obigen sub Num. VIII. bleiben gehefteten Union vom Jahr 1523. enthaltene Bedingniß: daß damit der Landes-Obrigkeit nichts abgeschnitten seyn solle, hiemit wiederholet wird. Num. VIII.

Fünfter Articul.
Von Land-Tägen.

§. 145.

Land-Täge wollen Wir, wie von je her gebräuchlich gewesen, alle Jahr anordnen und ausschreiben, damit Theils das alljährige Contributions-Wesen, Vergleichsmäßig eingerichtet, Theils in Ansehung der künftigen Reichs-

Reichs-Crayß- und Prinzeßinn-Steuren, jedesmahl das Gebührige reguliret, Theils über die nöthig befundene und zu erlassende allgemeine Landes-Constitutiones berathschlaget, und endlich alles dasjenige, was unter dem Nahmen von Landes-Angelegenheiten oder Beschwerden vorkommen möchte, durch Landes-Fürstliche Erledigung abgethan werden könne.

§ 146.

Die Land-Täge sollen der Gestalt allgemein bleiben und angeordnet werden, wie es der Hamburgische Vergleich vom 8ten Märtz 1701. §. 8. vorschreibet, als welchem Wir nachzugehen, hiemit in Gnaden versprechen.

§. 147.

Gestalt dem zu Folge, alle und jede eingesessene Landstände aller dreyer Crayse zu den Land-Tägen, durch Landes-Fürstliche Ausschreiben berufen, und auf den Land-Tägen, dem Herkommen gemäß, bey den, darauf vorfallenden Handlungen, ohngehindert Stand und Stimme haben und behalten sollen.

§. 148.

Die Oerter zu den Land-Tägen sollen nach wie vor, die in den Reversalen von 1621. bestimmte Städte Sternberg und Malchin, wechselsweise, seyn und bleiben, und Wir wollen es, in Ansehung der Bezlebung oder Beschickung derselben, nach dem Innhalt der Reversalen vom Jahr 1621. §. 23. halten.

§. 149.

Von Land-Tägen.

§. 149.

In Ansehung der Zeit, bleibt es bey dem gewöhnlichen, und dazu am bequemsten fallenden Herbst.

§. 150.

Jedoch soll Uns und Unseren Nachkommen an der Regierung allerdings unbenommen seyn, in Nothfällen und andern dringenden Landes-Angelegenheiten, außer der Herbstzeit, nach Gelegenheit der Umstände, Land-Täge anzuschreiben, und gewöhnlicher maßen halten zu lassen.

§. 151.

Unsere Ausschreiben dazu wollen Wir in der hergebrachten Formul ergehen lassen, und nicht gestatten, daß ihnen gegen das Herkommen, und ohne rechtmäßige Ursache, harte und ungewöhnliche Clausuln, außer dieser: daß die Ausbleibende und Abwesende zu allen dem, was auf Land-Tägen behörig beschlossen ist, verbunden seyn sollen, einverleibet werden.

§. 152.

Auf Land-Tägen sollen sich alle und jede dazu Landes-Fürstlich entbothene Eingesessene, in Person gehorsamlich einfinden.

§. 153.

Diejenigen aber welche im Lande gegenwärtig sind, und behindert werden persönlich zu erscheinen, sollen, wie von

von Alters her jederzeit Gebrauch gewesen, ihr Ausbleiben schrift- oder mündlich entschuldigen, oder entschuldigen lassen, jedoch sollen die Abwesende keine Vollmachten zu ertheilen befugt, mithin die etwa producirte ungültig seyn. Von den auf Land-Tägen sich einfindenden, sollen die Land-Marschälle vor und nach Eröfnung des Land-Tags Unseren Commissariis einen, von ihnen eigenhändig unterschriebenen Personen-Zettel einliefern, auch währenden Land-Tags, so oft Unsere Commissarii eine nahmentliche und schriftliche Anzeige der Gegenwärtigen von Ritter-und Landschaft, verlangen, solche mit ihrer Unterschrift einreichen.

§. 154.

Die auf dem Land-Tage zu proponirende Capita sollen im Ausschreiben Vier Wochen vor dem Land-Tage kund gemachet werden.

§. 155.

Die Land-Tags-Proposition wollen Wir auf einmahl an den gewöhnlichen Orten, nämlich zu Sternberg auf dem Judenberg außerhalb der Stadt, und zu Malchin auf dem Rathhause geschehen, auch sofort nach der Publication schriftlich, mit Unserm dazu eigentlich gegebenen Land-Tags-Canzley-Jnnsiegel, und unter Unserer, von Uns dazu bevollmächtigten Commissarien Unterschrift, an Ritter- und Landschaft hinaus geben lassen.

§. 156.

Jn Ansehung der auf die Proposition abzugebenden Ritter- und Landschaftlichen Antwort, bleibt es in der Regul bey dem von Altersher gewöhnlichen Dritten Tag. Jedoch wollen

Von Land-Tägen

wollen Wir bey erheblichen Hindernissen, nach Befinden, eine weitere Frist nicht versagen.

§. 157.

Diese Antwort soll ebenfalls schriftlich abgestattet, und zu mehrerer Förmlichkeit und Beglaubigung von dem ältesten anwesenden Landrath und dem Deputirten der Stadt Rostock, in dessen Abwesenheit aber, jedoch ohne sonstige Consequenz, von dem ersten anwesenden Vorder-Städtischen Burgermeister, eigenhändig unterschrieben werden.

§. 158.

Daferne nun nach der, darauf in Unserm Nahmen von Unsern bevollmächtigten Commissarien, ergehenden schriftlichen Resolution, etwas zu erörtern, übrig bleiben sollte: So soll solches zwar schriftlich geschehen, jedoch, daß zu Erleichterung der Vereinbahrung, durch mündliche An- und Vorträge, zwischen Unsern Commissarien und den Deputirten der Ritter-und Landschaft, gehandelt werde. Da denn so lange über die, in Erörterung stehende Materien gehandelt werden soll, bis die Land-Tags-Sachen überhaupt zur Reife eines förmlichen, in Unserm Nahmen zu publicirenden, und darauf, wie obgedacht, in beglaubter Form schriftlich an Ritter-und Landschaft auszuantwortenden Land-Tags-Schlusses, gediehen.

§. 159.

Während Land-Tags soll das Ab-und Zureisen bey Tage oder Nacht, ohne Aufenthalt und Anzeige bey dem Commandirenden Officier, niemanden gehindert werden. Jedoch soll ein jeder Ankommender, Abreisender, und

Wiedereintreffender, wie von je her auf ordentlichen Land-Tägen gebräuchlich gewesen, bey dem Land-Marschalle, zu dessen Crantz er gehöret, sich zu melden, und dieser dann weiter an Unsere Commissarien, davon Nachricht zu geben, schuldig seyn.

§. 160.

Anfangend die etwanigen Landes-Gebrechen, Beschwerden, oder Angelegenheiten: So sollen solche nach der Antwort auf die Land-Tags-Proposition von Ritter- und Landschaft, mittelst eines, nach der obigen, bey der Antwort ad Capita proposita bestgesetzten Förmlichkeit und Beglaubigung, zu unterschreibenden Memorials, übergeben werden.

§. 161.

Diejenigen Beschwerden und Angelegenheiten, die bereits in Landes-Verträgen und Ordnungen, oder in dem erweislichem Herkommen, und in vorhin ertheilten Resolutionibus ihre abhelfliche Maaße erhalten, oder sonst in Liquidis beruhen, und wobey contra jura Provincialia etwas vorgegangen, sollen unverzüglich und ohne Weitläuftigkeit, nach Recht und Billigkeit, noch bey währendem Land-Tage, abgethan werden.

§. 162.

Diejenigen aber, welche altioris indaginis sind, sollen längstens binnen Jahres-Frist, und vor dem nächsten Land-Tage, zur gleichmäßigen billigen Endschaft, durch gnädigste Landes-Fürstliche Erledigungen und Erklärungen, kommen und gelangen.

§. 163.

§. 163.

In Entstehung dessen bleiben der Ritter- und Landschaft alle rechtliche Wege in Ordnung der Landes- und Reichs-Gesetze, mithin an Kayserliche Majestät, und die höchste Reichs-Gerichte, unverschlossen.

§. 164.

Uebrigens behalten Wir Uns vor, Unsere Ritter- und Landschaft zu andern Convocations- und Deputations-Tägen zu berufen, und über Unsere und Unserer Lande besondere Angelegenheiten auf selbigen zu handeln.

§. 165.

Doch sollen die Sachen, welche gesammter Ritter- und Landschaft Rechte und Pflichte antreffen, zu allgemeinen Land-Tägen heimgelassen bleiben.

Sechster Articul.
Von Land-Räthen und Land-Marschällen.

§. 166.

Da in Ansehung der Zahl, Rechte, und Pflichten der Land-Räthe, sich zeithero Zweifel ergeben: So ist darüber folgendes, zur beständigen Gewißheit verglichen und festgesetzet worden. Es sollen nämlich fortan in Unserm Herzogthum Schwerin Vier, und in Unserm Herzogthum

thum Güstrow, incluſive des Stargardſchen Crayſes, gleichfals Vier, mithin allemahl Acht würckliche, in Unſeren und Unſerer Ritter- und Landſchaft Pflichten ſtehende, und in gedachten Unſeren beyden Hertzogthümern weſentlich angeſeſſene Land-Räthe, beſtellet ſeyn.

§. 167.

Bey erledigten Land-Raths-Stellen, wollen Wir der Ritter- und Landſchaft, und zwar desjenigen Hertzogthums, in welchem ſich die Vacanz eräuget, den unterthänigſten Vorſchlag dreyer, im Lande angeſeſſenen Perſonen, von dem eingebohrnen oder recipirten Adel, zu jeder vacirenden Stelle, gnädigſt gönnen, und aus ſolchen Præſentatis jedesmahl einen zum Land-Rath, ſo fort binwiederum ernennen, auch denſelben auf dem Land-Tage, da der unterthänigſte Vorſchlag geſchehen, in Beyſeyn derer von Ritter- und Landſchaft, oder gleich nach dem Land-Tage, in Beyſeyn einiger Deputirten von Ritter- und Landſchaft, dazu beeydigen laſſen, und zwar nach dem hier eingerücktem gewöhnlichem Formular:

Ich, N. N. gelobe und ſchwere, daß ich dem Durchlauchtigſten Fürſten und Herrn, Herrn Chriſtian Ludewig, Hertzogen zu Mecklenburg, Fürſten zu Wenden, Schwerin und Ratzeburg, auch Grafen zu Schwerin, der Lande Roſtock und Stargard Herrn ꝛc. meinem gnädigſten Fürſten und Herrn, als jetzt regierendem Landes-Fürſten, treu und hold ſeyn, Seiner Hertzog-

Herzoglichen Durchlaucht Landen und Leuten Bestes wissen, Schaden und Nachtheil meines äussersten Vermögens, abwenden und verhüten, in allen Berathschlagungen, dazu ich gefordert werde, das ehrlichste meinem besten Verständniß nach, hintenangesetzet aller Bewegnissen, so mich daran behindern könnten, rathen, was ich in Rathschlägen oder sonsten von Ihro Herzogl. Durchl. Fürstenthum und Landen Gelegenheit und Geheimnissen erfahren, und mir Rathsweise anvertrauet werden wird, Seiner Herzogl. Durchl. und Dero Fürstenthum zum Nachtheil, Niemand offenbaren, sondern bey mir bis in die Grube verschwiegen behalten, an keiner Stelle und in keinen Rathschlägen, da Seiner Herzogl. Durchl. Person, Land, und Leuten etwas zum Nachtheil und Schaden, gefährlicher Weise, geredet und beschlossen werden soll, mich nicht finden lassen, und alles dasjenige, in pflichtschuldiger gehorsamster Unterthänigkeit reden, thun, und handeln will, welches einem getreuen Rath von Ehren, löblicher Gewohnheit und Rechtswegen zu thun gebühret, und wohl ansiehet. Alles getreulich und ohne Gefährde, als

mir

mit GOTT helfe durch JESUM
CHRISTUM.

§. 168.

Bey einer jeden Veränderung an der Regierung, bleiben zwar die Land-Räthe, nach wie vor in ihrer Activität, sie müssen aber gleich andern Räthen und Bedienten den vorbeschriebenen Land-Raths-Eyd erneuern, und gewöhnlicher maßen ablegen. Wir wollen auch deren Rath, vermöge der Reversalen von den Jahren 1572. Art. I. und 1621. Art. XXII. zu den Landes-Sachen in vorfallenden Nöthen, zuziehen und gebrauchen.

§. 169.

Auch sollen vier von ihnen, nach der Wahl der Ritterschaft, den Reversalen de Anno 1572. gemäß, Assessores beym Land- und Hofgericht seyn.

§. 170.

Auf Land-Convocations- und Deputations-Tägen, wollen Wir einem jeden der anwesenden Land-Räthe und Land-Marschälle, hergebrachter maßen, täglich Vier Reichsthaler zu seiner Defrayrung aus Unsrer Rent-Cammer, baar reichen lassen. Diese sollen von dem Tag der Einkunft, bis auf den letzten Tag des Schlusses, gerechnet und gezahlet werden.

§. 171.

Die Berichte, Gutachten, und Vorstellungen, welche an Uns die Land-Räthe auf Unser Erfordern, oder aus eigener

Von Land-Räthen und Land-Marschällen.

eigener Bewegniß, oder nach dem Auftrage der Ritter-
und Landschaft erstatten, sollen von einem jeglichen nahmentlich und eigenhändig unterschrieben, und die Umschläge
darum mit dem angebohrnem Pittschaft des Vorsitzenden,
besiegelt werden.

§. 172.

Der Begrif und Gebrauch des Nahmens eines besondern
Land-Räthlichen Collegii aber, soll hiemit gäntzlich
untersaget seyn.

§. 173.

Die Erb-Land-Marschälle anlangend: So hat deren
Anzahl von dreyen überhaupt, nämlich einem im
Mecklenburgischen, einem im Wendischen, und einem im
Stargardischen Crayse, ihr beständiges Verbleiben.

§. 174.

Auf Land-Convocations- und Deputations-Tagen, auch
überhaupt bey allen Begebenheiten, da im Nahmen
der Ritter- und Landschaft, Uns mündliche An- und Vorträge zu thun sind, führen die Land-Marschälle, nach der
unter sich eingeführten Ordnung der Zeit und des Orts,
das Wort, jedoch bleibt der Ritter- und Landschaft, wie
sonst alle Wege frey, auch durch die Land-Räthe oder
Deputirte, An- und Vorträge thun zu lassen.

§. 175.

Uebrigens sollen die Land-Räthe und Land-Marschälle
bey ihrem wohlhergebrachten Rang gelassen und geschützet werden, also daß die Land-Räthe mit Unsern würcklichen

chen Geheimen-Räthen, und die Land-Marschälle mit Unsern Obristen, nach der Ancienneté, ihren Rang haben sollen.

Siebender Articul.
Vom Engern-Ausschuß.

§. 176.

Damit Wir und Unsere Nachkommen der unbequemen Weitläuftigkeit überhoben werden, in Landes-Angelegenheiten jedesmahl mit dem zahlreichen Corpore der Ritter- und Landschaft unmittelbar zu handeln; So haben Wir die von Ritter- und Landschaft längst beliebte Verfassung eines Engern-Ausschusses, in folgender Maaße, und für stets verglichener Bestimmung, vestgesetzet.

§. 177.

Es soll demnach der Engere-Ausschuß aus zween Land-Räthen, nämlich einem aus Unserm Herzogthum Schwerin, und einem aus Unserm Herzogthum Güstrow, inclusive des Stargardischen Crayses, dann Dreyen Deputirten der Ritterschaft, nämlich einem aus dem Mecklenburgischen, einem aus dem Wendischen, und einem aus dem Stargardischen Crayse; ferner aus einem Deputirten der Stadt Rostock, und dreyen Deputirten der Vorder-Städte, Parchim, Güstrow, und Neuenbrandenburg, folglich überhaupt aus Neun Personen, welche Anzahl jedoch die Ritter- und Landschaft nach Gelegenheit der Umstände, mithin nach Gutbefinden, jedoch auf ihre Kosten, zu vermehren, jederzeit befugt bleibet, an und vor ihm selbst bestehen.

§. 178.

Vom Engern-Ausschuß.

§. 178.

Diesem Engern-Ausschuß soll hiemit der Begrif und das Recht eines, die gesammte Ritter-und Landschaft vorstellenden Collegii, aus Landes-Fürstlicher Macht und Hoheit, zu ewigen Zeiten, für Uns und Unsere Nachkommen, regierende Herzogen zu Mecklenburg beygeleget, und bestätiget seyn, um die Ritter-und Landschaftlichen Angelegenheiten an und bey Uns, folglich inn-und außerhalb Landes zu besorgen.

§. 179.

Die Wahl der zum Engern-Ausschuß zu bestellenden Personen, soll auf Land-Tägen, oder andern gemeinschaftlichen Conventen, der Ritter-und Landschaft Willkühr und Freyheit überlassen seyn und bleiben. Nur, daß der Engere-Ausschuß, wie hiemit und Kraft dieses geschicht, in der Gestalt und Befugniß eines besondern Collegii, bey jeder Veränderung an der Regierung von Unseren Nachkommen, regierenden Herzogen zu Mecklenburg, ausdrücklich bestätiget werden soll.

§. 180.

Jedoch soll der Engere-Ausschuß für ipso jure confirmiret, angesehen und gehalten werden, so bald er darum bey der Landes-Herrschaft schriftlich Ansuchung gethan haben wird. Der Aufenthalt und die Zusammenkunft der zum Engern-Ausschuß gewählten Glieder, bleibt hiemit allenthalben unbenommen und uneingeschränckt.

§. 181.

Wir wollen auch die an Uns, von dem Engern-Ausschuß ergehende Vorstellungen und Memorialien in den

Siebender Articul

den Ritter- und Landschaftlichen Angelegenheiten, gnädigst annehmen, und darauf jedesmahl, nach Befinden, gerecht-gnädigste Resolutiones ertheilen.

§. 182.

Damit nun bey den schriftlichen Expeditionen und Verrichtungen des Engern-Ausschusses, alle Wege desto mehrere Ordnung und Glaubhaftigkeit walten möge; So ertheilen Wir Unserer Ritter- und Landschaft hiemit ein eigenes, zum Gebrauch des Engern-Ausschusses gewidmetes Landes-Siegel, in der Maaße und Gestalt, wie es zu beständiger Beybehaltung allhier abgemahlet ist:

§. 183.

Mit diesem Siegel soll er alle, die Ritter- und Landschaft zusammen und gemeinschaftlich-angehende Sachen und Ausfertigungen, besiegeln. Selbiges soll auch von Nachkommen zu Nachkommen, als das wahre Ritter- und Landschaftliche Siegel, beybehalten und gebrauchet werden.

§. 184.

Vom Engern-Ausschuß.

§. 184.

Was aber diejenigen Sachen und Ausfertigungen betrift, welche nicht die Ritter-und Landschaft insgemein, sondern die Ritterschaft allein angehen; So ertheilen Wir Unsrer Ritterschaft das auch hierbey gemahlte

besondere Innsiegel, dessen sie sich in ihren alleinigen Angelegenheiten und Ausfertigungen, mit eben dem Gesetz der ewigen Unwandelbarkeit, zu gebrauchen haben soll.

§. 185.

Hiedenebst soll hiemit für stets vestgesetzet seyn, daß alle von dem Engern-Ausschuß an Uns ergehende Vorstellungen, Berichte, und Memorialien in Ritter-und Landschaftlichen gemeinen Sachen, jederzeit von dem vorsitzenden Landrath, oder in Abwesenheit der beyden Landräthe, von dem ältesten Ritterschaftlichen Deputirten, und dem ersten Städtischen Deputirten, eigenhändig unterschrieben, diejenigen aber, welche die Ritterschaft nur allein, ohne Verbindung mit den, die eigentliche Landschaft ausmachenden Städten betreffen, von dem vorsitzenden Landrath, und einem Ritterschaftlichen Deputirten, mit eigenhändiger Nahmens-Unterschrift beglaubiget werden sollen.

§. 186.

Der vorbeschriebenen Siegel bedienet sich Ritter- und Landschaft zu allen Berichten, Vorstellungen, und Memorialien an Uns sowohl, als in andern ihren Expeditionen: und soll sich dabey jederzeit des rothen Wachses gebrauchen.

§. 187.

Im übrigen stehet der Engere-Ausschuß, wenn er zu belangen, als Beklagter alle Wege in erster Instanz, unter einem Unserer Landes-Gerichte, welches der Kläger erwählen will.

§. 188.

Doch bleibt dem Engern-Ausschuß, nach Maaßgebung Unserer Landes-und der Reichs-Gesetze, an die Reichs-Gerichte zu appelliren, allerdings frey. Gestalt dann von Unseren Gerichten denen Appellationen des Engern-Ausschusses, welche Unseren Landes-Gesetzen, und besonders Unserm Privilegio de non appellando nicht entgegen sind, der ungehinderte starcke Lauf, mehrern Jnnhalts des unten vorkommenden 11ten Articuls vom Justitz-Wesen, gelassen werden wird und soll.

§. 189.

Uebrigens bleibt der Ritter- und Landschaft alle Wege unbenommen, dem Engern-Ausschuß so wohl die Besorgung des Contributions-Wesens, als der andern, die

Ritter-

Ritter- und Landschaft betreffenden Angelegenheiten, inn- und ausserhalb Landes, in gemessener Instrucktion und Vollmacht, ihrer Willkühr und besten Gelegenheit nach, aufzutragen.

§. 190.

Wir und Unsere Nachkommen, wollen auch dasjenige, was der Engere Ausschuß im Contributions-Wesen, oder in andern Landes-Sachen, sothaner obhabenden Vollmacht nach, vornehmen und ausrichten wird, der Gestalt, als geschehe es von Ritter-und Landschaft selbst, ansehen und dafür halten lassen.

Achter Articul.
Von der Landes-Fürstlichen Gesetz-Gebungs-Macht.

§. 191.

Wann es der Wohlstand und die Ruhe einer jeden Regierung erfordert, daß die Grentzen der Landes-Fürstlichen Macht, Gesetze zu geben, ihre gemessene Bestimmung haben; So ist von Uns, um auch hierunter die Wohlfart und Zufriedenheit Unserer Unterthanen aller Stände zu befördern, folgendes nach den Reguln der natürlichen Billigkeit, und der wohlhergebrachten Landes-Verfassung gemäß, in Gnaden versprochen und festgesetzet worden.

§. 192.

Es theilen sich demnach die Landes-Ordnungen und Constitutiones hauptsächlich in zwo Classen.

Zur

Zur **Erſten** gehören die, welche Unſere Aemter, Domainen, und Cammer-Güther, mithin die darinn geſeſſene Unterthanen, und Unſere eigene, in Unſern beſondern Pflichten ſtehende Bediente, allerley Weſens, betreffen.

Zur **Andern** Claſſe aber gehören diejenige, welche Unſere geſammte Lande, mit Inbegrif der Ritter- und Landſchaft angehen.

§. 193.

Was nun die **Erſte** Claſſe betrifft: So bleibt Uns und Unſern Nachkommen an der Regierung, darinn Verordnungen, Geſetze, und Conſtitutiones, beſter Unſerer Gelegenheit und Willkühr nach, zu machen und ergehen zu laſſen, allerdings unbenommen und vorbehalten.

§. 194.

Anlangend aber die **Andere** Claſſe: So zertheilen ſich die darinn zu erlaſſende Geſetze und Ordnungen, wiederum in zween Grund-Sätze: Nämlich

1) in ſolche Verordnungen und Geſetze, welche gleichgültig, jedoch zur Wohlfart und zum Vortheil des gantzen Landes abſichtlich und dienſam ſind: und hingegen

2) in ſolche, welche die wohlerworbene Rechte und Befugniſſe Unſerer Ritter- und Landſchaft, geſammt, oder beſonders, jedoch in Anſehung des einen Theils, dem andern unnachtheilig, berühren.

§. 195.

Wann nun in jenen gleichgültigen, es ſey in Juſtitz- Policey- und Kirchen-Sachen, oder worinn es wolle, von Uns und Unſern Nachkommen eine allgemeine Landes- Verordnung

Verordnung und Constitution zu erlassen ist; So sollen die von Ritter- und Landschaft auf öffentlichen allgemeinen Land-Tägen, oder wenigstens, wann periculum in mora, die Land-Räthe, und der gantze Engere-Ausschuß darüber mit ihren rathsamen Bedencken und Eracten vernommen werden. Bevor solches erstattet ist, ergehet die Publication der Verordnung nicht.

§. 196.

Würde aber das erforderte Bedencken in der darzu von Uns gesetzten, nach Bewandnüß der Umstände räumlich zu gönnenden Zeit, nicht eingeben; So bleibt Uns mit der Publication, dessen ohnerwartet, zu verfahren, allerdings frey und unbenommen.

§. 197.

Wir wollen übrigens auf der Ritter- und Landschaft, oder der Land-Räthe und des Engern-Ausschusses Vernehmlassung und Erinnerungen, alle billigmäßige Landes-Väterliche gnädigste Aufmercksamkeit wenden, und im Werck spühren lassen: Jedoch Unserm Landes-Fürstlichem hohen Juri statuendi mit solcher gnädigen Vernehmung nichts vergeben.

§. 198.

Im letzteren Fall aber, da die zurlassende Verordnung, den Gerechtsamen Unserer Ritter- und Landschaft entgegen laufen, oder von deren Minder- oder Abänderung die Frage seyn sollte, wollen und sollen Wir und Unsere Nachkommen, ohne Unserer Ritter- und Landschaft ausdrückliche Bewilligung nichts verhängen.

M

§. 199.

§. 199.

Gestalt Wir hiemit in Gnaden zusagen, daß Wir in Landes-Constitutionen, ohne vorhergegangene öffentliche Anträge und Berathschlagungen auf allgemeinen Land-Tägen, und darauf erfolgte freye Bewilligung Unserer Ritter- und Landschaft, ichtwas, welches ihren habenden Privilegien, Reversalien, Gerechtigkeiten, und Verträgen zuwieder, keinesweges verordnen, noch der Ritter- und Landschaft etwas neuerliches auflegen, weniger die, auf Unsere Domainen und Cammer-Güther gerichtete Constitutiones, auf Ritter- und Landschaft ausziehen, noch darnach in Unseren Gerichten gegen Ritter- und Landschaft erkennen lassen wollen. Wie dann alles, was dem zuwieder bißher geschehen, hiemit aufgehoben und abgestellet seyn soll.

§. 200.

Uebrigens behalten Wir Uns und Unster Ritter- und Landschaft hiemit ausdrücklich bevor, die hiebevorigen Verordnungen und Constitutiones, in Gleichförmigkeit dieser Grund-Sätze, respective, nach vorgenommener Rath-Pflegung und Beliebung, den jetzigen Zeiten allenthalben gemäß zu machen, und solche nach Gelegenheit zu ändern, zu bessern, zu erläutern, zu erklären, und zu vermehren.

Neunter Articul.
Von den Zusammenkünften der Ritter- und Landschaft, oder den sogenannten Landes-Conventen.

§. 201.

Wann außer den Landes-Convocations- und Deputations-tägigen Zusammenkünften, welche von Landes-Fürstlicher

Fürstlicher Obrigkeit wegen veranlasset und angeordnet werden, entweder die Ritterschaft für sich, oder die Ritter- und Landschaft durch Bevollmächtigte Deputirte, zum Behuf ihrer Angelegenheiten, öffentlich zusammen zu kommen, nöthig finden: So wollen Wir zwar des Landes Bestens halber dieselben nicht verhindern.

§. 202.

Damit aber gleichwohl alle Unordnung und Anstössigkeit vermieden, mithin alle Gelegenheit zu künftigen Irrungen, in Ansehung der Freyheit der Zusammenkünfte, abgeschnitten seyn möge: So soll es deswegen hierunter auf folgende zwo Reguln für stets gesetzet seyn.

Daß nemlich,
1) die Zusammenkünfte derer von der Ritterschaft in den Aemtern, nach wie vor, gantz uneingeschränckt seyn und bleiben:

Dagegen aber
2) ein, von dem Engern-Ausschuß nöthig befundener, oder sonst von der Ritter- und Landschaft zusammen, oder von der Ritterschaft und von den Städten, und zwar jeden Theils für sich, beliebter und ausgeschriebener Convent, jedesmahl der Zeit und dem Ort nach, mittelst unterthänigsten Memorials, entweder von dem Engern-Ausschuß, oder nach Verschiedenheit des Convents, von den Landräthen, oder von den Vorder-Städten, gemeldet, und darauf, jedoch ohne weitere darüber zu erwartende ausdrückliche Landes-Fürstliche Verstattung, unaufhältlich ins Werck gesetzet werden soll.

§. 203.

§. 203.

Die von solchen Conventen an Uns abgeschickte Deputirte, wollen Wir gebührend hören, die Briefe und Supplicationes von ihnen, auch sonst außerhalb Land- und Deputations-Tägen, nach Befund deren geziemenden Einrichtung, annehmen, und darauf nach Recht und Billigkeit, gnädig-gewierige Resolutiones ertheilen.

Zehender Articul.
Vom Müntz-Wesen.

§. 204.

Als bey jetzigen Zeiten das Müntz-Wesen in Unseren Landen, und mit dem, sowohl der wucherliche Lauf und Werth der neuen Zweydrittel-Stücke, als auch der, je länger je mehr überhandnehmende Ueberfluß der geringhaltigen Geld-Sorten, und die daraus entstehende Steigerung des Preises aller guten silbernen und güldenen Müntze, zu Abwendung offenbahren Nachtheils und Schadens, Unserer gesammten Landes-Einwohner, ein Landes-Obrigkeitliches-Einsehen erfordert; So versprechen Wir Unserer Ritter- und Landschaft, daß Wir, so gleich nach dem Schluß dieses Vergleichs alle Kosten und Bemühungen dahin anwenden lassen wollen, damit, nach vormahligem alten Fuß und Herkommen in Unseren Landen, solche Müntz-Sorten wiederum gangbar und gebig werden mögen, gegen welche Unsere gesammte Landes-Eingesessene und Unterthanen, aller zu ihrem Verkehr, Handel, Wandel, und Credit-Wesen irgend benöthigter, gröber, und anderer Müntz-Sorten in Silber und Gold, auch außerhalb Landes,

Vom Müntz-Wesen.

des, und in Unsern benachbarten Staaten selbst, zu billigern Preisen und umsonst, jedesmahl habhaft werden können.

§. 205.

Es soll auch Unsere Ritter- und Landschaft kraft dieses für stets dahin versichert seyn und bleiben, daß sie und ihre Nachkommen in ihren Erlegnissen an Uns und Unsere jetzige oder künftige Renteren und andere Cassen, zu Bezahlung eines eigenen, so genannten Mecklenburgischen Courant-Geldes, nie gehalten seyn, sondern ihre Abgaben und Erlegnisse jedesmahlen in solchen Müntzen, die in Unsern Landen gäng- und gebig seyn werden, zu entrichten, Fug und Recht haben soll.

§. 206.

Uebrigens werden Wir das Müntz-Wesen zu seiner Zeit auf Land-Tägen mit Unsrer Ritter- und Landschaft in Berathschlagung ziehen, und nach vernommenem Bedenken, Unsere Landes-Fürstliche Verordnung, nach Maaßgebung des Achten Articuls, zum gemeinen Besten Unser Landes-Eingesessenen darüber ergehen zu lassen, nicht ermangeln.

Eilfter Articul.

Von den Anlagen der Ritter- und Landschaft unter sich.

§. 207.

Das Recht, welches einer jeden Gemeinheit zustehet, unter sich selbst zu freywilligen Anlagen sich verbindlich zu machen

machen, wollen Wir auch Unsrer Ritter- und Landschaft nicht bekürtzen.

§. 208.

Damit aber auch darinnen fürs künftige Gewißheit und Ordnung erhalten werde, mithin Niemand sich mit dem Vorwand der Unwissenheit und Nicht-Bewilligung beym Abtrag der Anlagen schützen, weniger zur Ungebühr sich den gemeinen Lasten und Obliegenheiten entziehen möge: So soll es so wohl mit der Bewilligung als mit der Beytreibung der Anlagen folgender Gestalt gehalten werden. Die freywilligen Anlagen werden, der bisherigen Observanz nach, entweder

I) auf Ritterschaftlichen Amts-Conventen, wie auch von den Land-Städten unter sich, bey der Städte Zusammenkünften, oder

II) auf allgemeinen Deputations-Conventen von der Ritterschaft allein, oder von Ritter- und Landschaft zugleich, oder endlich

III) auf allgemeinen Land- und Convocations-Tägen von der Ritterschaft unter sich, oder von Ritter- und Landschaft mit einander, bewilliget und beliebet.

§. 209.

(I)

Mit den auf Ritterschaftlichen Amts- wie auch auf den Städtischen-Conventen zu bewilligenden Anlagen, soll es der Gestalt gehalten werden, daß, wenn eine Anlage zu machen ist, das Ausschreiben zur Zusammenkunft, ausdrücklich zu Bewilligung der Anlagen, mit angezeigter Ursachen derselben, ergehe, und einem jeden insinuiret werde.

§. 210.

Von den Anlagen der Ritter- und Landschaft unter sich.

§. 210.

Diejenige, welche erscheinen, werden nahmentlich in dem Protocollo angeführet, und machen per majora den Schluß.

§. 211.

Diejenige aber, die auf das an sie, wegen der nöthigen Anlage ergangene Benachrichtigungs- und Einladungs-Schreiben, nicht erschienen sind, sollen, daferne bey dem Protocollo die Bescheinigung der richtigen Insinuation des ergangenen Ausschreibens vorhanden ist, als hätten sie die Anlage würcklich bewilliget, angesehen, und zu deren Abtrag, durch gehörige Zwangs-Mittel angehalten werden.

§. 212.

Wir befehlen auch Unsern gesammten Landes-Gerichten hiemit gnädigst und ernstlich: daß sie auf die von den Amts-Deputirten, oder von den Vorder-Städten einzubringende, vorgedachtermaßen eingerichtete Bewilligungs-Protocolla, als auf klare Hand und Siegel, so fort die Execution, ohne einigen Anstand, ergehen lassen, und die Säumigen mit ihren, eine weitläuftigere Erörterung erfordernden Einwendungen, nach beygetriebenen Anlagen, zum besondern Proceß verweisen sollen.

§. 213.

Betreffend hiernächst

(II)

die auf allgemeinen Deputations-Conventen von der Ritterschaft allein, oder von Ritter- und Landschaft zugleich, zu zu bewilligende Anlagen: So soll der Engere-Ausschuß in dem Ausschreiben zur Zusammenkunft, ausdrücklich die Nothwendigkeit, und Ursache, warum eine Anlage zu bewilligen? anzeigen.

§. 214.

Die Deputirte der Aemter, oder wenn die Anlage allgemein ist, auch die Vorder-Städte, sollen hienächst auf den auszuschreibenden Amts- oder Städtischen Conventen, in der unterm Num. I. vorgeschriebenen Ordnung, sich über den Punct der zu bewilligenden Anlage instruiren lassen, und auf dem Deputations-Convent, wobey die Nahmen der anwesenden Deputirten dem Protocollo, wie gewöhnlich vorangesetzet werden, darüber, nach der Mehrheit der Stimmen, einen Schluß fassen, und selbigen ad Protocollum geben. Die solcher Gestalt bewilligte Ritterschaftliche oder Ritter- und Landschaftliche Anlagen sollen von allen, auch den dissentirenden und überstimmeten, ohnweigerlich, in den freywilligen Kasten abgetragen werden.

§. 215.

Zu Beytreibung der also bewilligten, und mittelst Extractus des Deputations-Convents-Protocolli zu bescheinigenden Anlagen, soll von Uns der Engere-Ausschuß ein Mandatum de exequendo an die Landes-Executores, und die Ordres an die Chefs Unserer Militz, zu Hergebung der allenfalls dazu nöthigen Mannschaft, auswürcken, welche Wir niemahls versagen, sondern unweigerlich in Gnaden geschehen lassen wollen, daß gedachte Executores, nach der von dem Engern-Ausschuß, ihnen zuzustellenden Specification und zu ertheilenden Instruction, die Restanten von den Säumigen per Executionem beytreiben, und an den Kasten der freywilligen Einflüsse abliefern.

§. 216.

§. 216.

Was endlich (III) die auf allgemeinen Land- und Convocations-Tägen von der Ritterschaft unter sich, oder von Ritter- und Landschaft mit einander zu bewilligende Anlagen betrifft; So soll der Engere-Ausschuß selbige auf dem Ante-Comitial-Convent vorläufig, zu weiterer Kundwerdung, an alle und jede ad Protocollum anzeigen, und hiendächst auf dem Land- oder Convocations-Tage, in förmlichen Vortrag bringen. Welchemnächst die mehresten Stimmen der Gegenwärtigen darüber den Schluß machen, die Abwesende, oder vorher Wegreisende aber, als ausdrücklich consentirende, angesehen, und zum Abtrag, da nöthig, executive angehalten werden sollen.

§. 217.

Mit der Execution wird gleicher Gestalt, wie bey Num. II. vestgesetzet ist, verfahren, nämlich also: daß von Uns der Engere-Ausschuß, die nöthige Mandata de exequendo, und Ordres an die Chefs Unsrer Milice, ausbringe. Und wie Wir diese Execution niemahls versagen oder aufhalten werden und wollen; Also sollen die Landes-Executores dabey lediglich nach der Specification und Instruction des Engern-Ausschusses zu verfahren, schuldig seyn.

§. 218.

Zu allen, in vorhin bemerckten dreyen Nummern beschriebenen, und in der vorbestimmten Ordnung fürs zukünftige auszuschreibenden, und zu bewilligenden Anlagen, wollen Wir Jnnhalts Unserer, oben im ersten Artical gegebenen Versicherung, den Beytrag von den, seit Antritt Unsrer Regierung, zu Uns und Unseren Domainen gekommenen adelichen Güthern, jederzeit ohnweigerlich thun lassen.

§. 219.

Wie denn auch die Clöster, und die in Unserm Rostockschen Distrikt belegene, oben im dritten Articul benannten Güther, nicht weniger die, den Stadt-Cämmereyen und Oeconomien zuständige Dörfer, Güther, Ländereyen, und Stücke, auch Priester-Bauren, (jedoch diese drey Letztere nur in dem Fall, wenn sie vormahlen der Ritterschaft erweislich gehöret) so wie Ritter- und Landschaft zu den, bereits von der Ritterschaft alleine, oder von Ritter- und Landschaft zusammen beliebten, oder ferner zu beliebenden Ritter- und Landschaftlichen Anlagen, den schuldigen Beytrag nach Proportion leisten sollen.

§. 220.

Zu den Ritter- und Landschaftlichen Anlagen, die mit zu der Stadt Rostock, und des gemeinen Landes Besten, und von der Stadt mit zu bewilligen sind, giebet dieselbe, der Landes-Verfassung gemäß, außer ihren Land-Güthern und Dörfern, nach wie vor, den zwölften Theil.

Zwölfter

Zwölfter Articul.
Von gemeinen Landes-Ausgaben, oder sogenannten Necessarien.

§. 211.

Indem die natürliche Billigkeit erfordert, daß Ritter= und Landschaft die Ausgaben in gemeinen Landes-Angelegenheiten gemeinschaftlich tragen; So ist auch nichts natürlicher, als daß, zu Vermeidung alles Mißverstandes und Streits über den Begrif und Umfang der gemeinen Landes=Angelegenheiten, zum Zweck der gemeinen Landes-Ausgaben, etwas Gewisses vestgesetzet, und dadurch sowohl aller einseitiger Vortheil, als auch alle einseitige Beschwerung, gehoben werde. Die gemeine Landes=Ausgaben betreffen entweder ordentliche jährliche, oder außerordentliche Ausgaben.

§. 212.

Zu denenjenigen Landes=Ausgaben, welche von Ritter= und Landschaft zu den jährlichen ordentlichen gerechnet werden, wollen Wir zum Beweis Unserer, zu Unserer Ritter=und Landschaft hegenden Landes=väterlichen Huld, für Unsere Domainen, dann auch für Unsere gesammte Land=Städte, die jährliche Summe von Zwölf Tausend Reichsthaler, in der Münz=Sorte und Valeur, wie die Ritter= und Landschaftliche Contribution alljährig erleget wird, nämlich für Unsere Domainen Sechs Tausend Rthlr. in neuen Zweydritteln, und Sechs Tausend Rthlr. in Couranter gäng=und gäbiger Münze, für Untere Land-Städte, hiemit der Gestalt versichern und versprechen, daß solche Acht Tage vor Weinachten zur Hälfte, und in den ersten Acht Tagen der Fasten zur andern Hälfte, baar an den Land-Kasten bezahlet, im unverhoften Säumungs-Fall aber, Uns von dem jährlichen Ritterschaftlichen Contributions-Ertrag, abgezogen werden sollen und mögen.

§. 223.

Unsere Ritterschaft aber, soll ihren Antheil zu den ordentlichen jährlichen Landes-Ausgaben auf ihre steurpflichtigen Hufen zu legen, und die Hufen-Steur darnach zu erhöhen, freye Macht haben. Jedoch ist die Verhöhung der Hufe jährlich auf Land-Tägen anzuzeigen, und zugleich mit in dem Landes-Fürstlich zu erlassenden Contributions-Edict, zu verkündigen.

§. 224.

Wegen des Beytrags des Stargardischen Crayses zu den gemeinen Ausgaben, hat sich Unsre Ritter- und Landschaft bester Gelegenheit nach zu vergleichen.

§. 225.

Unsre Erb-unterthänige Stadt Rostock, hat sich ihres Theils dahin erkläret, jährlich zu den Landes-Necessariis Zweytausend Reichsthaler neue Zweydrittel zu entrichten, und in den Landkasten zu liefern.

§. 226.

Was nun solcher Gestalt jährlich von gesammten, zu den gemeinen Ausgaben beytragenden Theilen auskommt, darüber

Von gemeinen Landes-Ausgaben.

darüber soll Ritter- und Landschaft, ohne jemahls an Uns und Unsre Nachkommen darüber Rechnung ablegen zu dürfen, nach ihrem Gutbefinden und Wohlgefallen, zu schalten und zu walten haben.

§. 227.

Was hingegen die Ritterschaft alleine, oder die Ritter- und Landschaft zusammen, unter dem Nahmen der außerordentlichen Nothwendigkeiten und Verwendungen gebrauchen möchte, das ist durch besondere Anlagen aufzubringen, in Ansehung deren, im vorhergehenden Articul Vorsehung geschehen ist, bey welcher es alle Wege sein Verbleiben hat.

§. 228.

Was endlich Wir mit Ritter- und Landschaft unter dem Nahmen der außerordentlichen Nothwendigkeiten und Verwendungen, welche das Beste und Wohl des gantzen Landes betreffen, gebrauchen möchten, das ist durch besondere von Uns und Ritter- und Landschaft deßfalls zu bewilligende Anlagen, aufzubringen: Wozu Unsere Domainen sowohl, als die Ritterschaftliche Güther und Städte gemeinschaftlich beytragen sollen. Und wollen Wir Uns, in Ansehung Unserer Domainen, des Beytrags nicht entäußern, sondern den dritten Theil dazu, baar, ohne Kürtzung, und ohne einige Einrede und Behelf, an den Land-Kasten allemahl unweigerlich, entweder entrichtets, oder von der Contribution kürtzen lassen.

§. 229.

Diejenigen Ausgaben aber, wovon ein Stand allein Nutzen und Vortheil hat, trägt derselbe auch für sich allein.

R 3 §. 230.

Zwölfter Articul. Von gemeinen Landes-Ausgaben.

§. 130.

So werden auch die Schulden der Ritterschaft und der Städte von jedem Theil privative getragen, mithin trägt die Ritterschaft ihre Schulden, so wohl in Abbürdung der Zinsen, als der Capitalien, allein, und die Städte haften gleicher Gestalt ihrer besonderen Schulden halber, nur für und unter sich allein.

§. 131.

Was endlich die Processe betrift: So werden solche in gemeinen Ritter- und Landschaftlichen Angelegenheiten, oder, wenn die Sache gleich einen Landstand allein, oder ein oder mehrere Glieder desselben anlänge, jedoch zu einem Landes-Gravamine qualificiret wäre, auf Ritter- und Landschaftliche Kosten, mittelst gemeinschaftlicher Anlagen geführet. Belangen sie aber Ritterschaftliche oder Städtische Sachen allein, wobey kein Landes-Gravamen obwaltet; So fallen auch die erforderlichen Kosten jedem Theil allein zur Last.

Dreyzehender Articul.
Vom Mältzen, Brauen, und Brandtwein-Brennen auf dem Lande.

§. 132.

Der Punct des Brauens zum feilen Verkauf und zu Belegung der Krüge auf dem Lande, ist dahin verglichen worden: daß alle auf dem Lande, in Unsern Cammer-Güthern sowohl, als in den Ritterschaftlichen und übrigen Eingesessenen Güthern belegene Krüge, welche auf und binnen zwo Meilen von den Städten belegen sind, schuldig und gehalten seyn sollen, das benöthigte Bier aus der nächsten Stadt in solcher Distanz zu nehmen, damit innerhalb Jahresfrist, nach Vollziehung dieses Vergleichs, den Anfang zu machen, und fortan zu continuiren, der Gestalt: daß diejenigen Krüge, welche in vorigen Zeiten von ein- oder anderer, in vorberegter Distanz gelegenen gewissen Stadt, mit Bier versorget worden, verbunden seyn sollen, wenn diese Städte durch glaubhafte Specificationes, Urkunden, oder sonsten erweißlich machen können, daß sie selbige Krüge in den nächsten zwanzig Jahren vor Anno 1700. mit Bier verleget haben, aus solchen Städten fernerhin ihr Bier zu nehmen. Jedoch soll den andern Städten, wie auch Unsrer Cammer, und denen von der Ritterschaft jeglichen Orts, vorbehalten seyn, ihren rechtlichen Gegenbeweiß beyzubringen.

§. 233.

Hiernächst sollen keine, in gemeldeter Distanz, belegene Krüge, von der Verbindlichkeit, das Bier aus einer auf oder binnen zwo Meilen belegenen Stadt zu nehmen, ausgenommen oder eximiret seyn, als nur alleiniglich diejenige, wovon binnen Jahresfrist, nach geschlossenem Vergleich, erweißlich gemachet werden kann, entweder daß solche Krüge vor dem Jahr 1686. in verhandenen Fürstlichen Lehns-und Concessions-Briefen (die originaliter zu produciren) mit verliehen und concediret, oder auch, daß Unsere Cammer, die Ritterschaft und Eingesessene, solche Krüge, entweder selbst, oder durch ihre Krüger, mit Bier zu belegen, eine von ihnen beweißliche Gerechtig-

Dreyzehender Articul.

Gerechtigkeit, oder den Gebrauch vor Anno 1682. über Rechtsverjährte Zeit gehabt; Jedoch bleibt den Städten ihr Gegenbeweiß vorbehalten.

§. 234.

Die Belegung aller dieser obgedachten Krüge, ist unter diesen Conditionen den Städten zugestanden: daß daselbst gegen einen billigen, nach dem currenten Preiß des Gerstens eingerichteten und proportionirten Entgelt oder Werth, jederzeit ein gutes, gesundes, und starkes, von Hopfen und Maltz (mit Ausschliessung aller sonstigen Ingredienzien und Kräutereyen) gebrauetes Bier, in guter Tonnen-Maße, à 64 Kannen, überlassen und geliefert werden solle.

§. 235.

Zu dem Ende 1) jährlich in jeder Stadt, zu zwo verschiedenen Zeiten, als um Martini und Fastnacht, durch zweene unverdächtige, und dazu besonders in Eyd genommene Personen aus der Gemeine, und zweene aus dem Magistrat, nach dem wahren Korn-Preiß, auch der Bonité des Biers, die Taxe der Tonne Bier gesetzet werden, 2) dem Krüger oder Käufer frey stehen soll, von welchem Bürger in derjenigen Stadt, wohin der Krug vorgedachtermaßen gehöret, er das Bier in selbst beliebiger Quantität nehmen und sich liefern lassen, oder selbst abholen wolle: Als über welches respective Liefern und Abholen, sich Käufer und Verkäufer zu vergleichen haben: und 3) keine sogenannte Brauer-Zunft, dem Landmann zum Präjuditz,

Vom Mältzen, Brauen u. Brandwein-Brennen.

in den Städten jemahlen aufgerichtet, auch kein Reihe-Brauen eingeführet werden, noch ein oder ander obrigkeitlicher Zwang eintreten, sondern jedem brauenden Bürger, mit welchem der Krüger, oder dessen Guths-Herr am besten handeln und auskommen kann, der Verkauf des Biers, ohne Abgiften an die Stadt, frey bleiben, also der Krüger an keinem gewissen Bürger oder Brauer gebunden seyn soll.

§. 136.

Es soll auch Uns und jedem Guths-Herrn frey bleiben, wenn er dabey sein Conto findet, seine Krüge ohne Wiederrede aufheben, von einem Orte zum andern legen, inngleichen neue anrichten zu können.

§. 137.

Wenn auch von dem brauenden Bürger entweder schlechtes Bier, zum Schaden, sonderlich des reisenden Mannes und der sitzenden Gäste, geliefert werden, oder auch nicht genung Bier, ob es gleich bestellet gewesen, vorräthig seyn, folglich der Krüger vergeblich solches zu fordern, reisen, darnach warten, und daher in Kosten und Schaden gesetzet werden sollte; So soll ein solcher Brauer auf diesen Fall, für das erste mahl, einen Reichsthaler (vorbehältlich der weitern Obrigkeitlichen Ahndung) und bey ferneren dergleichen Fällen, das Duplum und Triplum, und so nach Proportion, dem Schaden leidenden Krüger zu seiner Indemnisation, zu bezahlen schuldig seyn, und dazu ohne Unkosten und Aufenthalt des Krügers oder seines Guths-Herrn, durch die Stadt-Obrigkeit auf die kürzeste und leichteste Art, executive angehalten werden.

§. 138.

§. 238.

Sollten sich auch wieder Verhoffen in den nächst belegenen Städten, daher die Land-Krüger ihr Bier nehmen, solche Umstände hervor geben, daß es ohnmöglich wäre, daraus Bier zu erhalten; So sind die Krüger verbunden, aus einer andern, auf zwo Meilen belegenem Stadt das Bier inmittelst, biß solche Unmöglichkeit cessiret, zu nehmen.

§. 239.

In dem Fall jedoch, da die Nehmung des Biers, vorkommenden Umständen nach, keinen Verzug leidet, bleibt es jedem Grund-Herrn frey, inmittelst selbst beliebigen Rath zu schaffen.

§. 240.

Den Bauers-Leuten und Einwohnern auf dem Lande, inclusive der Schmiede, Müller, Küster, und Schulmeister, soll nicht verstattet und zugelassen seyn, zum freien Verkauf, sondern nur lediglich zu ihrer Nothdurft, auch zur Erndte und zu Bauten, zu Mälzen und zu Brauen.

§. 241.

Schwaches Bier oder Covent aber, zu ihrer täglichen Unterhaltung und Nothdurft zu brauen, bleibt ihnen allen unbenommen.

§. 242.

Was sie sonsten zu Kindelbieren, Hochzeiten, Begräbnissen, und Gilden gebrauchen, haben sie aus den nächst belegenen Städten oder Krügen zu nehmen.

§. 243.

Vom Mülzen, Brauen, u. Brandwein-Brennen.

§. 243.

Den Schmieden und Müllern, die nicht zugleich Kröger sind, ist erlaubet, den so genannten Schmiede- und Mühlen-Covent, ihren Schmiede- und Mühlen-Gästen, ohne Entgelt zu schenken. Hingegen soll Unserer Cammer, der Ritterschaft, und den übrigen Landbegüterten, auch deren Pächtern und Pensionarien, nicht weniger den Predigern und ihren Wittwen, ferner allerdings frey bleiben, auch künftig niemahls verwehret seyn, oder werden, so viel zu thun und der ihrigen eigenen Gebrauch, und Behuf ihrer Haußhaltung, und Ausrichtungen, auch Bauten, von nöthen ist, von ihrem selbst gebauetem Korn, zu mülzen und zu brauen.

§. 244.

Das Mülzen aus eigen-gebauetem Gersten, bleibet Unserer Cammer, der Ritterschaft, und den Landbegüterten allerdings, nach wie vor, frey; Nur wird wegen solchen Mülzens, dieses hiedurch den Städten versprochen und versichert, daß das, auf dem Lande gemachte Maltz, nicht in die Mecklenburgischen Städte zum feilen Verkauf gebracht, oder auf dem Lande zum Verkauf abgesetzet werden solle.

§. 245.

Es soll der Bürger und Verkäufer des Biers, dem Kröger über fünf Tonnen Bier, im gantzen Jahr nicht borgen, damit die Schuld, beyden Theilen zum Schaden, nicht gehäufet werde. Hingegen sollen die Kröger denenjenigen Bürgern und Verkäufern des Biers, welchen sie berührtermassen schuldig geworden sind, in leiblichen Tage- oder Monaths-Fristen solche Schuld bezahlen; dazu ihnen die

O 2   Obrigkeit

§. 246.

Weil die Glas-Hütten unter die Krüge überall nic[ht]
rechnen sind; So soll es einem jeden Eigenthü[mer]
derselben, alle Wege frey bleiben, dieselben mit Bier
andern Bedürfnissen, von ihren Höfen selbst zu verso[rgen]
oder sich deshalb mit den Hütten-Meistern, bester G[e-]
legenheit nach, zu vergleichen. Jedoch auch der Gestalt:
die Hütten-Meister damit keine Krügerey oder Häck[erey]
zum Verkauf für andere, ausser ihren Hütten-Leu[ten]
treiben.

§. 247.

Imgleichen ist Unser Cammer, der Ritterschaft und
Landbegüterten, auch deren Pächtern und Pensionar[ien]
hiemit durchgehends reserviret, daß, wenn sie Arbeits-Le[ute]
als Gräber, Rader, Dröscher, Decker, Säger, Zimm[er-]
und Mauer-Leute, oder andere Handwercker, Arbe[its-]
Leute, und Künstler, auf ihren Gütern und Dörfer[n in]
Arbeit stehen haben, sie dieselbe nach Gefallen mit Bier
andern Bedürfnissen, von ihren Höfen selbst versehen kön[nen.]

§. 248.

Wann sich aber finden sollte, daß einer oder der an[dere]
auf dem Lande wieder den Einhalt dieses Articuli [han-]
deln würde; So soll die Stadt, die Intresse daran [hat,]
denenjenigen Beamten, vom Adel, oder Landbegüter[ten,]
unter welchem der Contravenient gesessen, denselben na[hm-]
haftig machen, da dann die Obrigkeit des Orts dem C[on-]
travenienten das Brau-Zeug zu nehmen, und ihn in f[

Reichsthaler Strafe zu verdammen, auch ihm ferner dergleichen Contravention ernstlich zu verbieten hat.

§. 149.

Würde die Obrigkeit aber darin säumig seyn; So kann die klagende Stadt den Fiscalem, eines Unsrer Landes-Gerichte excitiren, damit sowohl gegen den Uebertreter, als auch gegen dessen Obrigkeit, der Ordnung nach, gerichtlich, aber summariter verfahren, und dieselbe citiret werden möge, um anzusehen, daß sowohl der Uebertreter in die Strafe von fünf Reichsthaler, und Verlust des Brau-Zeugs, als auch des Uebertreters connivirende Obrigkeit, in Strafe bis auf dreyßig Reichsthaler, und in die Unkosten verfallen sey, und erkläret werde.

§. 150.

Anlangend das Brandwein-Brennen auf dem Lande, wird hiedurch festgesetzet, daß Unsrer Cammer, der Ritterschaft, und den Landbegüterten, und ihren Pensionarien, Behuf ihres Viehes und der Land-Nahrung, solch Brennen des Brandweins und desselben Versilberung auf dem platten Lande, ausserhalb Unsrer Städte, in Ankern und Orthöften, ferner nach Belieben zustehen, auch insonderheit denen von der Ritterschaft und Landbegüterten unverwehret seyn solle, ihre Krüge damit zu versehen, doch daß auch diesen Krügern unbenommen und nicht verboten seyn soll, Franz-auch gute abgezogene Brandweine, den Reisenden und ihren andern Gästen zum Besten, aus den Städten holen und verschencken zu dürfen.

§. 151.

§. 251.

Dagegen versprechen Wir Unsern Städten, daß sie in Unsern Aemtern und Domainen, die Krüge mit Brandwein belegen sollen.

§. 252.

Gleichwie hiernächst das freye und ungezwungene Commercium ein grosses Theil der Landes- und eines jeden Eingesessenen Wohlfarth mit ausmacht: Also ist hiedurch vestgesetzet worden, daß Unser Cammer, denen von der Ritterschaft, und übrigen Landbegüterten, ihren Pächtern und den Ihrigen, solch ungehindertes freyes Commercium, mit allen dem, was sie auf den Güthern, und durch ihre Oeconomische Sorge und Fleiß bauen, ziehen, und erwerben, als Korn, Vieh, Wolle, Flachs, Hampf, Obst, Honig, Hopfen, Wachs, Butter, Käse, und mit allen andern Guths-Producten, so wohl en gros, als en detail, in- und ausserhalb Landes, frey und beliebigst zustehen, und also allerdings gäntzlich reserviret und versichert bleiben solle.

§. 253.

Weil auch alle auf dem Lande wohnende, Kaufmannschaft Krämerey und Häckerey treibende Leute, dem Publico und insonderheit den Städten, nachtheilig zu seyn geachtet werden; So ist bewilliget und geschlossen worden, daß solche Leute zu keiner Zeit weiter auf dem Lande gedultet werden sollen.

§. 254.

Welchem nach diejenigen, die in Unsern Cammer-Gü- thern und unter der Ritterschaft etwa wohnen, und
dergleichen

Vom Mältzen, Brauen, und Brandtwein-Brennen.

dergleichen Gewerbe treiben mögten, dahin angehalten werden sollen, daß sie sich binnen Sechs Monaten, nach Vollziehung dieses Vergleichs, hinweg- und etwan nach den Städten, um daselbst künftig ihr Gewerbe zu treiben, verfügen müssen.

§. 255.

Weil auch die Städte sich noch immer beschweren, daß sich sowohl Leute, welche auf dem Lande gesessen, als auch frembde herum vagirende, und, den Städten zu Hülfe, nichts contribuirende Juden und Krämer finden, welche Hopfen, Honig, Felle, Flachs, Federn, und Wachs, vor- auf- und wegkaufen, um damit hernach zu wuchern: So sollen solche Leute hinfort in Unsern Aemtern so wenig, als in den Ritterschaftlichen Gütern geduldet, und solche Vor- und Aufkäufereyen von niemanden betrieben werden. Doch soll es hiermit durchaus nicht das Absehen haben, der Freyheit des Commercii, so wenig directe als per indirectum Einhalt zu thun, mithin bleibt den Ausländern, als Quedlinburgern, Sachsen, und anderen Fremden, unbenommen, den Land-Leuten ihr Vieh und übrige Producten abzukaufen und wegzuführen.

§. 256.

Ferner soll in den Städten und auf dem Lande, das schädliche Hausiren frembder Krämer und Juden ausserhalb Jahrmarckts, abgeschaffet werden, jedoch ausgenommen die Glas- und Olitäten- auch Hechel-Träger, Leinwand-Händler, Sieb-Macher, und Scheeren-Schleifer, welche aber in einer Unserer Städte das Bürger-Recht, so ihnen auch nicht geweigert werden soll, gewinnen, und, wenn sie nicht Bürger werden können, dennoch in einer Unserer Städte, zu

den

den Landes-Oneribus etwas billiges mit beytragen sollen, worüber ihnen ein Obrigkeitlicher Schein des Orts zu ertheilen, welcher von ihnen, auf Erfordern, zu produciren ist.

§. 257.

Alles was in diesem Artickul verglichen ist, soll in Unseren Aemtern und Cammer-Gütern eben auf dieselbe Art, Zeit, und Maaße, wie in den Ritterschaftlichen Gütern, und hinwiederum in diesen durchaus, wie in jenen, beobachtet werden. Maaßen die Ritterschaftlichen Güter hierin vor Unseren Aemtern und Cammer-Gütern, im mindesten nicht zu belästigen, sondern hierunter allemahl eine Gleichheit gehalten werden soll.

§. 258.

Wessen Unsere Ritterschaft sich im vorstehenden mit Unseren Land-Städten verglichen, dessen hat Ritter- und Landschaft sich auch mit der Stadt Rostock in allen Puncten vereinbaret.

Vierzehender Artickul.
Von Handwerckern auf dem Lande.

§. 259.

Damit wegen der Handwercker auf dem Lande künftighin alles in klarer Maaßgebung bestehe; So ist für stets verglichen und bestgesetzet: daß ausser den Glas-Hütten-Meistern, Zieglern, Kalckbrennern, und Müllern, auch Sägern, Deckern, Leimentierern, oder Klenern, und dergleichen,

Von Handwerckern auf dem Lande.

gleichen, keine Handwercker auf dem Lande gehalten oder geduldet werden sollen, als bey jedem Gut
1) Ein Grob-Schmid mit einem Gesellen.
2) Ein Grob-Rademacher zur alleinigen Verfertigung der, zur Land-Wirthschaft nöthigen Baur- und Bau-Wagen, ohne Gesellen.
3) Ein Grob-Leinweber überhaupt mit drey Stuen.
4) Ein Bauer-Schneider ohne Gesellen.
5) Ein Mauer-Mann ohne Gesellen. Falls aber jemand keinen Maurer haben will, kann er einen Zimmermann mit einem Gesellen halten. Ist aber der Müller schon ein Zimmermann, so stehet ihm dennoch frey, einen Maurer dabey zu halten.
6) Ein Tischler ohne Gesellen.
7) Ein Schuflicker ohne Gesellen; jedoch daß dieser nicht auch neue Schuster-Arbeit, wie die Nahmen haben mag, zu machen sich unterfange.

§. 260.

Die Schmiede, die Maurer, die Zimmer-Leute, und Tischler auf dem Lande, sollen es mit einem Amte oder einer Zunft in einer Unser Städte zu halten schuldig seyn.

§. 261.

Den auf dem Lande befindlichen Müllern und Zimmer-Meistern soll frey seyn, die Mühlen und Gebäude neu zu bauen, und im Stande zu halten.

§. 262.

Alle vorstehende Handwercker überhaupt sollen keine Arbeit aus den Städten zu verfertigen übernehmen.

§. 263.

Vierzehender Articul.

§. 263.

Dahingegen sollen die Stadt-Obrigkeiten schuldig seyn, dafür bestens zu sorgen, daß die, von den Land-Leuten in den Städten bestellete Arbeit, vorzüglichst befördert, tüchtig verfertiget, und zur abgeredeten Zeit geliefert, auch deren Preiß nicht über die Gebühr gesetzet werde.

§. 264.

Gestalt denn in diesen und dergleichen Fällen, wenn nämlich von dem Land-Mann über ein- oder andere Handwercker in den Städten solcherhalb Beschwerde geführet, wie auch hinwiederum, wenn von den Handwerckern aus den Städten, wieder die Land-Leute, wegen Zurückhaltung des verdienten Lohns, in foro competente, und zwar eines jeden seiner ersten Instanz, geklaget würde, respective sowohl von dem Magistrat in den Städten, als von dem Guts- und Gerichts-Herrn auf dem Lande unpartheyische und prompte Justitz summariter, auch auf Unkosten des Unrechthabenden Theils, administriret werden soll.

§. 265.

Gleich auch Wir sofort nach Vollziehung dieses Vergleichs, fördersamst die Verordnung ergehen lassen wollen, daß in vorberegten, und allen übrigen, in diesen §§. weiter berührten Fällen, bey Unsern Landes-Gerichten ebenermassen summariter verfahren, und den etwanigen Appellationibus in solchen Fällen kein Effectus suspensivus, sondern lediglich devolutivus gestattet, und der succumbirende Theil, allemahl in die Kosten, auch der temeré appellans überdem in eine gewisse Pön condemniret werde.

§. 266.

Von Handwerckern auf dem Lande.

§. 266.

Im übrigen bleibt der Ritterschaft zuforderst frey, alles dasjenige, was ihre eigene Unterthanen und Leute, ohne ein Handwerck gelernet zu haben, verfertigen können, durch dieselbe für sich selbst, und für ihre Guts-Obrigkeit, zur eigenen Nothdurft verfertigen zu lassen, hiernächst auf ihren adelichen Höfen für sich und ihre Familie, auf eine Zeitlang, allerley Künstler, zu ihrer eigenen Nothdurft, zu halten.

§. 267.

Wie denn auch einem jeden Landbegüterten frey bleibet, einen Schneider in Lohn und Livrée zu halten, welcher nach erhaltenem Abschiede, wenn er sein Handwerck weiter fortsetzen will, von dem Amte mit einiger Strafe nicht beleget werden soll. Jedoch soll solcher Lohn-Bedienter, während der Dienst-Jahre, für andere Leute, unter keinerley Prätext arbeiten, noch ihnen solches verstattet werden.

§. 268.

Zugleich aber soll Städtischer Seiten dahin gesehen, und dafür gesorget werden, daß den vom Lande wegziehenden Handwerckern, die Aufnahme in die Städte auf alle Weise facilitiret werde, damit diese Leute nicht nöthig haben, wegen Unmöglichkeit des Unterkommens in den Städten entweder auf dem Lande zu bleiben, oder gar aus dem Lande zu gehen.

§. 269.

Der Terminus, in welchem die übrigen Handwercker vom Lande abziehen sollen, ist auf Ostern des instehenden 1756ten Jahres vestgesetzet.

§. 270.

Es sollen und werden auch Unsere Städte dahin sorgen, daß allemahl gute und tüchtige Handwercker und Künstler, so viel immer möglich, in den Städten gefunden, wie nicht weniger dieselben zu guter Aufsicht über ihre, in Arbeit stehende Leute auf dem Lande, und daß sie in Verding und Tagelohn, die Landbegüterte und die Ihrige, nicht gegen die Gebühr übersetzen, und vervortheilen mögen, vermöge der, mit vorgehabten Rath und respective Einwilligung Ritter- und Landschaft, zu publicirenden Policey Ordnung, angehalten werden, damit dieselben nicht genöthiget werden, bey unverhofter Ermangelung tüchtiger und billiger Handwercker in den Städten des Landes, frembde ausserhalb Landes, zu suchen.

§. 271.

Wenn etwa zwischen Bau-Herrn und Handwerckern Streit entstehen mögte; So sollen die Zünfte und Aemter in den Städten, sich darunter nicht meliren, sich keiner Cognition anmaassen, vielweniger zum Richter auf werfen, sondern es soll die Untersuch- und Entscheidung dergleichen Streitigkeiten, der ordentlichen Obrigkeit jeden Orts überlassen werden, folglich auch den Handwercks-Zünften in den Städten nicht frey stehen, solche Verbindungen unter sich zu machen, daß inzwischen die Arbeit des Bau-Herrn liegen bleiben müsse.

§. 272.

Von Handwerckern auf dem Lande.

§. 272.

Sollte sich aber wieder Verhoffen solche Inconvenienz äusern, daß die Arbeit liegen müsse; So soll dem Bau-Herrn, um seinen Schaden zu verhüten, frey stehen, zu Vollführung seiner Arbeit, alsdann Leute zu nehmen, wo er will.

§. 273.

Es soll auch jedem Land-Begüterten frey seyn, bey nöthigen Bauten, so Zimmer-Leute, wie alle übrige Handwercker, zu nehmen, aus welcher in Unseren Landen belegenen Stadt es ihm gefällig und beliebig ist, wenn sie daselbst zu finden und um landsittlichen Tagelohn arbeiten wollen. Wobey keinem Amte noch Meister gestattet werden soll, ihrem Mitmeister und Amtsgenossen zu verwehren, auf die von einem andern angefangene Arbeit zu gehen, oder dieselbe anzunehmen, noch durch Verboth, Schelt-Worte, oder sonst darunter etwas in den Weg zu legen. Inmaßen die Magistrate in den Städten hierüber alle Wege ernstlich halten sollen.

§. 274.

Daferne nun jemand von Handwerckern auf dem Lande dem Inhalt dieses Articuls entgegen handeln würde; So soll dem Amte desselbigen Handwercks in der nächstbelegenen Stadt frey stehen, durch zwey bis drey Abgeordnete ihres Mittels, der Obrigkeit des Orts, woselbst der Contravenient befindlich, solches geziemend anzuzeigen, worauf dann solche Obrigkeit entweder selbst, oder durch jemand der Ihrigen, mit Zuziehung vorgedachter Amts-Abgeordneten, bey dem angegebenen Contravenienten deshalb genaue Nachsuchung

Vierzehender Articul

suchung anzustellen hat, und, im Fall die Contravention würcklich befunden würde, nicht nur das verbothene Arbeits-Stück der Obrigkeit des Orts verfallen seyn, sondern auch von derselben der Contravenient mit willkührlicher Strafe beleget, und zu Erstattung der, so wohl dem Gerichte, als den abgeordneten Amts-Meistern verursachten Unkosten, nach obrigkeitlicher billiger Ermäßigung, angehalten, und anbey demselben anderweitige Contravention, bey künftiger schweren Strafe, nachdrücklich untersaget werden soll.

§. 275.

Das Ausfallen aber aus den Städten gegen die Pfuscher, oder so genanntes Böhm-Hasen-Jagen, soll gäntzlich, bey willkührlicher Strafe, verbothen seyn. Die dergleichen sich unterstehen, sollen von der Obrigkeit des Orts, woselbst solcher Unfug begangen würde, den Rechten nach, als Friedens-Störer, gestrafet und angesehen werden.

§. 276.

Sollte aber die Obrigkeit selbst, diesem Articul zuwider, dergleichen Handwercks-Leute, in ihren Gütern oder Gerichten, nicht nur hegen, sondern auch zum Nachtheil der Städte dieselben ihr Handwerck treiben lassen: So haben alsdann die Städte eine solche Obrigkeit bey Unseren Landes-Gerichten zu belangen, und dieserwegen alle rechtliche Satisfaction zu suchen.

§. 277.

Alles was obstehet soll in Unseren Aemtern und Cammer-Gütern, um der nöthigen und nützlichen Gleichförmigkeit willen, gleicher Gestalt, und zu gleicher Zeit, beobachtet werden.

§. 278.

Von Handwerckern auf dem Lande.

§. 278.

Was in obigem zwischen Unseren Aemtern und den Ritterschaftlichen Güthern an der einen, und Unseren Land-Städten an der andern Seite, verglichen worden, dessen hat sich auch die Stadt Rostock in allen Puncten mit Unsrer Ritter- und Landschaft vereinbahret.

§. 279.

Uebrigens bleibet allen denenjenigen, die von ihren Gütern die Grentz- oder Marck-Fleckens-Gerechtigkeit, mithin das Recht allerley Handwercker zu halten, und sonstige bürgerliche Nahrung zu treiben, rechtlich zu beweisen und zu behaupten vermeinen, solches vor Unseren Landes-Gerichten auszuführen unbenommen und vorbehalten.

Funfzehender Articul.
Von den Zöllen, wie auch von Damm-Brücken- und Wege-Geldern.

§. 280.

In Ansehung der Zölle, lassen Wir es bey dem XVten Articul der Reversalen vom Jahr 1621. und dem darin für stets vestgesetztem alten Herkommen, ohne einige Erhöhung, der Gestalt, daß gleichwohl ein jeder bey seiner hergebrachten Exemtion und Freyheit unbeeinträchtiget verbleiben soll.

§. 281.

§. 281.

Wir wollen hiernächst die bewäßlichen Mißbräuche bey den Zoll-Bedienten und sonst überhaupt Landesfürstlich abschaffen.

§. 282.

Neue Zölle wollen Wir aber hinführo nicht anlegen, und daß es irgendwo geschehe, nicht gestatten, mithin weder Zoll-Stangen, noch Verwarnungs-Bretter, auf den adelichen Güthern, wo dergleichen nie gewesen, setzen, auch keine neuerliche Wege, außer den hergebrachten gewöhnlichen Land-Straßen, um der Zölle willen, vorschreiben lassen.

§. 283.

Es sollen auch die, nach dem Jahr 1611. etwa angelegte oder gesteigerte Zölle, als neue, und solche, die unstatthaft und abzustellen sind, angesehen und herunter gesetzet werden.

§. 284.

Begebe sichs auch, daß Wir einen Zoll zu verlegen Uns gemüßiget fänden: Ritter- und Landschaft aber könnte sodann rechtlich darthun, daß aus solcher Verlegung ihr einiges Nachtheil erwüchse; So soll dieselbe damit gehöret, folglich die Verlegung so eingerichtet werden, daß niemand gegründet zu klagen, Ursache haben soll.

§. 285.

Es soll auch von den Schafen, welche im Lande bleiben, und beym Umzug der Schäfer von einem Ort zum andern,

dern, und nicht zum Verkauf an Frembde getrieben werden, kein Zoll gefordert werden.

§. 286.

Wir wollen auch nicht gestatten, daß Unsere Zoll-Bediente, mit übermäßigen, und mehr als einen Schilling austragenden Gebühren für Pahier-Zettel, oder andern ungebührlichen Forderungen und Neben-Geldern jemand beschäftigen. Betreffend aber die Zoll-Freyheit der Ritterschaft insonderheit; So soll ihnen selbige nicht nur von allem, zu ihrer Haushaltung bedürfenden Vieh, und sonstigen Zubehör, imgleichen von allen, zu Erbau- oder Besserung ihrer Wohnhäuser, Scheuren, Ställe, und anderer Gebäude auf den adelichen Gütern erforderlichen Materialien, sondern auch ausdrücklich von ihrem Vieh, Korn, Flachs, Hanff, Butter, Käse und Honig, auch von der Wolle und dergleichen, so sie auf ihren Gütern gebauet und entübriget, und entweder daselbst, oder in Unseren Städten, oder ausserhalb Landes verkauft, folglich mit allen übrigen Producten, sie mögen Nahmen haben wie sie wollen, ungekränckt hiemit versichert und gelassen werden. Gestalt Wir auch solche Freyheit auf ihre Pächter hiemit erstrecken.

§. 287.

Damit nun bleiben kein Unterschleif vorgehe: So sollen die von Adel bey Unsern Zoll-Städten jedesmahl taugliche, und mit eigenhändiger Unterschrift derer von Adel und Eigenthümer, oder in deren Abwesenheit, von Bevollmächtigten Verwaltern oder Pächtern, und beygedrucktem Gerichts-Siegel eines jeden Guths-Herrn, versehene Pässe, worinn, zu Vermeidung aller Unrichtigkeit und Zweifel, alles und jedes, die Zoll-Städte berührendes, Stück für

Stück, eigentlich und richtig angegeben ist, vorzuzeigen schuldig, außerdem aber keiner Unserer Zoll-Bedienten gehalten seyn, die Zoll-Freyheit Platz finden zu lassen.

§. 288.

Alle übrige vorhin nicht berührte Sachen, welche auf den Ritterschaftlichen Güthern verfertiget werden, und nicht zu den natürlichen Producten gehören, noch aus den Producten gemacht, sondern durch die Kunst hervor gebracht, und zum Verkauf außerhalb Landes bestimmet sind, mithin außerhalb Landes abgesetzet und verfahren werden, erlegen den hergebrachten Zoll, nach wie vor, unweigerlich.

§. 289.

Stünde auch noch in andern Stücken, das in den Reversalen zum Grunde gesetzte alte Herkommen der Ritterschaftlichen Zoll-Freyheit entgegen: So wollen Wir, Janhalts vormahliger Landes-Fürstlicher Erklärung, geschehen lassen, daß die alten Zoll-Register, mit Zuziehung Ritterschaftlicher Deputirten, mit möglichstem Fleiß nachgesehen werden. Wie Wir denn auch solchen Falls die alten Zoll-Rollen und Zoll-Register, die vor dem Jahr 1611. errichtet sind, mit Benennung der im Lande befindlichen Zoll-Städten, auch mit Bestimmung der etwanigen Gebühr für Passier-Zettel, und anderer Forderungen oder Neben-Geldern, aufs neue drucken, und unter Unserm Innsiegel in allen Zoll-Städten anschlagen lassen wollen.

§. 290.

Es sollen auch die Zoll-Bediente ihrer unziemlichen Gemächlichkeit halber, die Reisende mit Vieh und Gütern auf-

aufzuhalten, oder sich ungestümer und empfindlicher Begegnung zu unterfahen, durchaus ihnen nicht beygeben lassen. Gestalt ihnen solches hiermit, bey Vermeidung der schwersten Strafe, untersaget seyn soll.

§. 291.

In den Orten, wo im Jahr 1724. zu Besser- oder Abkürzung der gewöhnlichen und alten Zoll-Straßen, und zu mehrerer Bequemlichkeit der Reisenden, Damme, Brücken, und Wege verfertiget sind, und dafür bis hieher ein billiges für jedes Pferd oder für jeden Wagen, womit diese Brücken, Damme, oder Wege berühret werden, genommen ist, dasselbst hat es bey dem Stand und Besitz sothanen Jahrs, sein Bewenden.

§. 292.

Jedoch wollen Wir nicht gestatten, daß bey künftiger Abkürzung oder Besserung der öffentlichen Land-Wege, etwas mit Zwang oder Sperrung, unter dem Nahmen von Damm-Wege- oder Brücken-Geld, einseitig und neuerlich aufgebracht werde; Sondern Wir wollen in Fällen, da die Nothdurft eine Aenderung oder Besserung öffentlicher Land-Wege erfordern sollte, die Sache auf Land-Tägen abhandeln, oder, wo Gefahr mit dem Verzug verknüpfet ist, gleichwohl das unumgänglich verfügte, nachher an Ritter- und Landschaft gelangen lassen, und deren Nothdurft darüber in Gnaden hören, mithin darauf, nach Maaßgabe des VIIIten Articuls, attendiren.

Sechszehender Articul.
Von Jagd- und Holtz-Sachen.

§. 193.

Bey dem Jagd-Wesen überhaupt, versichern Wir Unsrer Ritterschaft und den übrigen Land-Begüterten, hiemit in bester Form gnädigst, daß Wir es deßhalb bey dem XIX^{ten} Articul der Reversalen vom Jahr 1621. grundsätzlich, ein-für allemahl vollkommen verbleiben lassen wollen.

§. 194.

Dem zu Folge wollen Wir keinem Unsrer getreuen Unterthanen an seiner Jagd-Gerechtigkeit, die er über rechtsverwährte Zeit rechtmäßig hergebracht, geruhiglich gebraucht, und noch jetzo im Besitz hat, einige Behinderung, Kränkung, oder Beeinträchtigung wiederfahren lassen, weniger, daß solches von den Unsrigen geschehe, verstatten. Gleicher Gestalt soll es wegen der überlaufenden Hunde, und wegen Verfolgung und Aufnehmung des angeschossenen Wildes über die Grenzen, nach dem angezogenem Articul der Reversalen, schlechterdings gehalten werden.

§. 195.

Es bleibt demnach wegen der Jagden und deren Gebrauchs, lediglich bey dem Buchstab der Policey-Ordnung vom 2ten Julii 1572. und dem darinn enthaltenen Verboth von Fastnacht bis Jacobi.

§. 196.

§. 296.

Unter diesem Verboth ist jedoch das Feder-Wildpret nicht begriffen. Nur daß sich der Jagd nach selbigem, pfleglich, und mit Mäßigung gebraucht werde.

§. 297.

Es sollen auch in diesem Verboth, der Regul nach, auf dem Unsrigen, Unsere Jagd-Bediente und Beamte allerdings mit begriffen seyn. Gestalt sie hiermit ausdrücklich befehliget seyn sollen, die verbothene Zeit, bey Vermeidung schwerer Strafe, genau zu beobachten.

§. 298.

Es bleibt Uns aber unbenommen, den Unsrigen jederzeit, durch sonderbahren Befehl, die Fällung und Lieferung des, bey Unserer Hofstat nöthigen Wildes, ohne jedoch der Ritter- und Landschaft Felder im geringsten zu berühren, gemessen aufzugeben.

§. 299.

In Ehren- und Noth-Fällen, nämlich zu Hochzeiten, Kindtaufen, und Begräbnissen, sonsten aber nicht, soll einem jeden von der Ritterschaft, und von den Land-Begüterten, welcher die Jagd-Gerechtigkeit hat, auch selbst in der verbothenen Zeit, ohne Meldung bey Uns, und ohne eine besondere Verstattung von Uns erhalten zu müssen, nach Nothdurft etwas Wildes zu fällen, auch die Bergbane, wilde Gänse, Endten, und Haasen, ohne Unterscheid der Zeit, jedoch mit der, schon oben bedungenen wirthlichen Mäßigung, zu schießen erlaubet seyn.

§. 300.

Die Polleey-Ordnung vom Jahr 1572. Tit. 13. soll nicht außer dem Fall, da mehrere von verschiedenem Geschlecht eine Feld-Mark zusammen inne haben, und einer darinn weniger denn vier Hufen, und der andere mehr besitzet, erstrecket werden.

§. 301.

Wir wollen auch den neuen Lehn-Briefen einer der hergebrachten und erweißlichen Jagd-Gerechtigkeit des Orts nachtheilige Bedingung, und wider Willen abgenöthigte Verzicht, nicht einverleiben, auch in Ansehung der alten Lehn-Briefe und der darinn enthaltenen Jagd-Verleihung, nichts verfängliches zu- oder abthun lassen.

§. 302.

Nicht weniger ist die, von Seiten eines und des andern Vasalli oder Innhabers, vormahls etwa geschehene Renunciation der Jagd, nicht zum Präjudiz der Agnaten zu erstrecken, sondern es soll solche Renunciation, wenn das Lehn auf die Agnatos devolviret wird, sofort cessiren.

§. 303.

Entstünde aber über die Jagd-Gerechtigkeit, sie verstehe sich von der hohen oder niedern Jagd, ein Zweifel oder Widerspruch; So soll Unser Forst-und Jagd-Collegium darunter mit Thathandlung nichts vornehmen, sondern darüber vor Unserm Hof-und Landgericht in gehöriger Ordnung, Recht zu geben und zu nehmen, hiemit angewiesen seyn.

§. 304.

Von Jagd- und Holz-Sachen.

§. 304.

In Ansehung der Uns nach dem Innhalt der Reversalen bishero zugestandenen Vor-Jagden in den adelichen Gütern, wollen Wir für Uns und Unsere Nachkommen Unserer Ritterschaft dahin einen Beweis von Unserer Landes-väterlichen Liebe und Mildigkeit, hiemit gegeben haben, daß Wir Uns sothaner Vorjagd von nun an für alle Zeiten verzeihen, und Unsre Ritterschaft, samt allen Land-Begüterten, welche dieser Vorjagd-Gerechtigkeit unterworfen gewesen, davon entlediget erklären. Wie Wir dann solches hiemit für Uns und Unsere Nachkommen wissentlich thun, Uns der Vorjagd gäntzlich begeben, mithin Unsre Ritterschaft samt allen Land-Begüterten von der Schuldigkeit, die Landes-Fürstliche Vorjagden auf ihren Feldern zu erleiden, für jetzt und stets frey- und loßgesprochen haben wollen.

§. 305.

Findet, übrigens Ritter- und Landschaft rathsam oder nöthig, daß von Uns eine, den jetzigen Umständen und Zeiten gemäße allgemeine Wild- und Jagd-Ordnung erlassen werde; So wollen Wir derselben unterthänigstes Erachten in Gnaden darüber vernehmen, und darauf nach Befinden mit Erlassung einer solchen Ordnung nicht entstehen.

§. 306.

Wegen des, nur vor kurtzer Zeit erst in Unsere Lande und zu Unseren Gehegen gebrachten Tannen-Wildes, ist hiemit vestgesetzet und versichert, daß von nun an, innerhalb Sechs Jahren, sothanes Tannen-Wild, wenn es etwa aus- und auf Ritter- und Landschaftliche Felder treten mögte, von niemanden geschossen werden, nach Verlauf solcher Jahre aber,

Sechszehender Articul. Von Jagd- u. Holtz-Sachen.

aber, einem jedweden, welcher die Jagd-Gerechtigkeit nach hohem Wilde, Innhalts des XIXten Articuls der Reversalen vom Jahr 1611. hergebracht, und in Besitz hat, das Jagen und Schiessen nach Tannen-Wild, unverwehret und erlaubt seyn soll.

§. 307.

In Ansehung der Holtz-Fällung in den adelichen Gütern, behält es bey dem, unterm 24. Februar. 1750. von Uns, zum allgemeinen Landes-Besten erlassenen, und hierbey unterm Num. IX. mit gedrucktem Patent, in allem durchgängig sein Bewenden. Jedoch mit dieser Erklärung, daß 1) diejenigen Allodial-Güter, welchen in den, von Uns oder Unsern Vorfahren darüber ergangenen Allodial-Verleihungen, besondere Rechte und Freyheiten darunter beygeleget worden, auf keinerley Art benachtheiliget oder eingeschränckt seyn, und daß 2) alle Lehn-Güter jährlich zwölf Stück Eichen und funfzig Stück Büchen, ohne Anzeige und Schuldigkeit zur Consens-Suchung, ein mehres aber nicht, zum Verkauf zu fällen, hiemit für stets berechtiget erkläret seyn sollen.

Num. IX.

§. 308.

Wann bey Lehn-Gütern ein mehrers verkauft wird, sollen die Consens-Gebühren, Innhalts der Reversalen, auf ein halbes von Hundert bestgesetzet bleiben. Im übrigen soll das, in Unserm hiebey gedruckten Patent angezogene Edict vom 16ten Junii Anno 1702. an und für sich niemahls allegiret, noch in Gebrauch gesetzet werden.

Sieben-

Siebenzehender Articul.
Von Einquartirung, und Verpflegung Unſrer Truppen.

§. 309.

Unſere Ritter- und Landſchaft iſt und bleibt, nebſt den Clöſtern und Oertern des Roſtockſchen Diſtricts, von allem Beytrag, zu Bezahlung und Verpflegung Unſerer Truppen, gäntzlich befreyet, indem Wir ſolche lediglich auf Unſere Koſten zu errichten und zu unterhalten, gegen die veraltete jährliche Landes-Contribution zu Garniſons- Fortifications-Legations-Koſten, zu Reichs-Deputations- und Crayß-Tägen, auch Cammer-Zielern, Uns hiermit bündigſt verpflichten.

§. 310.

Wie es aber bey Obdach und Lager-Stat in den Städten für Unſre Militz ſein Bewenden hat; Alſo verſprechen Wir inſonderheit Unſrer Ritterſchaft hiermit gnädigſt: daß ſie und ihre Hinterſaſſen, von aller Einquartirung und Verpflegung Unſrer Militz, ſie beſtehe in Infanterie oder Cavallerie, oder wie ſie ſonſt Nahmen haben mögte, zu allen Zeiten und in alle Wege frey ſeyn und bleiben ſolle.

§. 311.

Gleicher Geſtalt ſollen Unſere Land-Städte mit Bequartirung Unſrer Cavallerie gäntzlich verſchonet werden.

Siebenzehender Articul. Von Einquartirung ꝛc.

§. 312.

Wegen Unſrer Leib-Garde zu Pferde aber, und wegen der Service-Tabelle, für die dabey beſtellete Officiers ſowohl, als ſonſt, behalten Wir Uns eine nähere Vergleichung mit Unſeren Städten, worüber nachhin genau gehalten werden ſoll, bevor.

§. 313.

Es ſoll auch Ritter-und Landſchaft mit Lieferung zu Magazinen, mit Aufforderung ihrer Unterthanen und Angehörigen zu Fortifications-und Schanz-Arbeiten, und Herbeyführung der dazu erforderlichen Nothwendigkeiten, oder ſtat deſſen mit Geld-Beyträgen, außer den allgemeinen Reichs-Crayß-und Landes-nöthigen Rettungs-Fällen, allerdings ſtets verſchonet ſeyn und bleiben.

§. 314.

Wann über Verhoffen dieſe Unſere Verſicherung überſchritten, oder hintangeſetzet werden wollte, ſoll die Abſtellung aller Ungebühr, und die Erſtattung der Koſten ſowohl als des wiederrechtlich geforderten, ſo fort ohne Weitläufigkeit von Uns verfüget werden.

§. 315.

Wegen Deſertion Unſrer Miliz, und der deßfalls zu machenden allgemeinen Vorkehrung, wollen Wir nächſtens, nach vernommenem rathſamen Erachten, auch reſpective Einwilligung Unſrer Ritter-und Landſchaft eine beſondere Conſtitution ergehen laſſen.

§. 316.

§. 316.

In Ansehung der Städtischen Beschwerden, wegen der Einquartierung und Service-Gelder, wollen Wir Uns so fort nach geschlossenem Vergleich, nach Anleitung vormahliger Landes-Fürstlicher Resolutionen und der Billigkeit, mit den Städten einer solchen Ordnung vergleichen, daß keiner Stadt vor der andern zu einigen Beschwerden Ursache übrig bleiben solle.

Achtzehender Articul.
Von frember Truppen Marschen, und Durch-Marschen.

§. 317.

Nachdem bereits der Ritter- und Landschaft in dem XXXVIIIten Articul der Reversalen vom Jahr 1621. Landes-Fürstlich versichert worden, daß keine Lauf-Plätze und Durchzüge in und durch hiesige Herzogthümer und Lande, oder je anderer Gestalt nicht, dann auf Maaß, wie in den Reichs-Abschieden versehen, verstattet werden sollen; So lassen Wir es bey dieser Versicherung hiemit und Kraft dieses nochmahls für stets bewenden.

§. 318.

In unverhofften Fällen aber, wo eine auswärtige überwiegende Macht vordringen wollte, ist hiemit Unser gnädigstes Versprechen, für Uns und Unsere Nachkommen, daß Wir Uns, eines gewaltigen Unternehmens und Einfalls halber,

halber, bey der Reichs-Versammlung oder bey dem Crayße, und sonst aller dienlichen Orten, mit Unsern Beschwerden nachdrücklich melden wollen, damit dem Lande des zugefügten Schadens halber, vollkommene Gnugthuung und Erstattung geschehe, mithin der Reichs-Executions-Ordnung gemäß, Unseren Landen überhaupt, und Ritter- und Landschaft insonderheit, alle öffentliche und gemeine Sicherheit wiederfahren möge.

§. 319.

Wann Wir auch die Vergütung sothaner Exactionen oder eine etappenmäßige Bezahlung erlangen; So wollen Wir solches den Ständen kund machen, und sollen mit derselben Zuziehung den Damnificatis pro rata des erlittenen Schadens, diese Indemnisations-Gelder ausgezahlet werden.

§. 320.

Uebrigens soll im gantzen Lande die Billigkeit und Gleichheit zu dreyen gleichen Theilen, zwischen Domainen, Ritterschaft, und Städten, beobachtet, keine Gegend für die andere, kein Stand für den andern, mit Einquartierung, Schatzungen, und Marschen beschweret, ein jeder Marsch den gradesten Weg geleitet, und den beschwerten Oertern, durch billigen Beytrag von den verschont gebliebenen, Vergütung geleistet werden, als in welchem Fall die Stadt Rostock den zwölften Theil, Verfassungsmäßig beyträgt, auch im Fall die Stadt Rostock selbst gelitten, nach Maaße des erwiesenen Schadens, vom Lande, in Verfassungsmäßiger Proportion, indemnisiret wird.

§. 321.

§. 321.

Jedoch wollen Wir in jetzt gedachten Fällen, aus Landes-väterlicher Milde, und besonderer Zuneigung für Unsre Land-Städte, die Uns zustehende Tertiam von der Quote der Stadt Rostock, hiemit zu ihrer Erleichterung, abgetreten und versichert haben.

§. 322.

Damit nun hierunter Ritter-und Landschaft destomehr gesichert werden möge; So soll ihr nicht nur frey stehen, in obigen Begebenheiten, jederzeit die nöthig gefundene Vorstellungen und Erinnerungen unterthänigst einzubringen, sondern Wir versprechen auch hiemit gnädigst, daß Unsern Landes-Fürstlichen Commissarien, allezeit Ritter- und Landschaftliche Deputirte zugefüget werden sollen, umb Zeit und Art wie die Marsch-Route einzuleiten, nebst der gantzen Einrichtung und Repartition der Quartiere und Lieferungen, wie die Nahmen haben mögen, ordentlich und richtig auszumachen.

§. 323.

Zu dem Ende soll Ritter-und Landschaft von allem zeitige Nachrichten ertheilet werden, damit ihre Deputirte den zu haltenden Conferenzen, und der Formirung der dazu gehörigen Entwürfe, beywohnen können.

§. 324.

Bey militarischer Einquartierung lassen Wir es schließlich bey dem Herkommen, Kraft welches die Rostockischen Dörfer zu denen Aemtern, worinnen sie belegen, gezogen werden müssen, allerdings bewenden.

Neunzehender Articul.
Von den Leibeigenen Unterthanen
der Ritter- und Landschaft.

§. 325.

Wir und Unsere Nachkommen wollen und werden überhaupt Unserer Ritter- und Landschaft, die Landes-Clöster, und Rostockschen Gemeinschafts-Oerter mit eingeschlossen, in Ansehung des Zustandes und Wesens der Leibeigenschaft, und der damit behafteten Unterthanen und Bauersleute, nie Zweifel oder Hinderniß machen, hingegen alle Wege ernstlich darüber halten, und durch Unsere Landes-Gerichte halten lassen, daß Innhalts der Revcrsalen vom Jahr 1621. Art. XVI. die Bauersleute, die, ihnen um gewissen Pacht oder Zins eingethane Hufen, Aecker, oder Wiesen, daferne sie keine Erb-Zins- oder andere Gerechtigkeit gebührend zu erweisen, vermögend sind, dem Eigenthums-Herrn auf vorhergehende Loßkündigung, wann sie solche auch vor undencklichen Zeiten besessen haben, mithin alles Einwandes von Verjährung angeachtet, ohnweigerlich und ohne Proceß-Weitläuftigkeit abzutreten und einzuräumen schuldig seyn sollen.

§. 326.

Wie denn auch Unsere Landes-Gerichte diejenigen, welche einige, dem Guts-Herrn zugehörige, den Bauren aber eingethane Stücke, erwehnten Bauren abgemiethet oder abgepachtet, demnach kein besseres Recht, als ihre Autores haben können, wieder die Guts-Herrn zu schützen, sich nicht anmaßen, sondern selbige vielmehr zu unweigerlicher Abtretung ihrer bishero innen gehabten Hufen, Aecker, und Wiesen ꝛc. wenn die Sache bey selbigen Gerichten angebracht wird, sine ambagibus processus ernstlich anzuweisen, folglich so viel an ihnen, dem Assecurations-Receß den Nachdruck zu geben, gehalten seyn sollen.

§. 327.

Würden aber die Bauersleute sich auf obberührte Erb-Zins- oder eine andere Gerechtigkeit berufen, und daher auf beschehene Loßkündigung zu weichen, und die Grund-Stücke abzutreten sich weigern; So sollen die Adeliche und Landbegüterte selbige so fort aus eigener Macht, und unverhörter Sache, den Rechten zuwieder, zu vertreiben, oder zu verstoßen, nicht befugt seyn, sondern es soll den Bauersleuten, zu der ihnen obliegenden Beybringung ihres vermeintlich habenden Rechts, eine rechtsförmige Frist gesetzet, und nach kurzem beyderseitigem Verfahren, in Unsern Landes-Gerichten darüber was Rechtens, erkannt werden.

§. 328.

Dahingegen werden und sollen Unsere Landes-Gerichte auf der Bauren Klage, wenn nicht zugleich ganz unerlaubte Thathandlungen und Umstände mit bescheiniget sind, nicht so fort Pœnal-Mandata erkennen, sondern sich darunter nach den Reichs- und Landes-Gesetzen, wie schon im Art. III. der Reversalen vom Jahr 1572. zum Theil versichert worden, genau verhalten.

§. 329.

Wann auch in solchen Processen, der eine oder andere Theil, die Verschickung der Acten zum Spruch auswärtiger

wärtiger Rechtsgelehrten, auf seine Kosten verlangen möchte; So soll ihm solche nicht versaget, sondern damit, wie gewöhnlich, ohne Aufenthalt der Sachen verfahren werden.

§. 330.

Siebendes erneuern Wir auch die im XLIV. Artical der Reversalen vom Jahr 1621. schon gegebene Versicherung, daß Wir den Guts-Herren ihre ausgetretene Leibeigene oder Unterthanen auf gebührliches Ansuchen, nach Maaßgabe der von Unseren in GOtt ruhenden Vorfahren an des Regierung, weyland Herrn Herzogs Adolph Friedrichs, und Herrn Herzogs Gustav Adolphs Gnaden und Liebden, publicirten Gesinde-Tagelöhner-Bauer- und Schäfer-Ordnung d. a. 1654. Tit. 2. §. 9. beygebrachter Bescheinigung der Leibeigenschaft in Unsern Aemtern und Städten nicht aufhalten, sondern unweigerlich abfolgen lassen wollen.

§. 331.

Und weil den leibeigenen Unterthanen nicht erlaubt seyn kann, wieder ihrer Herren Wissen und Willen sich in Kriegs-Dienste zu begeben; So wollen Wir bey Unsern Officiers nachdrückliche Versehung thun, daß hinführo Niemand von solchen Leuten, außer in vorkommenden Reichs-Crayß- und Landes-nothwendigen Rettungs-Fällen, geworben, am wenigsten aber mit Gewalt von den adelichen Gütern und der Städte Dörfern und Höfen, auch den Closter-Gütern und Gemeinschaft-Oertern, weggenommen werden sollen.

§. 332.

Von den Leibeigenen Unterthanen.

§. 332.

Im Fall aber jemand mit Verschweigung seiner Leibeigenschaft sich unter Unsere Truppen begeben mögte, soll selbiger auf des Guts-Herrn Ansuchung und Bescheinigung der Leibeigenschaft, unaufhältlich, ohne Entgeld, und so lieb dem Officier ist, alle durch die Verzögerung entstehende Schäden und Kosten zu vermeiden, wieder loß- und dem Guts-Herrn heraus gegeben werden.

§. 333.

Auch wollen Wir, wie Wir bishero nicht gestattet, fremden Werbern fortan nicht erlauben, Unterthanen, oder sonst in Dienst stehende Personen, gegen den Willen ihrer Leibes- und Brod-Herrn zu Krieges-Diensten anzunehmen. Wie Wir denn auch nach wie vor keine gewaltsame Werbung angesessener Bürger, oder der Handwercks-Purschen, noch sonstiger in den Städten sich aufhaltender Personen, weder fremden Werbern, noch auch Unsern eigenen Truppen verstatten wollen.

§. 334.

Was die Verlegung und Niederlegung der Bauren anlanget; So wollen Wir die Ritter- und Landschaft inclusive der Clöster und der Rostockischen Gemeinschafts-Oerter, bey ihrem Landsittlichen Eigenthums-Recht, über ihre Leibeigene Guts-Unterthanen, und deren innehabendes Ackerwerck und Gehöfte, unbeschwert lassen, mithin ist und bleibt die Verlegung und Niederlegung einem jeden Guts-Herrn, der Gestalt frey und unbenommen, daß er den Bauren von einem Dorf zum andern zu setzen, und dessen Ackerwerck zum Hof-Acker zu nehmen, oder sonst dasselbe

S
zu

zu nützen, Fug und Macht haben soll; jedoch mit der Maaße, daß alle und jede darauf haftende real-Pflichten und Lasten, nach wie vor, deßhalb vom Gute getragen, und die verlegten oder niedergelegten Bauren, nach eines jeden Guts-Herrn Convenience, auch außer oder ohne Hufen, wieder untergebracht werden. Uebrigens aber sollen ihnen an den Orten, wohin sie verleget werden, keine neue Onera realia auferleget werden.

§. 335.

Würde jemand ein oder mehrere Baur-Hufen, oder auch ein ganzes Dorf aus immünen Stücken anrichten; So soll ihm solches allezeit unbenommen, daneben aber ihm oder seinen Erben vorbehalten bleiben, solches nach seiner Convenience wieder eingehen zu lassen.

§. 336.

So viel aber die gänzliche Niederlegung der Dörfer und Baurschaften betrift, aus welcher Verarmung und Verminderung der Unterthanen entstehet; So soll solche eigenmächtige Niederlegung eines Dorfs, an sich in der Regul gänzlich verboten, hingegen ein jeder Eigenthums-Herr schuldig seyn, solches sein Vorhaben jedesmahl zuerst dem Engern Ausschuß anzuzeigen, welcher so dann an Uns davon seinen gutachtlichen Bericht erstattet, damit Wir darauf, wegen einer solchen, bey einem Gut vorgehenden in das allgemeine Beste einschlagenden Haupt-Veränderung, die Nothdurft weiter Landes-Fürstlich verfügen können.

Zwanzigster

Zwanzigster Artikul.
Von Politischen Sachen überhaupt.

§. 337.

Nachdem Unserer Ritter- und Landschaft von Unseren in GOtt ruhenden Vorfahren an der Regierung längst versprochen worden, ein eigenes Mecklenburgisches Land-Recht in Druck geben zu lassen; So wiederholen Wir solche Versprechung hiemit in Gnaden dahin, daß ein solches Land-Recht binnen den nächsten zweyen Jahren, mit Zuziehung Ritter-und Landschaft, zusammengebracht und publiciret werden, mithin Unsere Verordnung an Unsere gesamte Landes-Gerichte ergehen soll, darnach durchaus zu sprechen.

§. 338.

Nichtweniger wollen Wir das Werck einer von neuem durchzusehenden und zuverbessernden, mithin den heutigen Zeiten gemäß zu machenden Policey-Ordnung vor die Hand nehmen, und nach Maaßgebung des achten Articuls von der Landes-Fürstlichen Gesetz-Gebungs-Macht, durch den Druck höchstens binnen zweyen Jahren publiciren lassen.

§. 339.

Die zu vielen Unordnungen Anlaß gebende bißherige Ungleichheit der Ellen-Scheffel-und Tonnen-Maaße, auch des Gewichts, wollen Wir auf dem ersten hierauf folgenden Land-Tag, nach Anleitung der, darüber bereits unterm 13ten September 1703. ergangenen Landes-Fürstlichen

Constitu-

Conſtitution vornehmen, und nach vernommenem rathſamen Gutachten Unſerer Ritter-und Landſchaft, von neuem in allgemein-verbindliche Landes-Geſetzliche Kraft ſetzen.

§. 340.

Die Monopolia, oder die Landes-Fürſtliche Freyheits-Briefe, vermöge deren einem allein, oder etlichen Privat-Perſonen, der alleinige Handel mit einer Waare zu Waſſer oder zu Lande verſtattet zu werden pflegt, ſollen in Unſeren Landen, nach wie vor, nicht zuläßig, noch jemahls rathſam ſeyn.

§. 341.

Jedoch iſt hierunter keinesweges der vorzügliche Abſatz und Verſchleif der in Unſeren Landen ſich ergebenden einheimiſchen Producten, oder die Emporbringung einheimiſcher Fabriquen und Manufacturen verſtanden und eingeſchräncket, als worüber nach dem Exempel der benachbarten und anderer wohleingerichteten Länder und Staaten zu ſeiner Zeit, auf Land-Tägen Berathſchlagungen mit Ritter-und Landſchaft zu pflegen, mithin zum Aufnehmen des Landes, heilſame Maaß-Regula mit derſelben zu faſſen, vorbehalten bleibt.

§. 342.

Was deßhalb aber in Unſern Cammer-Gütern bisher verordnet worden, dabey hat es, ſo viel erſagte Unſere Güter und Aemter betrift, ſein Verbleiben.

§. 343.

Die in Unſeren Aemtern und Städten beſtellete und angeſeſſene Muſicanten und Schornſtein-Feger, Schwein-
ſchneider,

Von Politischen Sachen überhaupt.

schneider, und Scharf-Richter, auch Abdecker, deren Gebühren in der bevorstehenden Policey-Ordnung festzusetzen, sollen zwar der Ritterschaft, der Gestalt nicht aufgedrungen seyn, daß sie solche eben aus den Aemtern und Städten, zu welchen sie nächst mit ihren Gütern belegen, zu Verrichtung der in ihren Gütern vorfallenden Arbeit, zu nehmen gehalten seyn sollen.

§. 344.

Jedoch wird hiemit der Gebrauch auswärtiger von obberührten Handthierungen, der Gestalt untersaget, daß die Ritterschaft jederzeit dergleichen Leute aus Unseren einheimischen und Landes-Eingesessenen zu nehmen schuldig sind.

§. 345.

Den gemeinen Leuten, die das Schornsteinfegen, Schweinschneiden und Abdecken verstehen, und selbst verrichten wollen, soll, ihre eigene Schornsteine selbst zu fegen, ihre eigene Schweine selbst zu schneiden, und ihr eigenes Vieh selbst abzudecken unverwehrt seyn.

§. 346.

Denen von der Ritterschaft auf dem Lande, soll auch, zu Ersparung der Kosten, Musicanten und Spiel-Leute, nach ihren Gefallen zu nehmen, frey bleiben, es soll auch den Spiel-Leuten auf den Dörfern unverwehrt seyn, auf Verlangen der Einwohner auf dem Lande bey ihren Gelagen sich gebrauchen zu lassen.

§. 347.

Wir wollen auch insonderheit, so viel die Schornsteinfeger betrift,

betrift, dahin Sorge tragen laſſen, daß in jeglichem Unſrer Herzogthümer, eine zulängliche Anzahl Schornſteinfeger in verſchiedenen Städten ſeßhaft und gehalten werden, damit auf dem Lande ſich niemand über Ermangelung oder Entlegenheit derſelben zu beklagen Urſache haben ſoll.

§. 348.

Wegen des Zehenden, von auſſerhalb Landes gehenden Ritterſchaftlichen Geldern aus Lehn-Gütern, iſt hiemit verglichen, daß darüber die Ritterſchaft mit Unſrer Cammer vor Unſern Landes-Gerichten ſich in ordentlichen Proceß einlaſſen, darüber beyderſeitige ſchriftliche Handlung beygebracht, und alles ſodann auf den Ausſpruch unpartheyiſcher Rechtsgelahrten, mit Vorbehalt aller dem ſuccumbirenden Theil zu ſtatten kommenden Rechts-Wohlthaten, geſetzt, inmittelſt aber die Ritterſchaft mit Abforderung des Zehenden von Lehn-Geldern, nicht beſchweret werden ſoll.

§. 349.

Jn Anſehung der Allodial-Güter aber, bleibt es bey dem Herkommen und Beſitz.

§. 350.

Jedoch ſollen die von der Ritterſchaft bey der Freyheit von allen Abzugs-Geldern beym Abzug innerhalb Landes von einem Ort und von einer Stadt zur andern, gelaſſen werden, und von Erlegung derſelben gänzlich frey ſeyn, auch dabey ſich wider die Städte und Stadt-Gerichte allen Schutzes zu verſehen haben.

§. 351.

Von Politischen Sachen überhaupt.

§. 351.

Ebener Gestalt verbindet sich die Stadt Rostock, die daselbst wohnende von Adel beyderley Geschlechts, sie mögen angesessen seyn oder nicht, in Absicht auf ihre daselbst habende, und befindliche Mobilia und Immobilia von allen Abzugs- und Decimations-Geldern freyzulassen.

§. 352.

Werden aber nach diesem Vergleich Fremde, mit ansehnlichen Capitalien sich in Unsere Lande begeben, und darinn niederlassen und anfäßig machen; So soll ihnen und ihren Erben, auf den Fall des Abzugs, das erweißlich Eingebrachte, ohne Erlegung einiger Abzugs-Gelder, abgefolget werden.

§. 353.

Im übrigen wollen Wir darauf weitern Bedacht nehmen, mit den Uns benachbarten Staaten, zu mutueller Aufhebung der Abzugs-Gelder, in Convention zu treten.

§. 354.

Die jedesmahlige Landes-Fürstliche Bestätigung der Ritter- und Landschaftlichen Privilegien, Reversalen, Verträge und löblichen Gewohnheiten, soll unmittelbar zur Stelle, nach der eingenommenen Erbhuldigung, durch eine vollzogene schriftliche Urkunde geschehen.

§. 355.

Würde aber diese nicht erfordert, oder ohne der Ritter- und Landschaft Verschulden, ausgesetzet, soll doch jene

Bestätigung

Beſtätigung in dem erſten Jahr, ertheilet werden; in Ent-
ſtehung deſſen aber, ſollen alle Ritter-und Landſchaftliche
Privilegien, Freyheiten, Gerechtigkeiten und Verträge der
Geſtalt, als wäre die förmlichſte Confirmation erfolget,
angeſehen und gehalten werden.

§. 356.

Von allgemeinen, die Ritter- und Landſchaft mit verblei-
benden Verordnungen und Edicten, ſoll in Zukunft auf
einem jeden adelichen Gut, und bey einer jeden Stadt ein
Exemplar zur unterthänigſten Nachachtung, inſinuiret
werden.

§. 357.

Denen von der Ritterſchaft, ob ſie gleich mit keinem ſolchen
Character verſehen ſind, der nach dem biſherigen Canz-
ley-Brauch in den Verordnungen und Befehlen der Gnaden-Gruß, und die Gnaden-Verſicherung von ſelbſt mit ſich
führet, ſoll hinkünftig in allen Ausfertigungen, von geſammten Unſern Collegiis, zu Anfang der Gnaden-Gruß, und am
Ende die Gnaden-Verſicherung gegeben werden.

§. 358.

Im übrigen ſoll denen von der Ritterſchaft die, Anno 1701.
mündlich, und 1703. auf dem Land-Tage ſchriftlich ver-
ſprochene Aenderung und Verbeſſerung der Titulatur, for-
derſamſt würcklich angedeyen, und deswegen an Unſere geſammte Collegia das nöthige dahin ergehen, daß ihnen das
Praedicat: Veſter, den Land-Räthen aber Edler, gegeben, auch in allen Ausfertigungen denen von Adel die Par-
ticul: von, vor dem Geſchlechts-Nahmen, und Stat Du:
Ihr beygeleget, nicht weniger eine jegliche Verordnung,
die

Von Politischen Sachen überhaupt.

die an verschiedene Personen zugleich gerichtet wird, verschlossen ausgefertiget werden soll.

§. 359.

Jedoch soll diese besondere Begnadigung dem Bande der angebohrnen Unterthänigkeit, und der Landsässigen Unterwürfigkeit, womit die Ritterschaft Uns und Unseren Nachkommen verknüpfet ist, und bleibt, nichts vergeben oder entzogen seyn.

§. 360.

Mit eben diesen Beding und Vorbehalt, dann auch unter der, selbst in Kayserlicher Wahl-Capitulation Art: XII. §. 5. enthaltenen Voraussetzung und Versicherung der Landes-Fürstlichen Territorial-Gerechtsame, wollen Wir die, von Kayserlicher Majestät, oder von dem Reichs-Vicariat ertheilete, oder noch zuertheilende Standes-Erhöhungen Unserer Landsassen, Vasallen, und Unterthanen, besonders auch in Ansehung der darinn verliebenen Titulaturen, Praedicaten, und Praerogativen, anerkennen, mithin Unseren gesammten Collegiis und Cantzleyen befehlen, den Erhöhten und Begnadigten, die Titulatur, und Praedicate beyzulegen, welche besage der, bey Unser Regierung entweder schon vorgewiesenen, oder noch vorzuweisenden Original Diplomatum, aus Kayserlicher und Reichs-Cantzley ihnen gegeben werden, in allen Verordnungen und Befehlen beyzulegen. Gestalt für die Zukunft alle und jede Standes-Erhöhungs-Diplomata in ihren Originalien bey Unsrer Regierung zu produciren, und mit Hinterlassung einer beglaubten Abschrift, Unsere Landes-Fürstliche Verordnungen und Befehle an Unsere gesammte Collegia darüber auszubringen, folglich bevor solches geschehen, weder von Uns noch von Unseren Collegiis anzuerkennen oder zu befolgen sind.

§. 361.

§. 361.

Denen von Adel und adelsmäßigen Personen soll mit keiner wiederrechtlichen Indignität begegnet, und, daferne einige in Criminal-Dinge verfielen, wieder dieselbigen der Gestalt, daß auf ihre unschuldige Familien gegen die Rechte kein Nachtheil erwachse, verfahren werden. Wie es denn bey den Reversalen vom Jahr 1572. §. 3. vom Jahr 1622. §. 42. und den, in gemeinen Rechten dem Adel zugeeigneten Vorzügen, verbleibet.

§. 362.

Die auf einem Land-Gut haftende Landes-Schulden, Contributions-Anlags-und andere öffentliche Rückstände, wie auch die Stadt-und Cämmerey-Gefälle in den Städten, sollen fürs zukünftige jedesmahl bey Unsern Landes-Gerichten in Fällen ergehender Proclamation, mit profitiret, jedoch solche Schulden dem weitläuftigen Proceß nicht mit eingepflochten, sondern aus dem Gereidesten abgenommen, und an die Behörde berichtiget werden.

§. 363.

Dabey sollen die Landes-Schulden, so lange sie nicht liquidiret sind, und die Rata jeden Guts noch nicht determiniret ist, so wohl ratione præteriti, als ratione futuri, nur in solle, respective durch den Engern-Ausschuß, oder die Ritterschaftliche Amts-Deputirte profitiret werden, als dafür das Gut, es besitze wer es wolle, nach wie vor, haften soll.

§. 364.

Wann auch gleich pro præterito, die Contributions-und Anlags-Restanten in Termino Liquidationis nicht profitiret

Von Politischen Sachen überhaupt.

sitiret wären; So soll dennoch das Gut selbst, und ein jeder neuer Besitzer desselben, so wie für die restirende und currente Contribution, also für die restirende und currente Anlags-Restanten, alle Wege zu haften schuldig, auch beyde, so wohl Contributions-als Anlags-Restanten. in una eademque Classe in Concursu sociret, auch deßfalls ehestens eine besondere Landes-Fürstliche Verfügung bekannt gemacht werden.

§. 365.

Wenn sich im Lande ein Korn-Mangel ereignet, und deßfalls einig Verboth für nöthig befunden werden mögte, sollen die Deputirte der Aemter und der Vorder-Städte, wenn aber periculum in mora, die Land-Räthe und der Engere-Ausschuß, vor dem Verboth gehöret, und ihre Vorstellung in Betracht gezogen werden.

§. 366.

Wir wollen auch durch Unsre Commissarien von Aemtern, Adel, und Städten, die Untersuchung des Mangels anstellen lassen, da dann, nach ausgemachter Nothdurft für die Armuth, der Ausfuhr des Korns kein Einhalt geschehen soll.

§. 367.

Wann Grenz-Irrungen zwischen Unsern Beamten und dem Adel, auch den Städten vorfallen, sollen selbige im Fall sie nicht durch unpartheyische Commissarien in Güte entschieden werden können, an Unser Hof- und Land-Gericht, zu rechtlicher Entscheidung, verwiesen werden.

T 2 §. 368

Zwanzigster Articul.

§. 368.

Allen und jeden, an die Ost-See mit ihren Gütern gerenzenden vom Adel und Land-Begüterten, soll, nach wie vor, gleich Uns selbst mit Unsern angrenzenden Gütern, unbenommen seyn, die auf ihren Gütern aufkommende Naturalien, mit Fahr-Zeugen über die See bringen zu lassen, wohin sie wollen, auch mittelst derselben die Nothdurft an Bau-Materialien und sonst für ihre Güter über See zu holen, jedoch daß alle Kaufmanns-Waare, und was auf einen Waaren-Handel hinaus gehen könnte, ausgeschlossen bleiben soll.

§. 369.

Ferner wollen Wir in Streitigkeiten, welche zwischen den Bürgerschaften unter sich, und mit ihren Magistraten in den Städten vorfallen, keine weitläufige und Geldspillende Processe, zum mercklichen Verderb der, ohne dis von Mitteln entblößten Städten, zulassen, sondern die Verfügung machen, daß durch die, einem oder dem andern von den Raths-Gliedern der Vorder-Stadt, wohin die unter sich streitige Land-Stadt gehöret, aufzutragende Comission, die Güte vor allen Dingen mit höchstem Fleiß versuchet, oder bey deren Entstehung nach kurtzer summarischen, doch rechtlichen Untersuchung, und abgestatteten Bericht cum voto, bey einem, hienächst anzuberahmenden Vorbescheid, wo immer möglich die Sache durch einen Abschied, so fort abgeurtheilt werden möge.

§. 370.

Ohne Vorwissen und Einwilligung des Magistrats, soll den Bürgern sammt oder sonders nicht frey stehen, von den

Von Politischen Sachen überhaupt.

den Stadt-Gütern oder Juribus etwas zu veräussern, oder gar zu verschencken, zumahlen den Magistratibus in den Städten die Cura des gemeinen Wesens zukommt.

§. 371.

In allen Städten, wo noch keine Stadt-Pfand-Bücher eingeführet sind, sollen diese, zu Beförderung des gemein-nützlichen Credit-Wesens, von Burgermeister und Rath aufgerichtet, und darinn alle, auf bürgerlichen, und zu Stadt-Recht liegenden Gütern haftende, jetzige und künftige Schulden, ordentlich verzeichnet, auch bey entstehenden Prioritäts-Streitigkeiten, den, in solchem Stadt-Pfand-Buch eingeschriebenen Schuld-Posten, der Vorzug bey den Gerichten zuerkannt, anbey die Administratores der Piorum Corporum, die Ehe-Frauen, wegen ihrer Illatorum, und welche sonsten ein Jus Prælationis vor andere Gläubigern prætendiren, ihre Forderungen in solche Stadt-Pfand-Bücher eintragen zu lassen, gehalten seyn.

§. 372.

Von den zu Bürger-Recht liegenden Häusern, und andern Immobilibus, soll das Eigenthum nicht anders, als durch die Verlassung vor dem Stadt-Buch, auf andere Possessores können transferiret werden.

§. 373.

Die Erbtheilungs-Sachen unter bürgerlichen Standes-Personen, deren Untersuch-und Regulirung, soll, nach der Policey-Ordnung, Burgermeistern und Rath in den Städten, und dem aus ihnen verordnetem Waysen-Gericht, auf dem Lande aber des Guts Obrigkeit, privative ohne Beeinträchtigung gelassen werden.

§. 374.

Zwanzigster Articul.

§. 374.

Alle diejenige welche bürgerliche Nahrung treiben, ohne Unterscheid, und selbige mögen wohnen an welchem Ort der Stadt es sey, sollen zuvorderst, ehe und bevor ihnen solcher Nahrungs-Betrieb zu verstatten, schuldig seyn, das Bürger-Recht zu gewinnen, und alle Lasten, gleich andern Bürgern, zu übernehmen. Dabeneben sollen die Zünfte in den Städten der Gestalt eingeschräncket seyn, daß

1) keine überflüßige, sondern gantz leidliche, so genannte Amts-Gebühren von den angehenden, die Amts-Gerechtsame suchenden Meistern, welche sich durch richtige Geburts- und Lehr-Briefe, auch dreyjährige Wanderschafft, und darüber habende Kundschafften, als geschickt dazu legitimiret, gefordert;

2) Solche angehende Meister mit keinen Amts-Kösten oder Schmausereyen und dergleichen unnöthigen Geld- und Zeit-verspillenden Ausrichtungen, vielweniger

3) mit kostbaren, alten, und unbrauchbaren Meister-Stücken beschweret, noch

4) eines Amts-Meisters-Tochter oder Wittwe zu beyrathen, genöthiget: übrigens aber alle bishero eingerissene Mißbräuche, dabey gäntzlich abgestellet werden sollen.

§. 375.

Die, von uralten Zeiten her, zwischen Unseren Landen Mecklenburg, und der Reichs-Stadt Lübeck, hergebrachte Freyheit, von Zöllen, Accisen und andern Imposten, soll hinführo zu Aufrechthaltung des Commercii, auf keine Weise einge-

Von Politischen Sachen überhaupt.

eingeschräncket noch beeinträchtiget, hingegen reciproquement von neuem vestgesetzet/ mithin auf die beyderseitige Aufhebung der so genannten Schreib- und Zulage-Gelder erstrecket werden.

§. 376.

Wir wollen nicht gestatten, daß jemand von Unserer Militz, durch welche bürgerliche Handthierung es auch seyn mögte, den Einwohnern, Künstlern, und Handwerckern in den Städten, in ihrer Nahrung, Eintrag und Abbruch thun soll.

§. 377.

In Ansehung der Aufnahme der Juden, versprechen Wir Unsern Städten, der Gestalt Maaße zu halten, daß sie keine Ursache über deren gar zu große Anzahl zu klagen haben sollen. Wie dann auch den Juden hiemit untersaget seyn soll, liegende Gründe eigenthümlich an sich zu bringen.

§. 378.

Alle Wasser-Stauungs-Beschwerden, insonderheit der, an der Müritz, Peen, Cölpin, Plauer-und Goldberger- auch andern Seen und Flüssen belegenen Interessenten, sollen unpartheyisch, und auf Kosten derer, welche durch unbefugte Neuerungen, mithin widerrechtlich einigen Schaden gethan haben, wäre auch darunter Unsere Cammer begriffen, untersuchet, und erlediget, mithin durch billige Vergütung und Ersetzung abgethan werden.

§. 379.

Die Visitationes, zu Besserung der öffentlichen Land-Wege und Heer-Straßen, sollen von Unsern Fürstlichen
Commiss.

Commiſſariis, mit Zuziehung der, von Ritter-und Landſchaft in jedem Amte, dazu beſtelleten Deputirten, und des
Eingeſeſſenen eines jeden Guts, jedesmahl geſchehen, jedoch
auf keine Feld-Dorf-Holz-und Kirchen-Wege erſtrecket
werden.

§. 380.

Was im übrigen Ritter-und Landſchaft insgemein, oder
die Ritterſchaft für ſich, oder auch die Städte für ſich,
in gemeinen oder beſondern Angelegenheiten, zum gemeinen
oder beſondern Beſten, anzutragen oder vorzuſchlagen finden, das alles wird den künftigen allgemeinen Land-Tägen,
zu gehörigen Vorſtellungen und Berathſchlagungen, folglich
zu Ordnungen und billigmäßigen Erledigungen und Verfügungen, vorbehalten.

Ein und Zwanzigſter Articul.
Von Juſtitz-Weſen.

§. 381.

Damit in Verwaltung der Juſtitz bey Unſerm Hof-und
Land-Gericht kein Aufenthalt verſpüret werden möge;
So laſſen Wirs hiemit nochmahls bey der, in der Hof-Ge-
richts-Ordnung enthaltenen gnädigſten Zuſage, nach welcher
Wir und Unſere Nachkommen, die zum Hof-und Land-
Gericht verordnete, zu Unſeren Angelegenheiten weder ab-
ſonderlich noch insgemein gebrauchen, ſie auch nicht von
dem Ort ihrer Gerichts-Stelle ab-und zu Uns fordern, mit-
hin auch nicht außer Landes verſchicken, noch von den
Quartal-Rechts-Tägen abhalten wollen.

§. 382.

§. 382.

Der starcke Lauf der Appellationen

(I)

von Unsern Justitz-Cantzleyen so wohl, als von Unserm Consistorio an das Hof- und Land-Gericht, soll nach wie vor, Innhalts der Reversalen vom Jahr 1624. und mehrmahliger Versicherung, gantz ungehindert gelassen werden.

§. 383.

Jedoch sollen nachbenannte Fälle ausdrücklich hiervon ausgenommen seyn, in welchen selbst nach den Reichs- und Unseren Landes-Gesetzen, auch nach der Observanz, die Appellationes entweder schlechterdings, mithin quoad effectum suspensivum & devolutivum zugleich, oder auch gewissermaßen, nämlich quoad effectum suspensivum allein, unzuläßig erkannt werden.

§. 384.

Solchemnach hat keine Appellation, weder zu dem einen, noch zu dem andern Effect, und folglich überall nicht Stat:

1) In peinlichen und fiscalischen Sachen, welche an Leib und Leben gehen, es sey darinn mittelst inquisitorischen oder accusatorischen Processus verfahren und erkannt worden.

2) Wann jemand in einer Verschreibung, oder sonst, der Appellation sich ausdrücklich begeben hat.

3) Wann eine eingewandte Appellation wegen versäumter,

säumter/ in der Hof-und Land-Gerichts-Ordnung vorgeschriebener Formalien/ für desert erkannt worden.

4) In geringschätzigen/ nicht über dreyßig Reichsthaler sich belaufenden Geld-Sachen.

5) Wann eine Erkänntniß oder eine Executions-Verfügung ergangen/ welche sich auf eine rechtskräftige Urtel beziehet/ jedoch/ der gegründeten Beschwerden über einen etwanigen Excessum in executione, unbeschadet.

6) Wann die Urtel/ nach gerichtlich geleistetem Eydes/ jemanden verurtheilet oder lossspricht.

7) Wann bereits drey conforme Urteln in der Sache vorhanden.

8) In den Fällen/ wann jemand von einer bloßen/ sonst keine beschwerliche Clausuln in sich fassenden Citation appelliret/ oder/ wann er rechtmäßig citiret ist/ und keine rechtmäßige Ursache seines Außenbleibens ausgeführet hat/ folglich in Contumaciam verurtheilet worden.

9) Wann einer Restitutionem in Integrum von einer Urthel erhalten hat/ und in solcher Restitutions-Sache abermahl sachfällig geworden ist; Auch wann das Beneficium Nullitatis ergriffen und ausgeführet/ mithin die Sache darauf entschieden worden.

10) Wann in klaren und liquiden, auf reine Hand und Siegel beruhenden Schuld-Wechsel-Gelübds-und Bürgschafts-Sachen erkannt worden. Jedoch bleibet einem jeden unbenommen/ seine etwa habende Exceptiones vor demselben Gericht in separato anzubringen und auszuführen/ mithin sich danächst der Appellation zu bedienen. Wie dann auch der obsiegende Theil, wann er ein Ausländer/ und mit unbeweglichen Gütern im Lande nicht angesessen ist/ auf die ihm zuerkannte Summe, sattsame Caution bey dem Gericht zu bestellen, schuldig seyn/ und dazu angehalten werden soll.

S. 185.

Von Justitz-Wesen.

§. 385.

Hingegen werden quoad effectum suspensivum zwar nicht, jedoch quoad effectum devolutivum, Appellationes gestattet:

1) Wann die Urtel über ein Spolium, oder über momentaneam possessionem, folglich in possessorio summariissimo ergangen

2) Wann nur eine Interlocutoria mera gesprochen worden.

3) Wann in Sachen der Kirchen, Schulen, Hospitäler, Armen-Häuser, armer Wittwen und Waysen, oder anderer dürftigen und miserablen Personen, endlich auch der Adelichen Wittwen und Töchter Unterhalt oder Aussteur, gesprochen ist.

4) Wann die Urtel sich auf einen klaren Vertrag oder Vergleich, oder auf klare, vor Unsern Landes-Gerichten getroffene Contracte gründet.

5) In Sachen, welche keinen Verzug leiden, als Beerdigungen, Eröfnungen eines Testaments, Besitznehmung von der Erbschaft, wenn das Testament mit keinem sichtbaren Mangel behaftet ist, Alimenten, verdienter Lohn, und Stipendien; oder wann sonst noch eine Gefahr mit dem Verzug der Sache, oder ein unersetzlicher Verlust verknüpfet ist: Wohin die Policey-Bau-Wasser-Stauungs- und andere schäd- oder gefährliche Unternehmungen zum Nachtheil des gemeinen Wesens, oder eines Dritten, und die darüber erkannte Inhibitoria und Sequestra zu rechnen sind, oder wann so gar

6) periculum armorum, oder andere gefährliche Erweiterungen zu befürchten stehen, und darwieder in einer Urtel Vorsehung geschehen ist.

§. 386.

§. 336.

Jedoch verordnen Wir hiemit, daß in jetzt erwehnten Fällen, da nur die Appellationes quoad effectum devolutivum inskünftige verstattet seyn sollen, der Appellatische Theil, falls er in Unsern Herzogthümern und Landen mit unbeweglichen Gütern nicht gnugsam angesessen, dem Appellantischen Theil, bevor dieser der ausgesprochenen Urtel nachzukommen schuldig, zureichliche Caution de restituendo cum omni causa in casum succumbentiæ zu bestellen, jedesmahl gehalten seyn soll.

§. 387.

In allen übrigen Fällen, sie mögen bewand seyn wie sie wollen, behaupten die Appellationes an Unser Hof- und Land-Gericht ihren Lauf, und ihre volle Würkung unverkürzt.

§. 388.

Es sollen daher Unsere Justitz-Canzleyen und Unser Consistorium sich ausser den, im vorhergehenden ausdrücklich ausgenommenen Fällen, aller Rejection der eingewandten Appellationen, ingleichen aller Cognition über die Erheblichkeit der Graváminum, und über den Punct der Devolution gänzlich enthalten.

§. 389.

Wie sie dann auch wegen der Succumbenz-Gelder, und Bestrafung der Advocaten, bloß dem Inhalt der Constitution vom 23ten November 1655 buchstäblich nachgehen, und von der dabevorigen ersten, vom 30ten October 1654

Von Justiz-Wesen.

1654 zu Erschwerung der Appellationen wieder die Appellanten keinen Gebrauch machen sollen.

§. 390.

Wogegen Wir aber Unserm Hof- und Land-Gericht hiemit befehlen, daß es nach Vorschrift der obangezogenen Constitution vom 13ten November 1655, in seinen Urtheilen, bey Rejicirung der Appellation so wohl, als bey den Confirmatoriis, im Fall die Appellatio frivola ist, zugleich das Erkänntniß dahin mit richten soll: Es sey die Appellatio frivola, mithin so wohl der Appellant, als dessen Advocatus zu bestrafen.

§. 391.

So viel aber

(II)

die Appellationes von Unseren Landes-Gerichten an die höchsten Reichs-Gerichte betrifft, denen ebenmäßig, vermöge der Reversalen, der starcke ungehinderte Lauf gelassen werden soll: So behält es bey Unserem Privilegio de non appellando, in Ansehung sothaner Appellationen, sein ungeändertes Verbleiben. Es soll also nach desselben dütterm Buchstab, nicht an die Reichs-Gerichte appelliret werden.

1) In Sachen die auf und unter Ein tausend Gold-Gulden, oder Zwey tausend Rheinische Gulden sich betragen.

2) In Injurien- und Schmäh-Sachen, obgleich darinn bürgerlich ad æstimationem geklagt würde, und die Æstimation die obbestimmte Summam appellabilem nicht austrüge.

3) In Schuld-Sachen, da das Debitum bekanntlich,

oder

oder sonst scheinbar, liquidum und richtig, obgleich die Schuld ein mehreres als die angeregte privilegirte Summe, betrüge.

4) In denen Fällen, in welchen die gemeinen Kayserlichen Rechte, oder die Constitutiones, Observanz, und Gewohnheiten Unserer Lande, keine Appellation verstatten, nämlich nicht in allen den andern Fällen, die oben, nach ihrer verschiedenen Gattung, respective unter 10 und 6 Nummern, verzeichnet und ausgedruckt stehen, und hieher wörtlich wiederholet seyn sollen. Dann endlich

5) nicht in Ehe-Sachen, auch nicht in Causis Ecclesiasticis. Es wäre dann, daß Unsere Land-Stände wieder die Kirchen-Ordnung oder Landes-Gesetze beschweret worden.

§. 392.

Hingegen soll in allen übrigen Fällen, die hierunter nicht begriffen, allen Appellationen an die höchsten Reichs-Gerichte allemahl völlig und unweigerlich deferiret werden.

§. 393.

Alle Justitz-Sachen werden und sollen jederzeit lediglich bey Unseren Landes-Gerichten ausgeübet und betrieben werden.

§. 394.

Diesemnach werden und sollen Unsere Regierungs- und Cammer-Collegia alle Parthey- und Streit-Sachen, welche bey ihnen anhängig gemacht werden wollen, an die Landes-Gerichte verweisen, die bey letzteren anhängige zu keiner Zeit abrufen und an sich ziehen, auch insonderheit nie richterlicher Weise gegen Ritter- und Landschaft verfahren, sondern vielmehr diese, in allen Sachen, worinn es auf einen

Von Justitz-Wesen.

einen Recht- und Richterlichen Ausspruch ankommt, bey den Landes-Gerichten, durch die Regierungs- und Cammer-Procuratores, belangen lassen.

§. 395.

Wie denn auch Unsere Beamte und Bediente, so oft sie in erster Instanz vor dem Hof-Gericht belanget werden, sich daselbst einzulassen schuldig seyn sollen.

§. 396.

Wir wollen auch weder dem Hof- und Land-Gericht, noch Unseren übrigen Landes-Gerichten in Verwaltung der Justitz, Aufenthalt machen, oder durch Unsere Regierung oder Cammer verursachen lassen, folglich durch keine Mandata oder Inhibitiones, oder sonst durch Avocationes, Hinderniß und Zögerung der Justitz erwecken, weniger die Gerichts-Verwandte durch absonderliche Befehle belästigen und beschweren, oder ihnen, auf was Art und Weise sie verfahren oder sprechen sollen, vorschreiben, sondern wollen solches der Gerichts-Assessoren und Räthe Gewissen und Pflichten, womit sie den Gerichten und der Gerechtigkeit verwandt, überlassen. Und daferne die eine oder andre Parthey, der ergangenen Urtein und Bescheide halber, sich graviret zu seyn erachten wird, soll selbige die ordentliche Wege und Mittel des Rechten an die Hand zu nehmen, und sich deren zu gebrauchen haben.

§. 397.

Jedoch behalten Wir Uns, wann nöthig, eine Visitation Unsers Hof- und Land-Gerichts, nach Maaßgabe der Hof-Gerichts-Ordnung, anzustellen, und alsdann gebührlich Einsehen zu thun, hiemit ausdrücklich bevor. Wenn demnach

demnach sich jemand über einen Spruch bey Uns beschweren wird; So wollen Wir zwar von dem Gerichte Bericht, mit den Ursachen des Verfahrens oder Erkänntnisses, erfordern, jedoch durch Vorschreibung des fernern Verfahrens oder weitern Erkäntnisses, keinesweges den Lauf der Justitz aufhalten, noch dem obsiegenden Theil an dem Effect der erhaltenen Urtel hinderlich seyn, sondern die Sache, in dem Stande wie sie befindlich, von den Gerichten, ohne Abwartung Unsrer Resolution auf vorgedachten Bericht, excepto manifestæ nullitatis casu, fortsetzen, und den Rechten nach zur Endschaft befördern, nicht weniger was zeithero in diesen und obermehnten Puncten, der Justitz zuwieder etwa veranlasset worden, hinwieder abstellen lassen.

§. 398.

Wie dann Unsere Landes-Gerichte, daferne dergleichen Rescripta, Avocatoria, Suspensiva, Inhibitiones, und Mandata, wie in den Processen zu verfahren oder zu sprechen, an selbige sub-& obreptitie ausgebracht und abgelassen werden sollten, authorisiret seyn sollen, solcher ungehindert, in den Rechts-Sachen der Gestalt, wie es ihrer Ordnung, den Reichs- und Landes-Satzungen, gemeinen Rechten und Actis gemäß, zu verfahren.

§. 399.

Es sollen auch Unsere Landes-Gerichte überhaupt verpflichtet, und hiemit angewiesen seyn, in Sachen, wo keine Verschickung von dem einem oder anderem Theil ausdrücklich begehret wird, selbst zu sprechen, und in solchen Sachen, welche aus den besonderen Landes-Gesetzen und Rechten entschieden werden müssen, die Acten nicht zu verschicken. Es wäre dann, daß Unser besonder Interesse mit einträte,

oder

Von Justiz-Wesen.

oder die Stimmen im Collegio gleich wären, oder eine oder andere Partheh die Transmissionem Actorum verlanget, in welchen Fällen dann die verbindliche Landes-Constitutiones, woraus die Sache zu decidiren, beygeleget werden sollen.

§. 400.

Außer diesen Fällen sollen Unsere Gerichte, die Bey- und End-Urtheile selbst abzufassen schuldig, und hiemit ein für allemahl befehliget seyn.

§. 401.

Wann auch über den Sinn der Landes-Constitutionen den Gerichten selbst ein Zweifel vorkommt; Soll darob nicht geurtheilet, sondern der Interpretation wegen, es ebenfalls, wie bey Erlassung allgemeiner Landes-Verordnungen und Constitutionen, in dem achten Articul von der Landes-Fürstlichen Gesetz-Gebungs-Macht verglichen ist, gehalten werden.

§. 402.

Wir wollen auch gesammten Unseren Landes-Fürstlichen Collegiis, wegen der Canzley-auch den Städtischen Nieder-Gerichten wegen der Gerichts-Gebühren, eine erneuerte billigmäßige Tax-Ordnung vorschreiben, jedoch selbige, vor der Publication, den Land-Räthen und dem Engern-Ausschuß, und zwar höchstens binnen sechs Monaten, abschriftlich mittheilen lassen, um darauf ihre unterthänigste Erinnerung einzubringen, welche Wir in eben gedachter Ordnung des achten Articuls, in Erwegung ziehen wollen, um dannächst auf dem folgenden Land-Tage, die neue Tax-Ordnung zu publiciren.

§. 403.

§. 403.

Wir wollen auch den, zum Hof- und Land-Gericht verordneten so wohl als andern Rechts-Gelehrten, daß uns sie, worinn die, nach und nach gegen die Hof- und Land-Gerichts-Ordnung, eingeschlichene Mißbräuche bestehen, und worinn sonst dieselbe einer Veränder- und Verbesserung bedürfe, Bericht erstatten, aufgeben, und demnach, binnen Jahres-Frist, die Hof- und Land-Gerichts-Ordnung, mit Zuziehung Unserer Ritter- und Landschaft, und Vernehmung ihrer unterthänigsten Erinnerungen, verbessern, und durch den Druck publiciren lassen, mithin dahin sorgen, daß darnach eine uniforme Proceß-Ordnung, bey Unsern gesammten Landes- und Unter-Gerichten, eingeführet werde.

§. 404.

In mehrgedachter Maaßgebung des achten Articuls wollen Wir, bey Nachsicht und Verbesserung der Proceß-Ordnungen, hauptsächlich auf künftige Abkürzung der Processe das Augenmerck richten, und die bieruber so wohl, als besonders in Absicht auf die Concurs-Processe, bereits erstattete Bedencken Unserer Landes-Gerichte, erwegen, mithin Unsere Landes-Fürstliche Verordnung, wie bey allen, und besonders den Concurs-Processen, kurz, doch rechtmäßig zu verfahren, durch den Druck ergehen lassen.

§. 405.

Es soll auch allen Landes-Eingesessenen frey stehen, zu Fassung ihrer Rechts- und Schutz-Schriften, wieder eines jeden, und besonders Unserer Fiscale und andere Unsere Ansprüche, sich auswärtiger Advocaten und Notarien zu bedienen.

§. 406.

Von Justitz-Wesen.

§. 406.

Die Einheimische sollen auch auf keine Art den Eingesessenen in ihren Angelegenheiten zu dienen, intimidiret, sondern vielmehr benöthigten Falls, dazu angehalten, die verfertigte Handlungen, Schriften, und Anträge nicht verworfen, auch die Eingesessene sonst an Vorwendung ihrer rechtlichen Beschützung und Nothdurft, nicht behindert werden.

§. 407.

Jedoch sollen in gerichtlichen Sachen, die Schriften, Memorialien, und Vorstellungen, von einheimischen Procuratoren, in außergerichtlichen Sachen aber, wenigstens von dem Principal selbst eigenhändig unterschrieben, und anderer Gestalt bey gesammten Unseren Collegiis, nicht angenommen werden.

§. 408.

Unterdessen wird das Vergehen der auswärtigen Advocaten und Notarien, gegen Unsre Landes-Gesetze und Rechte, von den Partheyen gebüsset.

§. 409.

Nachdem auch mehrmahlige Beschwerden vorgekommen, daß die Partheyen von den Advocaten, Procuratoren, und Notarien, in den Gebühren übernommen werden; So soll mit dem forderfamsten von Uns eine besondere Constitution, in Ansehung der Advocaten, Procuratoren, und Notarien-Pflicht und Gebühren, in der, vermöge des obigen achten Articuls verglichenen Ordnung, ergehen, wornach Unsere Gerichte sich zu richten haben.

§. 410.

§. 410.

Wegen Unserer Fiscäle Amt, Pflicht, und Recht, behält es bey demjenigen, was in der Hof-Gerichts-Ordnung P. I. Tit V. und in den gemeinen Rechten verordnet ist, sein ungeänderetes Verbleiben.

§. 411.

Würden Unsre Fiscäle jemanden ohne rechtmäßige Ursache actioniren, und der Angeklagte von der Anklage loßgesprochen: So sollen die Fiscäle in Fällen, da die Urteln wieder sie ausfallen, keinen mehreren favorem, wegen Erstattung der Unkosten, als andere Proceßführende Partheyen, haben, auch wohl gar wegen des, in ihrem Amte begangenen Excessus, nach Befinden, mit Geld-und andern Strafen beleget werden.

§. 412.

Die Pächter, Verwalter, Schreiber, Bediente, und andere, unter derer vom Adel und Land-Begüterten Gerichtsbarkeit befindliche freye Leute, sollen in Sachen, welche nicht den Contract und des Guts-Herrn eigene Person angehen, vor dem Guts-Herrn in Person, in erster Instanz, belanget werden.

§. 413.

Es wäre dann, daß sie sich auch in solchen Fällen der Gerichtsbarkeit des Guts in den Contracten ausdrücklich unterworfen hätten: Welchen Falls ein unpartheyisches Gericht zu setzen, die Sache, auf Begehren, zu verschicken, allemuhl aber der Appellation an Unsere Landes-Gerichte

der

Von Justitz-Wesen.

der Lauf zu lassen. Außer diesem ausdrücklichen Prorogations-Fall aber/ soll die Sache gleich vor Unsere Landes-Gerichte gehören.

§. 414.

Derer von der Ritterschaft und Landbegüterten Unterthanen und Hintersassen/ deren Wagen/ Pferde/ oder andere bewegliche Güter/ sollen/ dafern selbige wegen der Flucht außerhalb Landes nicht verdächtig/ oder nicht schon gar auf der Flucht begriffen sind/ mithin außer den Fällen/ in welchen die Hof-Gerichts-Ordnung P. II. Tit. 39. die Arreste ausdrücklich erlaubt/ Schulden halber/ anderwerts unter Unserer oder Städtischer Jurisdiction/ mit real- und personal-Arrest nicht beleget/ sondern ihre Creditores deßhalb ad forum ordinarium primæ instantiæ verwiesen werden.

§. 415.

Unser Consistorium soll sich der Jurisdiction weiter nicht/ als selbige ihm in der Kirchen-Gerichts- oder Consistorial-Ordnung vom Jahr 1570. und in der recipirten Kirchen-Ordnung beygeleget ist/ anmaßen.

§. 416.

In Caußis stupri, adulterii, & incestus, soll Unser Consistorium die weltliche Gerichte keinesweges an der Bestrafung/ auch Decision des Puncti alimenti, und insonderheit wenn solche allbereit die Untersuchung angefangen, hindern.

§. 417.

Nichtweniger soll die/ Unserm Consistorio über die Kirchen-Schulen-Hospitalien-und gemeine Kasten-Güter/

ter, Leben, Einkommen, Nutzen, Gebäude und Besserung, der Kirchen- und Schul-Diener Besoldung, ingleichen über die, wieder selbige eingebrachte persöhnliche Zusprüche, competirende Jurisdiction auf dingliche und andere dahin nicht gehörige Sachen, nicht extendiret, noch den weltlichen Gerichten das Exercitium Jurisdictionis in delictis, sie werden in der Kirchen, oder auf den Kirchhöfen begangen, gehindert werden.

§. 418.

Die Prediger und Küster stehen zwar mit ihren Ehe-weibern und Kindern, in Civilibus, vor Unserm Consistorio, aber solches soll sich nicht auf deren übrige Angehörige oder ihr Gesinde, als Knechte, Mägde, und Bediente, noch auf die Priester-Bauren, in Ansehung deren die Prediger kein erweißliches Recht haben, erstrecken, sondern es sollen über diese, die Adeliche und Unsere Stadt-Obrigkeiten, so wohl in Civilibus als auch in Delictis, die Jurisdiction zu exerciren befugt seyn.

§. 419.

Auch soll denen von der Ritterschaft, den Landbegüterten, und Städten, die Gerichtsbarkeit über die, durch ihre Güter gehende Land-Straßen, Feld- und Holtz-Wege, auch Bäche und Ströhme, so weit sie selbige berühren, gelassen werden.

§. 420.

Uebrigens bleibt Unseren Regierungs- und Justitz-Collegiis die, seit unverdencklichen Jahren hergebrachte Befugniß der unmittelbaren Vorladung und Exequirung der, in den Ritter-

Ritterschafftlichen Gütern Gesissenen, nach wie vor, unbenommen.

§. 421.

In Criminal-Fällen soll ein anderwerts, besonders unter Unser Gerichtsbarkeit delinquirender, unter adelicher Jurisdiction sich sonst befindender, und in loco Delicti nicht so gleich ergriffener, ohne und wieder Willen des Guts-und Gerichts-Herrn, von Unsern Fürstlichen Gerichten de facto nicht weggenommen, und in Unserer Gerichte Arrest geführet werden.

§. 422.

In Causis mulctarum sollen die im Lande genugsam angesessene nicht mit Arrest beschweret, auch den Condemnatis billigmäßige Fristen gestattet werden.

§. 423.

Im übrigen erklären Wir Uns nochmahls überhaupt in Gnaden dahin, daß Wir Ritter-und Landschaft, bey der ihnen, mit den Lehn-und übrigen Gütern verliehenen, auch denen Magistraten in den Städten zustehenden Jurisdiction und ersten Instanz, durch Unsere Collegia, Gerichte, und Beamte, oder andere beeinträchtigen zu lassen, nicht gemeinet, sondern einem jeden seine Jurisdiction, um die Sache seines Hinterlassen zu verhören und zu entscheiden, überlassen, mithin daß vorhero die Cognition vor die Landes-Gerichte gezogen werde, nicht gestatten wollen.

§. 424.

Wegen der Art der Publicir-Affigir-und offenen Verkündigung Unserer Landes-Fürstlichen Edicten und Verord-

Verordnungen, als welche keine gerichtliche Handlungen sind, behalten Wir, nach wie vor, ungebundene Hände.

§. 425.

Es sollen aber übrigens die von Ritter- und Landschaft schuldig seyn, ihr Gericht mit tüchtigen Männern, und einem geschwornen Actuario, oder einem, specialiter ad Acta vereidigtem Notario, zu besetzen, und den Partheyen gebührlich und unaufgehalten Recht wiederfahren zu lassen, auch Acta in Civil- oder Criminal-Sachen, zu Urteln, nie an Privat-Doctores, sondern in diesen die Acta an einheimliche, oder auswärtige Rechts-Collegia, in jenen aber, wann die Transmission entweder gebeten, oder ex officio erkannt wird, allezeit an Juristen-Facultäten zu verschicken, so lieb einem jeden ist, die Avocation der Sache, und nach Befinden ernstliche Strafe zu vermeiden.

§. 426.

Wer sich durch die, bey den Adelichen und Stadt-Gerichten, ausgesprochene Bescheide, beschweret erachtet, und die Sache, daferne sie nicht geringschätzig ist, und die Summe von fünf Reichsthaler übersteiget, auch nicht die Art ist, daß sie nach Maaßgebung Unserer Hof- und Land-Gerichts-Ordnung P. II. Tit. I. summarisch und mündlich abzuthun gewesen, an Unsere Landes-Gerichte bringen will, soll zwar die, in gemeinen Rechten vorgeschriebene Formalien und Feyerlichkeiten beobachten.

§. 427.

Jedoch bleibt Unseren Landes-Gerichten unbenommen, darunter, bey Armen und Geringen, oder der Rechte unkundiunkündigen Leuten, ihres richterlichen Ermessens sich zu bedienen, und mehr auf die Wahrheit und Gerechtigkeit selbst, als auf die Formalitäten zu sehen, auch die Protocolla und Acta primæ instanciæ abzufordern, um von der Sachen Beschaffenheit desto besser urtheilen zu können.

§. 428.

In Causis Fiscalibus mulctarum soll an die Reichs-Gerichte appelliret werden können, wann die Strafe über zwey Tausend Gülden Rheinisch gehet.

§. 429.

Von Unsern Justitz-Canzleyen und Unserm Consistorio soll jedesmahl, wann die Strafe Funfzig Reichsthaler und darüber beträgt, die Appellation an Unser Hof- und Land-Gericht zugelassen seyn.

§. 430.

Bey denen, wo die Strafe unter dreyßig bis funfzig Reichsthaler gehet, soll die Verschickung der Acten und das Remedium supplicationis, in allen Fällen, auf Begehren, Stat haben.

§. 431.

Unsere Landes-Gerichte sollen und werden übrigens allen, an die Reichs-Gerichte, jedoch nach Maaßgebung Unsers Privilegii de non appellando und der Landes-Gesetze, eingewandten, und bey den Reichs-Gerichten angenommenen Appellationen, es sey in bloßen eigentlich so genannten Civil- oder auch in Lehns-Sachen, gebührenden Platz geben, und so lange solche nicht aus dem Wege geräumet, von allen Attentaten und Innovationibus abstehen.

§. 432.

Was im übrigen bey diesem Articul, vom Justitz-Wesen noch abgehen mögte, das soll bey künftiger Verfassung des versprochenen Land-Rechts, und der ebenfalls verheißenen Verbesserung der Mecklenburgischen Proceß-Ordnungen, in Obacht gezogen, und von Uns dahin gesorget werden, daß das Justitz-Wesen auf den besten Fuß gesetzet werden möge.

§. 433.

Schlüßlich sollen die in der Stadt Rostock wohnende, oder sich aufhaltende von Unserer Ritterschaft, nach der, zwischen beyden erfolgten Vereinbahrung, nicht unter dem Lübschen Recht, sondern unter den gemeinen Kayserlichen und Unser Lande Rechten stehen, folglich in vorkommenden Fällen bloß darnach geurtheilet werden.

Zwey und Zwanzigster Articul.
Vom Lehn-Wesen.

§. 434.

Was wegen des Lehn-Wesens in Unseren Landen, die Reversales vom Jahr 1572. art. VIII. und die Reversales vom Jahr 1621. art. XXVII. XXVIII. XXIX. XXX. und XXXI. im Munde führen und klärlich verordnen, das soll, seinem Buchstab nach, bleibt von Uns nochmahls, als unverbrüchlich bestättiget, verordnet, und vestgesetzet seyn.

§. 435.

Zwey und Zwanzigster Articul. Vom Lehn-Wesen.

§. 435.

Es sollen auch die Land-Tags-und andere Landes-Fürstliche Resolutiones vom Lehn-Wesen, in so ferne sie nicht in diesem Vergleich anders erkläret und verändert sind, dahin bey Kräften bleiben, daß darauf bey Fassung des künftigen Lehn-Rechts, Obacht genommen werden soll.

§. 436.

Damit es aber auch an sothanem besondern Mecklenburgischen Lehn-Recht nicht fehle; So wollen Wir den, vor langer Zeit davon übergebenen Entwurf, mit den von der Ritterschaft dabey gemachten und noch zu machenden Erinnerungen, nachsehen, und innerhalb der nächsten zweyen Jahre, wann solches vorhero nochmahls der Ritter- und Landschaft, respective zu Abgebung ihres unvorgreiflichen Gutachtens, und zu Ertheilung ihrer Bewilligung in den Puncten, in welchen sie bereits wohlerworbene Rechte für sich haben mögten, communiciret seyn wird, durch den Druck zur Publication befordern.

§. 437.

Wir wollen auch eine besondere Lehn-Tax-Ordnung, auf den Grund der, in den Reversalen vom Jahr 1572. art. VII. vestgesetzten Tax, und mit billiger Vergleichung des damahligen Münz-Werths zu den heutigen Zeiten errichten, und solche, nach Maaßgebung des obigen achten Articuls von der Landes-Fürstlichen Gesetz-Gebungs-Macht, durch den Druck publiciren und darnach aufs genaueste bey Unserer Lehn-Cammer verfahren lassen.

Zwey und Zwantzigster Articul.

§. 438.

In sothaner Tax-Ordnung, soll zum Grunde gesetzet werden, daß, gleichwie zu Zeiten der ersten Reversalen vom Jahr 1572. für einen Will-Brief von Hundert ein halber Reichsthaler, des damahligen Preises der Güter, nach damahliger Müntz-Sorte zu bezahlen, verglichen worden, also auch ein solches, nach dem jetzigen und künfftigen Preise, und nach der jetzigen und künfftigen Valeur der Müntze, bezahlet werden solle.

§. 439.

Inzwischen soll inskünfftige, und so lange die Tax-Ordnung nicht publiciret worden, bey Unsrer Lehns-Cantzley für die Expeditiones nicht mehr, als was die Reversales im Munde führen, genommen, und was dem zuwieder, wieder Verhoffen etwa geschehen, künfftig zu keiner Consequenz gezogen werden.

§. 440.

Für Lehnherrliche Consense, Lehn- und Allodial-Briefe, die bey eines Herrn Regierung gesuchet, aber bey des nachfolgenden Herrn Regierung erst expediret worden, sollen nicht doppelte, sondern nur einfache Gebühren gefordert, und erleget werden.

§. 441.

Die Besitzer verschiedener Haupt-Lehne, sollen zwar nicht zu verschiedenen Zeiten, jedoch über alle Güter den schuldigen Lehn-Eyd ablegen, und haben dahero das Verzeichniß von allen ihren Haupt-Gütern zu rechter Zeit, und in gehöriger

Vom Lehn-Wesen.

gehöriger Ordnung, über ein jedes Haupt-Gut mit seinen Pertinenzien, besonders einzubringen.

§. 442.

Die Lehn-Eyde sollen bey persöhnlicher Eydes-Leistung über alle Lehn-Güter eines Lehn-Mannes, zugleich, und mit einem mahl in einem Eyde, abgeschworen werden. Jedoch sind so viele endliche Reverse besonders zu unterschreiben, als Haupt-Güter ein jeder zu Lehn empfähngt, oder durch Muthung zu Lehn erneuret.

§. 443.

Die Wieder-Conferirung der eröfneten Lehne betreffend, welche sonst, nach bekanntem Lehn-Rechten Uns, als Domino Feudi, wieder anheim fallen; Da zweifeln Wir nicht, daß Unsere hochlöbliche Vorfahren, und Wir selbst, Uns also bezeiget, daß die von Unser getreuen Ritterschaft sich dessen werden dancknehmig zu erinnern haben. Wollen auch hinfüro Uns also gegen dieselbe bezeigen, daß die Meriten getreuer Landes-Patrioten unvergessen bleiben sollen. Jedoch können Wir Uns hierinn nichts vorschreiben lassen.

§. 444.

Anlangend die Uns und Unseren Nachkommen, nach, wie vor, unbenommen bleibende Erkaufung der adelichen Güter; So lassen Wir es bey dem Landes-Schluß vom 18ten October 1651. nochmahls bewenden, und versichern, vermöge dessen, in Gnaden, daß, wann Wir die erkauften und andere erledigte Lehn-Güter Unseren Fürstlichen Aemtern und Patrimonial-Gütern, etwa über kurz oder lang, zulegen wollten, solches doch nicht anders als cum sua causa & onere,

& onere, ohne Nachtheil der Ritterschaft, der Gestalt geschehen solle/ daß sie nicht Ursach habe/ sich dieserwegen zu beschweren.

§. 445.

Dahingegen wollen Wir auch zum Aufnehmen und zu Erhaltung Unser Ritterschaft, nicht entgegen seyn/ daß sie Fideicommissa und Majorate in Unseren Landen, wegen der neu-acquirirten Lehn-Güter errichten. Jedoch wollen Wir, bey der verheißenen Verfassung des Lehn-Rechts, über eine allgemeine Landes-Ordnung, nach welcher dieselbige einzuführen, Uns zuvor mit einander vereinbahren.

§. 446.

Wir wiederholen demnach Unsere bereits oben ertheilte Versicherung, daß Wir von den, seit Unser Regierung an Uns gekommenen, oder in Zukunft an Uns und Unsere Nachkommen, durch Tausch, Kauf, oder Anfall, gelangenden Gütern, allemahl dasjenige erlegen und abstatten wollen/ was der Landes-Verfassung nach, davon an Ritter-und Landschaft erleget und abgestattet werden muß.

§. 447.

Wann die Lehns-Muthung, aus einem Versehen, nicht zu rechter Zeit gesuchet, oder versäumet, oder sonst ein Lehns-Fehler ohne Vorsatz begangen ist; So sollen die Lehne nicht nach der Strenge der Lehn-Rechte deswegen für Caduc, und Unserer Lehn-Cammer heimgefallen geachtet, sondern es soll das befundene Versehen mit einer mäßigen Geld-

Vom Lehn-Weſen.

Geld-Strafe von Fünf, Zehen, bis Zwanzig Reichsthalern, gebüſſet werden.

§. 448.

Wann ein Lehn zu Erbe oder Allodial zu machen geſuchet wird, ſollen die Lehn-Folger darüber vernommen werden, und daferne dieſes unterlaſſen worden, oder die Lehn-Folger in die Verwandelung des Lehns in Erbe nicht williget, ſoll ſolche null und nichtig ſeyn.

§. 449.

Wegen der bey letzt voriger Regierung aber ertheilten, und von Uns noch nicht erkannten und beſtätigten Allodial-Briefe, deren, ſo viel Wir jetzo wiſſen, nur noch einer in lite befangen iſt, bleibet Uns Unſere Landes- und Lehnherrliche Befugniß, in Anſehung deren Nichtigkeit, unverkürtzt alle Wege vorbehalten.

§. 450.

Wegen der bey Unſrer Regierung beſtätigten, oder verliehenen, und noch weiter zu beſtätigenden oder zu verleibenden Allodial-Briefe, verſprechen Wir für Uns und Unſere Fürſtliche Nachkommen, daß gegen ſothane Allodial-Briefe niemand beſchweret, und ein mehreres, als darinn Gedings- und Packt-Weiſe von den Allodial-Beſitzern angenommen worden, niemahls begehret, weniger die Allodialität ſelbſt von Uns und Unſern Nachkommen aufgeruffen werden ſoll.

§. 451.

Es ſoll auch einem jeden unbenommen ſeyn, ſein Lehn-Gut
auf

auf so viele Jahre, als er es seinen Umständen nach conve‐
nable achtet, jedoch höchstens nur auf Zwanzig Jahr, zu
verpfänden, welche Zahl der Jahre, von Uns und Unsrer
Lehn-Cammer, nicht eingeschräncket oder vermindert wer‐
den soll.

§. 452.

Bey Veräußerung der Lehn-Güter an einen, in der ersten
Investitur mitbegriffenen Agnaten, soll der neue Vasall
zwar den Lehnherrlichen Consens zu suchen allerdings schul‐
dig, jedoch nur die Hälfte der sonst gewöhnlichen Consens-
Gelder zu erlegen, gehalten seyn.

§. 453.

Wann aber leibliche Brüder einander Lehn-Güter ver‐
kaufen oder überlassen, soll nichts als die bloße Anzeige
und Ableistung des Lehn-Eydes, dabey aber kein Consens-
Geld gefordert werden.

§. 454.

Des Juris protimiseos in Lehn- und Allodial-Gütern, wol‐
len Wir Uns nicht weiter als bey denen Gütern, wo
es in den Lehn- oder Allodial-Briefen ausdrücklich vorbe‐
halten und stipuliret ist, gebrauchen. Gestalt Wir Uns
dessen hiemit, in Absicht auf die übrigen Lehn- und Allodial-
Güter, für Uns und Unsere Nachkommen feyerlichst begeben.

§. 455.

Der von neuen Vasallen an den Lehn-Herrn zu erlegenden
Laudemial-Gelder halber, bleibt es bey der hergebrachten
Observanz

Observanz und Possession von Zwey Pro Cent in Curanter gäng- und gebiger Müntze, das Kauf-Pretium möge gesetzet seyn, in welcher Müntz-Sorte es wolle, ohne Verhöhung, nach wie vor, ungeändert.

§. 456.

Alle diejenige, welche in Lehn-Sachen bey Unsrer Lehn-Cammer zu suchen haben, sollen einen Procurator oder in Actis nahmhaft zu machenden Bevollmächtigten zu bestellen schuldig seyn. Und da auch der Unterscheid von Judicial- und Extrajudicial-Sachen bey Unsrer Lehn-Cammer Stat hat; So soll in jenen die Unterschrift des Procuratoris und Advocaten schlechterdings erforderlich, in diesen aber die eigenhändige Unterschrift des Principalen zulänglich seyn.

§. 457.

Da auch nach Unsrer Lande notorischem Herkommen und üblichem Gebrauch, die Lehne durch entstehende Concurse, aus der Familie fallen; So sind die Gläubiger und Besitzer solcher Lehn-Güter, entweder das Lehn darüber zu suchen, und durch einen zu benennenden Lehn-Träger zu nehmen schuldig, oder auch gehalten, Uns selbige, gegen Empfang ihrer rechtmäßigen erweißlichen Forderungen an Capital, Zinsen, Meliorations-Kosten, so wohl impensarum necessariarum, als utilium, nebst Kriegs- und andern Schäden, zur Lehn-Herrlichen Disposition über das Lehn, abzutreten.

§. 458.

Jedoch versichern Wir hiermit ausdrücklich, daß Wir über die, zum Concurs gekommene Güter, wegen des Lehns nicht

Zwey und Zwanzigster Articul.

nicht eher disponiren wollen, bevor der Concurs geendiget, oder die Güter durch geschehenen öffentlichen Verkauf verä́ussert worden.

§. 459.

Wir versprechen bliebenebst gnädigst, es genug seyn zu lassen, daß wegen der Güter, so per Distributionem verschiedenen Creditoribus zugeschlagen, nur in genere über die geschehene Distribution, nicht aber von einem jedweden Creditore ein particular-Consens, seiner Ratz halber, nachgesuchet werde.

§. 460.

Wie dann auch Wir, bey particular-Adjudicationen, die Verordnung in Unsrer Lehn-Cammer stellen wollen, daß deswegen das sonst gewöhnliche Consens-Geld, es mögte dann seyn, daß derjenige, welcher das Adjudicatum erhalten, solches an andere wiederum veräussern wollte, nicht, sondern nur das Schreib-Geld dafür genommen werden solle.

§. 461.

So oft ein Verkauf oder Tausch eines oder andern Lehn-Pertinenz-Stücks an einen fremden nicht mitbelehnten Agnaten vorgehet, muß darüber, nach dem gewöhnlichen Consens, ein neuer Lehn-Brief genommen werden.

§. 462.

Wann aber ein Verkauf oder Tausch eines oder des andern Lehn-Pertinenz-Stücks an einen, in der ersten Investitur

Vom Lehn-Wesen.

Investitur mitbegriffenen Agnaten vorgehet/ soll derselbe zwar nicht schuldig seyn, darüber einen Lehn-Brief zu nehmen/ gleichwohl einen Consens zur Acquisition und Incorporation des Pertinenz-Stückes zu dem Haupt-Lehn-Gute zu lösen/ gehalten seyn.

§. 463.

In Lehn-Sachen bleibt Unsre Lehn-Cammer allein Forum competens. Es soll aber zu dem Begrif von Lehn-Sachen nichts gerechnet werden, als

1) Die Causæ Investituræ, und was dahin einschläget.
2) Causæ Gratiæ.
3) Wenn wegen der Lehn-Dienste die Frage ist.
4) In Lehn-Fehlern, Felonie- und Caducitäts-Fällen.
5) In Causis Revocationis Feudi.
6) In Causis Reluitionis, wann die Frage vom Jure reluendi.
7) In Causis Successionum in Feuda.
8) In Causis proximitatis Agnatorum.

Alle übrigen sollen als Causæ contentiosæ jurisdictionis, welche lediglich das Interesse Privatorum betreffen, ungeachtet/ mithin von Unsrer Lehn-Cammer an die Landes-Gerichte verwiesen werden.

§. 464.

In allen Fällen aber behalten von der Lehn-Cammer die Appellationes ad Cæsarem, und von den Canzleyen an das Hof- und Land-Gericht/ Innhalts des vorigen Articuls vom Justiz-Wesen, ihren freyen Lauf.

§. 465.

Zwey und Zwanzigster Articul.

§. 465.

Wir wollen übrigens bey Unsrer Lehn-Cammer, die gehörig gesuchte und erkannte Consens-Briefe, auch die Muht-Zettel und andere Ausfertigungen, nicht aufhalten, sondern schleunig, gegen Erlegung der gewöhnlichen Gebühren, ausfolgen lassen.

§. 466.

Bey den Lehn-Briefen sollen die gewöhnlichen Formalien und Clausuln alle Wege beobachtet, und wieder Wissen und Willen der Vasallen keine neue und ungewöhnliche dem Lehn-Brief einverleibet werden.

§. 467.

Wann Wir oder Unsere Nachkommen von Unseren Domanial-Gütern, eins oder das andere gegen Adeliche Güter umsetzen und vertauschen, soll das veräusserte Domanial-Gut die Eigenschaft und Rechte eines Adelichen Guts, zu allen Zeiten und in allen Stücken, haben und behalten.

§. 468.

Verlieret ein Vasall durch Brand oder andere Unglücks-Fälle seine Lehn-Briefe und Muht-Scheine; So soll er mit rechtlicher Bescheinigung des Unglücks-Falls, sich in Zeiten bey Unsrer Lehn-Cammer melden, und neue Urkunden ausbitten, welche ihm in Gnaden, gegen billige Schreib-Gebühr, doch ohne sonstigen Entgeld, gefolget werden sollen.

§. 169.

Vom Lehn-Wesen.

§. 469.

Wegen der Lehn- oder Ritter-Pferde und Landes-Folge, wollen Wir auf dem, nach vollendeten Hufen-Messungs-Werck, nächst bevorstehenden Land-Tag, wegen ordentlicher Reguilrung und Richtigstellung der Lehn-Pferde, auch deren Gebrauchs und Aufgebots, den Antrag thun, und Uns darüber eines beständigen Regulativs mit Unsrer Ritterschaft vergleichen.

§. 470.

Jedoch geben Wir derselben hiemit, für Uns und Unsre Nachkommen, die gnädigste Versicherung, daß keinem Unsrer Vasallen, für die Ritter-Pferde, jemahls einige Geld-Schatzung auferleget werden, mithin niemahls einige Erlegnisse unter dem Nahmen von Roß-Dienst-Geldern, oder unter andern Prätexten gefordert, weniger beygetrieben werden sollen.

§. 471.

Das Veräußerungs-Recht der Allodial-Güter, bleibt alle Wege uneingeschränckt und ungeschmälert. Nur daß Niemand eine Veräußerung seines Allodial-Guts an einen auswärtigen Potentiorem, oder an Stifter und Communen, unternehme. Gestalt diese hiemit ein-für allemahl verbothen, mithin sothane Handlungen, an und für sich null und nichtig seyn, auch dem Unternehmenden zur besonderen willkührlichen Strafe gereichen sollen.

§. 472.

Bey Veräußerung der Lehne, soll dieses ebenfalls Rechtens seyn, mit dem Anhang: daß so fort nach geschlossenem

Z 3   Contract

Contract und obnfehlbar binnen Jahr und Tag, vom Dato des Vollzugs desselben, allemahl aber vor Besitznehmung und Uebergabe des Guts, mittelst Einreichung des Contracts, der Lehnherrliche Consens gesuchet werden soll.

§. 473.

Im übrigen wird Unser Lehn-Edict vom 16ten September 1749, nachdem demselben in den mehresten Puncten bereits seithero Genüge und sonst abhelfliche Maaße geschehen ist, hiemit aufgehoben.

Drey und Zwanzigster Articul.
Von Kirchen- und Pfarr-Sachen.

§. 474.

Nach Maaßgebung des XIIten Articuls der Reversalen vom Jahr 1611. wollen Wir Unserer Ritter- und Landschaft das Patronat- und das damit verknüpfte Recht, die Kirchen-Diener zu berufen, wo solches ein jeder rechtmäßig erworben und hergebracht, hiemit bestätiget und versichert, folglich den jetzt angezogenen Reversal-Articul, seinem gantzen Innhalt nach, anhero wiederholet haben.

§. 475.

In Ansehung der Prediger-Wahlen bey den Ritter- und Landschaftlichen Patronat-Pfarren, soll es hinführo der Gestalt gehalten werden, daß der Patron, der Gemeine, bey welcher ein neuer Prediger zu bestellen, drey Candidaten zur freyen Wahl vorstelle, die gantze Wahl-Haltung allein dirigire,

dirigire, und unter seinem Vorsitz das Wahl-Protocoll, mit anständlicher Besetzung des Wahl-Tisches und durch einen geschickten, im Lande angesessenen Notarium halten lasse, das Protocoll aber selbst mit seinen Beysitzern unterschreibe, solches Uns mit seinem Bericht einsende, und um Unsere Landes-Fürstliche Verordnung zur Ordination und Introduction des Gewählten, unterthänigst ansuche.

§. 476.

Damit nun dem Zufall vorgebeuget werde, daß nicht solche Personen, welche nicht Präsentations- und Amts-fähig sind, zur Präsentation und zum Predigt-Amt gelangen: So sollen die Kirchen-Patronen die aufzustellende Personen, aus der Zahl der ein- oder ausländischen, bereits von einem Unserer Superintendenten examiniren, und mit dem Zeugniß der Präsentations- und Amts-Fähigkeit versehenen Candidaten, zu nehmen schuldig seyn: Welche Zeugnisse jederzeit dem, vom Patron einzusendenden Wahl-Protocollo, in ihren Originalien beyzulegen, und mit an Uns einzusenden sind.

§. 477.

Fände sich aber eine zu präsentirende Person, welche noch nicht examiniret, und mit dem Zeugniß der Präsentations- und Amts-Fähigkeit versehen worden; So sollen Unsere Ehrn Superintendentes schuldig, und hiemit ein- für allemahl angewiesen seyn, diejenige zu präsentirende Candidaten, welche noch nicht examiniret sind, folglich keine Zeugnisse ihrer Fähigkeit zur Präsentation und Wahl von einem Unserer Superintendenten vorweisen können, auf schriftliches Ansuchen eines Kirchen-Patroni, mit Fleiß zu examiniren,

examiniren/ und ihnen ein gewissenhaftes Zeugniß über ihre Tüchtig-oder Untüchtigkeit zu ertheilen.

§. 478.

Wann nun das von dem Kirchen-Patron solcher Gestalt eingerichtete Wahl-Protocoll, mit seinem Bericht an Uns einkömmt; So wollen Wir dem Ehrn Superintendenten, in dessen Superintendentur die Pfarre belegen, Unsern Befehl ertheilen, den Erwählten nach der alten, von Ritter- und Landschaft angenommenen Kirchen-Ordnung, und Observanz-mäßig zu ordiniren, und an sein Amt zu weisen.

§. 479.

Uebrigens wird es dem Herkommen gemäß, bey der Präsentation dreyer Candidaten zur Wahl gelassen. Es wäre dann, daß bey einer Pfarre mehr als ein Patronus das Patronat hätten, da dann ein jeder Patronus einen Candidaten zu präsentiren berechtiget ist.

§. 480.

Wann jedoch aus erheblichen Ursachen, von Uns, bey Pfarren, wo jemand von der Ritterschaft und Land-Begüterten eingepfarret ist, oder auch von Ritter- und Landschaftlichen Patronis, ein Candidatus allein präsentiret werden soll: So soll dazu vorher die Genehmigung der gesammten Eingepfarreten und der Gemeinde eingezogen, und beweißlich beygebracht werden.

§. 481.

Von Kirchen- und Pfarr-Sachen.

§. 481.

Die Kirchen-Patroni sollen bey ihren Juribus Patronatus, und ihrem Recht der Dispofition in Ansehung der Kirchen-Stühle, auch bey allem was der hiesigen Landes-Observantz nach, von dem Jure Patronatus sonst dependiret, in alle Wege geschützet, und ihnen, weder von Unserer Regierung, noch von dem Consistorio, Superintendenten oder Pastore, darinn einiger Eintrag weiter geschehen.

§. 482.

In Fällen von Reichs- und Landes-Trauer, dabey das Glocken-Läuten und Einstellen des Orgel-Schlagens und der Music von Uns und Unseren Nachkommen Landesfürstlich zu verfügen, und zu gebieten seyn wird, wollen Wir durch eine allgemeine Verfügung an Ritter- und Landschaft, so wohl den Patronen, als den Guts-Herren, zu gehöriger Nachachtung und Veranstaltung, das nöthige bekannt machen lassen.

§. 483.

Bey der alten und revidirten Kirchen-Ordnung, respective d. a. 1552. und 1602. hat es so lange sein Bewenden, bis selbige nebst der Consistorial- und Superintendenten-Ordnung, nach Vorschrift des mehr angezogenen achten Articuls von der Landes-Fürstlichen Geists-Gebungs-Macht, mit Zuziehung der Ritter- und Landschaft, von neuem nachgesehen, und verbessert seyn wird.

§. 484.

Wir wollen aber diese Nachsicht und Fertigung einer neuen allgemeinen Ordnung, in Kirchen-Pfarr- und
geistlichen

Drey und Zwanzigster Articul.

geistlichen Sachen, sogleich nach Schliessung dieses Vergleichs, der Gestalt befördern, daß Wir Unsern dazu verordneten Räthen, dann auch der Theologischen Facultät in Rostock und gesammten Unseren Ehrn Superintendenten den Entwurf einer allgemeinen und jetzigen Zeiten, doch sonst der Landes-Verfassung gemäßen Consistorial- auch Kirchen- und Superintendenten-Ordnung aufgeben, solchen nachhin der Ritter- und Landschaft communiciren, und nach gehörten deren Erinnerungen, nach Maaßgebung des achten Articuls dieses Vergleichs §. Im letztern Fall ꝛc. höchstens binnen zweyen Jahren publiciren lassen wollen.

§. 485.

Beicht-Scheine sollen überall nicht gefordert, noch erbettelt werden, sondern es bey der von dem Guts- oder Lohn- und Brodt-Herrn den Unterthanen und Bedienten ertheilten Bescheinigung, nach Disposition der Policey- Gesinde- und Tagelöhner-Ordnung, sein unwandelbares Bewenden haben.

§. 486.

In Ansehung der Veränderung des Beicht-Vaters, soll zwar ein jeder insgemein sich des Amts seines einmahl erwählten Beicht-Vaters, unter dessen Kirchspiel er eingepfarret, gebrauchen, gleichwohl aber soll auch einem jeden, wenn er mit demselben in Wiederwillen ja gar Processen verwickelt, frey stehen, auf Dispensation, ohne jährliche Erlegung der neuerlich eingeführten Sechs Reichsthaler, einen andern Beicht-Vater zu nehmen.

§. 487.

Von Kirchen- und Pfarr-Sachen.

§. 487.

Es bleibt auch hiemit die baldmöglichste Landes-Fürstliche Veranstaltung einer General-Kirchen-Visitation in Gleichförmigkeit der Landes-Gesetze, vorbehalten, und versichert.

§. 488.

Würde aber sammtlich eine Special-Kirchen-Visitation die oder da durch den Superintendenten in seinem Crayse anzustellen seyn; So sollen ihm allezeit tüchtige Personen von der Ritter- und Landschaft adjungiret, und ohne solche Adjunction keine ordentliche Visitation vorgenommen werden, jedoch dem Superintendenten die unversehene Besuchung der Prediger und Correction ihrer Negligenz in ihrem Amte, auch auser der Visitation, jedoch ohne Unkosten der Kirchen, des Patroni und der Eingepfarreten, freygelassen seyn.

§. 489.

Die Relationes Visitationum sollen nicht allein ins Consistorium eingeschickt, sondern auch demjenigen von Ritter- und Landschaft, darunter der visitirte Ort belegen, so viel der Prediger und Zuhörer Lehr und Leben, auch jener Einkünfte betrift, zugefertiget, und darüber der Extractus des Visitations-Protocolli, dem, so dabey einig Interesse hat, und darum ansuchet, gegen Erlegung der Schreib-Gebühren, unwiegerlich communiciret werden.

§. 490.

§. 490.

Die Kirchen-Patronen sollen sammt dem Prediger von den Kirchen-Vorstehern jährlich Rechnung fordern und aufnehmen: Jedoch ohne Abbruch weiterer Untersuchung und gehöriger Revision bey der vorbehaltenen General- und Special-Visitation.

§. 491.

Wir verordnen auch hiemit, daß die Pfarrer und Kirchen-Vorsteher schuldig seyn sollen, die Kirchen-Rechnungen in des Patroni Hause abzulegen, wenigstens vier Wochen vor der Aufnahme selbige ad monendum dem Patrono einzureichen, und sich nicht zu weigern, wenn Patronus nöthig findet, auch außer der Zeit die Rechnungen einzusehen, solche ihme einzusenden.

§. 492.

Wann auch neuerliche und unnöthige, dem Recht und Herkommen entgegen laufende Anlagen auf die Kirchen-Gelder, als wegen der Introduction der Superintendenten, dabey anzustellenden Gastmahle, der Superintendenten Gutsche und des Brief-Porto und dergleichen gemacht worden; So sind solche sofort abzustellen. Die Ausleihe der Kirchen-Gelder soll von den Pastoren und den Vorstehern, mit Vorwissen und Einwilligung der Patronen geschehen.

§. 493.

Diesen aber stehet nicht frey, Kirchen-Gelder, ohne Meldung beym Superintendenten, und ohne dessen Bewilligung, auf Zinsen zu nehmen.

§. 494

Von Kirchen- und Pfarr-Sachen.

§. 494.

Die Inspection über die Schulen in den Städten, soll den Magistraten jeden Orts, daferne von der Stadt zum Unterhalt der Schulen ein Beytrag geschicht, oder sie solches wohl hergebracht, oder auch das Patronat-Recht über die Schulen ex Concessione haben, ungekränckt gelassen werden. Jedoch Uns an Unsrer Ober-Inspection, und jedem an seinem erweißlichem Recht unschädlich.

§. 495.

Die Prediger sollen auch schuldig seyn, die Schulen in ihrer Gemeinde, so wohl in den Städten als auf dem Lande, fleißig zu besuchen, und den Schulmeistern Anleitung zu geben, wie sie die Kinder unterrichten sollen, auch zugleich durch Examinirung der Kinder untersuchen, wie weit sie von der Anweisung ihrer Schulmeister profitiret haben. Die Prediger aber, so solches unterlassen, sollen entweder an Gelde, oder mit Einziehung des Mißkorns bestrafet werden.

§. 496.

Die Dorf-Schulmeister, die keine Küster seyn, sollen mit Beybringung guter Zeugnisse und mit Zuziehung des Predigers an dem Ort, von der Guts-Obrigkeit, unter beliebigen Bedingungen, angenommen und nach Willkühr beurlaubet werden, auch der Jurisdiction der Letzteren in allen Fällen, außer im Lehr-Punct, unterworfen seyn.

§. 497.

Drey und Zwanzigster Artikul.

§. 497.

Die Küster sollen auch an den Orten, waselbst es hergebracht, von den Patronis vorgeschlagen werden.

§. 498.

Die Oeconomeyen und andere geistliche Stiftungen sollen, wegen an sich gebrachter Stadt-Aecker und Häuser, den Schoß und andere Haus-Lasten und Pflichten abzuführen gehalten seyn.

§. 499.

Bey Unsern Patronat-Pfarren sollen Unsere Beamte, bey adelichen und Städtischen Patronat-Pfarren aber die Patronen jeden Orts, Macht haben, mit Zuziehung der Prediger, Kirchen-Vorsteher, auch beeidigter Zimmer- und Maurerleute, die baufällige Kirchen und geistliche Gebäude besichtigen, und so weit es nöthig befunden wird, von den Kirchen-Geldern bessern zu lassen. Jedoch wenn der Eingepfarrten Assistenz darzu erfordert wird, so sollen selbige mit zugezogen, und, nach vorgängiger Vereinbahrung, die zu leistende Fuhr-und Hand-Dienste regulirt werden.

§. 500.

Wenn Pfarr-und Küster-Häuser neu erbauet werden sollen, so sollen die Eingepfarrte nur allein an den Orten, wo es hergebracht, sonst aber nicht, Hand-und Spann-Dienste, keinesweges aber einige Geld-Præstanda zu leisten, oder Bau-Materialien in Natura zu liefern, schuldig

Von Kirchen- und Pfarr-Sachen.

dig seyn. Jedoch bleibt der Fall eines besondern Pacti oder erweißlichen Herkommens ausbeschloßen.

§. 501.

Wenn aber alte Kirchen gantz abzubrechen, und neue wieder aufzubauen sind, soll solches Uns, wie Rechtens, vorher gemeldet werden.

§. 502.

Da auch nach jetziger Verfaßung und Einrichtung der Land-Güter, der, in vorigen dreyßigjährigen und andern Kriegs-Zeiten entstandene Begrif von wüsten und verwüsteten Hufen, gäntzlich aufgehöret, hingegen nunmehro ein jeder Guts-Besitzer alle, vor hundert Jahren etwa wüst geheißene Hufen, entweder selbst im Gebrauch und Genuß, oder um Pacht und sonst ausgethan hat; So sollen hinführo, zu Abschneidung unendlicher Proceßen, von allen Hufen, die vorhin und bis jetzt wüste gewesen und geheißen, oder niedergeleget worden, den Predigern und Kirchen-Bedienten, nebst dem Miß-Korn, auch Eyer und Würste, jedoch beyde letztere Erlegnisse nur an den Orten, wo sie erweißlich seit dem Jahr 1701 hergebracht sind, gegeben werden. Das Opfer-Geld haben die Prediger von den Leuten, die würcklich in den Gütern wohnhaft sind, hergebrachtermaßen zu genießen.

§. 503.

Wie sich aber dieses nur für die Zukunft, und nach Ablauf des ersten Jahrs nach dem Schluß gegenwärtigen Vergleichs, verstehet; Also haben die Prediger und Kirchen-Bediente hieraus aufs vergangene, außer dem genoßenen, nichts zu fordern.

§. 504.

§. 504.

Nicht weniger sollen, dem Herkommen jedes Orts gemäß, so wohl bey Fürstlichen als Adelichen Patronat-Pfarren, von den so genannten wüsten und gelegten, zum Fürstlichem Amte oder zum Adelichen Hof gezogenen Hufen, als welche drey Gattungen, in Ansehung der Kirchen-und Prediger-Gebühren, von nun an und künftig einerley Begriff und Rechts seyn sollen, die Fuhren zur Reparatur der Kirchen, Wedmen, Küstereyen, und übrigen Kirchen-Gebäuden, dann auch zum Holen der Prediger zu Vacanz-Zeiten, nicht weniger zum Dienst des Geläuts bey Reichs- und Landes-Trauer-Fällen, geleistet und beyträgig mit abgehalten werden.

§. 505.

Wie denn auch der, von wüsten oder gelegten Hufen, der Pfarre und deren Dienern erweißlich zuständige Zehende, nebst allen darauf hastenden Renten und Pächten, jedesmahl gebührend entrichtet und abgestattet werden soll.

§. 506.

Wenn ein oder anderer Patronus den Kirchen- und Pfarr-Aecker, oder sonst ein Land-Begüterter, zu Hebung der Communion, gegen andern Acker, jedoch ohne allen Schaden der Kirche und der Pfarre, vertauschen wollte; So soll nach vorgängiger, von beyden Partheyen auszubittender Commissarischer Untersuchung, und erstattetem Bericht, mithin nach Befinden der Umstände, Unser Landes-Fürstlicher Consens darüber nicht versaget werden.

§. 507.

Von Kirchen- und Pfarr-Sachen.

§. 507.

Außer diesem, was vorhin gnädigst bewilliget, und Fürstlich versprochen ist, bleibt überhaupt die Disposition der revidirten Kirchen-Ordnung Tit. von Unterhaltung und Schutz der Pastorn §. Wann auch der Herrschaft ꝛc. fol. 176.ᵇ, ein-für allemahl zum Grunde geleget.

§. 508.

Wir lassen auch hiemit aus Landes-Fürstlicher Macht und Gnade, sowohl denen von der Ritterschaft, als allen und jeden vom Stande, auf dem Lande und in den Städten, frey, sich der Privat-Communion an Sonntagen, vor oder nach der Predigt, auch in der Wochen an Werck-Tägen, in der Kirchen zu gebrauchen, auch die Copulationes und Kind-Taufen in den Häusern anzustellen, nicht minder ihre Leichen des Abends in der Stille, nach Maaßgebung Unsrer publicirten Trauer-Ordnung vom 11ᵗᵉⁿ September 1749. und gegen Erlegung der hergebrachten Kirchen-Prediger- und Schul-Gebühren, beysetzen zu lassen, ohne darüber irgendwo Special-Dispensation suchen zu dürfen.

§. 509.

Wegen der Proclamationen derer, die sich verehelichen wollen, bleibt es, der Regul nach, bey der revidirten Kirchen-Ordnung. Jedoch sollen die Dispensationes, nach Befinden der Umstände, weder erschweret, noch versaget, und höchstens mit Sechs Rthlr. ausgelöset werden.

Bb §. 510.

§. 510.

Was sonst noch in Kirchen- und Pfarr-Sachen zu ändern, zu verbessern, oder zu erläutern, das bleibt den künftigen Land-Tägen, und der, zur Hinkunft oberglichenermaßen ausgesetzten Nachsicht und Verbesserung der Kirchen-Consistorial- und Superintendenten-Ordnung, hiemit vorbehalten.

Vier und Zwanzigster Articul.
Von den bisherigen Forderungen und Gegen-Forderungen.

§. 511.

Dem, von Uns so wohl, als von Unserer Ritter- und Landschaft abgezielten Zweck der bald möglichsten Beforderung und Herstellung einer vollkommenen Ruhe und Befriedigung des Vaterlandes, haben Wir nichts gemäßer und verträglicher gehalten, als daß alle, Uns und Unserm Hause an die Ritter- und Landschaft, oder an die Ritterschaft alleine, oder an den Land-Kasten zustehende Forderungen, aus vorigem oder diesem Seculo, oder auch von voriger Regierung insbesondere, so wohl in Ansehung der freywilligen Steuren, als der Reversal-Schulden, der jährlichen Landes-Contributionen, Reichs-Trayß-und Prinzeßinn-Steuren, oder woher dieselben irgend rühren, an einem, und denn alle von Ritter- und Landschaft zusammen, oder von der Ritterschaft alleine, von vorigen Regierungen der gemachte Schadens- und andere Geld-Forderungen an Unser Haus, am andern Theil, gegen einander aufgehoben,

gehoben, abgethan, und vernichtiget werden. Wie Wir denn solche Forderungen und Gegen-Forderungen hiemit gäntzlich gegen einander aufheben, abthun, und zernichten.

§. 512.

Jedoch bleiben Unsrer Ritter-und Landschaft wegen der Schäden, so sie durch die Rußische Exactionen, ungleichen durch die Durch-Märsche, und den Aufenthalt der Schwedischen und Dänischen Truppen erlitten, und an Unsers in GOtt ruhenden Herrn Bruders, wayland Hertzogen Carl Leopolds zu Mecklenburg Liebden Descendenten, wie auch an die auswärtige Mächte, Rußland, Schweden, Dännemarck, und andere auswärtige Staaten zu fordern haben, und gegen dieselbe auszuführen und zu erhalten vermögten, alle Befugnisse vorbehalten.

§. 513.

Und gleichwie Wir auch ratione præteriti, wegen der, aus Unseren hypothecirten Aemtern, für Unsere Ritterschaft nach Hannover gegangenen Contribution im Haupt-und Neben-Modo, zu Verzinsung eines von derselben daselbst angeliehenen Capitals, nach Abtrag der 52000 Rthlr. wegen der Schwartzburgischen Truppen, nichts fordern wollen, sondern darüber Unsere Rechte an die Ritterschaft, an Stat des, aus Unsern Domainen und Städten geforderten Beytrags zu den Necessarien der Jahre Unserer Regierung, da keine Contribution verkündiget worden, völlig abgetreten, und übertragen haben; So verbindet sich hingegen ratione futuri Unsere Ritterschaft, durch baare Bezahlung des, von Chur-Hannöverscher Rent-Cammer angeliehenen Capitals, samt den Zinsen, den dafür verschriebenen Land-Kasten, mithin die Contribution in sothanen Unsern

B b 2   Aemtern,

Aemtern, so wohl nach dem Hufen-als nach dem Neben-Modo, längstens Trinitatis 1756, mithin ohne Abbruch der Uns für dieses 1755ste Jahr auf den Herbst zustehenden Contribution aus gedachten Hypothect-Aemtern, wieder frey zu machen.

§. 514.

Geschähe dieses aber, durch Versäumung oder Verschuldung der Ritter-und Landschaft, nicht; So ziehen Wir die gantze Contributions-Summe, welche Uns aus den hypothecirten Aemtern, im Haupt-und Neben-Modo zurück bleiben mögte, an dem, für Uns und die Städte bewilligten Quanto ad Necessaria, jährlich so lange ab, bis Unsre Ritterschaft ihr Versprechen erfüllet.

Fünf und Zwanzigster Articul.
Von der Eigenschaft und Kraft dieses Vergleichs.

§. 515.

In und mit diesem, aus Fünf und Zwanzig Articuln und deren Beylagen, vom Nummer I. bis IX. inclusive, nebst dem Signo ⊙ bestehenden Vergleich, gönnen und geben Wir allen und jeden Mißhelligkeiten, welche bey Gelegenheit der bisherigen Irrungen, Processen, Appellationen, und anderer Weiterungen sich erhoben und fortgesetzet haben, eine gäntzliche Amnestie und Vergessenheit.

§. 516.

Von der Eigenschaft und Kraft dieses Vergleichs.

§. 516.

Es werden demnach hiemit und Kraft dieses, alle bisherige, zwischen Uns und dem Corpo Unsrer Ritter- und Landschaft insgesamt, oder mit jedem Land-Stand besonders obgeschwebte Processe, Appellationes, Rechtshängigkeiten, und was mit solchem allem verknüpfet ist, hiermit getödtet, abgethan, und aufgehoben, der Gestalt, daß dergleichen von keiner Seite fürohin angezogen, eingewendet, oder vorgerücket werden sollen.

§. 517.

Diese Amnestie und Vergessenheit soll sich, wie über die Ritter- und Landschaft samt und sonders, so auch über die Landes-Bediente, Syndicos, und Consulenten, der Gestalt erstrecken, daß keinem, wer der auch sey, aus den bisherigen Mißhellig- und Streitigkeiten, einiges Mißvergnügen oder Nachtheil erwecket werden, hingegen durch diesen Vergleich, zwischen Uns und Unsrer getreuen Ritter- und Landschaft, ein gnädigstes und unterthänigstes Vertrauen, hiemit für ewig versichert und vestgestellet seyn soll.

§. 518.

Indem auch dieser Vergleich von dem Umfang ist, daß er die, nicht nur zur Zeit des, im Jahr 1701. errichteten Vergleichs, mit bestätigte und ertheilte Resolutiones der Gravaminum, sondern auch die, während der Mißhelligkeiten, ergangene Recht- und Landes-Verfassungsmäßige, Kraft dieses nicht anders verglichene, allerhöchste Kayserliche und Vicariats-Conclusa in sich begreifet; So ist, um allen Zweifeln, Irrsalen, Mißdeutungen, und Ausnahmen vorzubauen, die, aus so mancherley, der Zeit und andrer Umstände

Stände wegen, sehr verschiedentlich entstandenen Landes-Gesetzen, Erkänntnissen, Resolutionen, und wie das Nahmen haben mag, künfftighin von neuem erwachsen könnten, hiemit wohlbedächtlich verabredet und unumstößlich festgesetzet, daß mit Wiederholung und in Voraussetzung dessen, was Eingangs dieses Vergleichs §. 3 und 4 versichert worden, von nun an dieser Vergleich mit seinen Beylagen, als ein Landes-Grundgesetzlicher Erb-Vertrag, in und außer Gericht angesehen, und darnach lediglich gesprochen werden, der Vergleich vom 16 Julii 1701. aber hiemit zum Ueberfluß für ewige Zeiten, aufgehoben, und abgethan seyn soll.

§. 519.

Jedoch aber sollen insonderheit die, zwischen Unseren Vorfahren an der Regierung so wohl, als von Uns, während Unsrer Regierung, mit Unser erb-unterthänigen und Residenz-Stadt Rostock getroffene Erb-Verträge und Convention, respective vom 21 September 1573. vom letzten Februar 1584. und vom 26 April auch 16 August 1748. zur steten und unwiederrufflichen Gelebung und Besthaltung, hiemit abereinst bündigst bestätiget, und mit allen ihren besonderen Privilegiis und Rechten bekräftiget, und solchen Verträgen, Privilegien und Rechten, so weit in diesem Vergleich, zwischen Ritter-und Landschaft an einem, und der Stadt Rostock am andern Theil, sich nicht anders wohin ausdrücklich verglichen worden, wohin aber dasjenige, so oben in dem 2ten Articul von den Reichs-Crayß-und Prinzeßinn-Steuren vorkommt, nicht zu ziehen ist, als welche von Uns, nach der Convention de Anno 1748. übertragen werden, hiedurch überall nichts abgebrochen seyn.

§. 520.

Von der Eigenschaft und Kraft dieses Vergleichs.

§. 520.

Es soll demnach dieser Vergleich so fort nach der Vollziehung in Druck gehen, und Wir wollen selbigen Unseren gesamten Collegiis und Landes-Gerichten, zur unabweichlichen Beobachtung in allen Verfügungen, Befehlen, Urtheilen, und Bescheiden, für stets vorschreiben.

§. 521.

Ergeben sich aber, wieder Vermuthen, aus diesem Vergleich künftig Zweifel und Mißverstände; So wollen Wir solche, auf gebührende Vorstellung des Engern-Ausschusses, oder allen Falls auf Land-Tägen, nach Recht und Billigkeit, zur Zufriedenheit Unsrer getreuen Ritter- und Landschaft, abthun, und wie solches geschehen, so fort durch den Druck, zu jedermanns Wissenschaft und Nachachtung, bekannt machen.

§. 522.

Es wird auch hiemit Grundsätzlich verglichen und vestgestellet, daß hinfüro von Unsrer getreuen Ritter- und Landschaft, dasjenige, was in den Reversalen, und in diesem Vergleich, keinesweges eigentlich ausgedruckt, zugesaget, und verglichen, auch sonst in beschriebenen allgemeinen Rechten, nach Maaßgebung der, Eingangs dieses Vergleichs §. 3 und 4. vestgesetzten und anerkannten Landes-Grund-Gesetzen nicht mit klaren Worten enthalten ist, noch in einem gegründeten und erweißlichen Herkommen beruhet, für ein Gravamen nicht angegeben, noch von Uns und Unsern Nachkommen dafür erkannt werden soll.

§. 523.

Fünf und Zwanzigster Articul.

§. 523.

Fänden sich aber, über Vermuthen, einige Beschwerungen und Klagen, die ermeldetermaßen, ihre völlige Erledigung und Abhelfung nicht erreichen mögten: So bleiben der Ritter- und Landschaft, die Landes- und Reichs-Constitutions-mäßige Wege Rechtens, frey und offen.

§. 524.

Wir entsagen diesemnach für Uns, Unsere Fürstliche Erben und Nachkommen an der Regierung, hiermit kräftigst, allen und jeden, gegen diesen Vergleich nur erdenklichen oder erdachten Ausreden und Einwendungen, wie die Nahmen haben mögen: Insonderheit aber dem Einwand einer Beschädigung und Verletzung, der Ausflucht die Sache sey keines Vergleichs fähig, und hätten Wir darüber, als über Gerechtsame Unsers Fürstlichen Hauses nicht handeln können, oder es sey anders beschrieben als verglichen, nicht weniger der Schutz-Rede vom veränderten Stand der Sachen, von Uebereilung, von Ueberredung, der Wiederzurücksetzung in vorigen Stand, und zu Unserm Vortheil, hingegen zum Nachtheil der Ritter- und Landschaft errichteter, oder künftig zu errichtender Reichs-Constitutionen und Reichs-Schlüsse, insonderheit der gemeinen Rechts-Regul, welche eine allgemeine Verzicht für unkräftig erkläret, wenn keine besondere Rechts-Entsagung vorher gegangen, in der bündigsten und zuverläßigsten Form Rechtens, mit dem reifesten Vorbedacht und besten Willen, der Gestalt, daß alles was hierwieder geschicht, oder geschehen kann, jetzt als dann, und dann als jetzt, kraftlos, todt, ab, und nichtig seyn soll.

§. 525.

Von der Eigenschaft und Kraft dieses Vergleichs.

§. 525.

Gestalt Wir dieses alles hiemit nochmahls für Uns, und Unsere Fürstliche Erben und Nachkommende Regierende Herzogen zu Mecklenburg, bey Fürstlichen Ehren, Würden, wahren Worten und Glauben, stet, vest, und unverbrüchlich zusagen und versichern, mithin weder Selbst, noch durch die Unsrige darwider handeln, noch weniger, daß sonst jemand anders dagegen etwas unternehme, auf einige Weise verhängen, gestatten, oder geschehen lassen wollen.

§. 526.

Es verstehet sich hiebey von selbst, daß nicht nur auf allen Contraventions-Fall, so bald derselbe angezeiget und bescheiniget ist, Mandata Poenalia sine Clausula, durch die höchste Reichs-Gerichte erkannt werden und ergehen können und mögen, sondern auch Unsere Ritter- und Landschaft, im Fall solchen Mandatis die Folge nicht geleistet würde, ad Mandatum Cæsareum, vom Crayse, oder wer von den Reichs-Ständen hierzu allergnädigst mögte beliebet werden, die kräftigste Handhabung bey diesem Vergleich zu gewarten habe.

§. 527.

Dahingegen auch Uns billig unbenommen bleibt, gegen alle Contraventiones, Uns in Reichs- und Landes-Gesetzmäßiger Ordnung bey diesem Vergleich Selbst zu handhaben, und Uns zu dem, Uns daraus zustehenden klaren Recht, Selbst zu verhelfen.

§. 528.

Und wie Wir übrigens von diesem, mit Unserer Ritter- und Landschaft vollzogenem Vergleich, die Anzeige bey Kayserlicher Majestät fordersamst, mittelst desselben

C c   Beylegung

Beylegung, thun wollen; Also bleibet Uns so wohl als Ritter- und Landschaft unbenommen, die allerhöchste Kayserliche Confirmation über gegenwärtigen Vergleich zu suchen und auszubringen.

§. 129.

Alles getreulich und ohne Gefährde.

§. 130.

Urkundlich haben Wir, zu Versicherung und Vestbaltung dieses Vergleichs, ihn für Uns Selbst eigenhändig unterschrieben, auch daß er zu gleichem Ende für künftige Successions-Fälle, von Unsers vielgeliebten Sohns und Erb-Prinzens Friedrichs Liebden, dann auch von Unsers auch vielgeliebten Sohns Prinz Ludewigs Liebden eigenhändig unterschrieben, geschehen lassen, und mit Unsern Fürstlichen Insiegeln bestärcket. So geschehen und gegeben in Unser Erb-unterthänigen und Residentz-Stadt Rostock, den 18ten April, im Jahr Ein Tausend Sieben Hundert Fünf und Funfzig.

Christian Ludewig.
H. z. M.
(L. S.)

Friederich.
H. z. M.
(L. S.)

Ludewig.
H. z. M.
(L. S.)

Wir

Von der Eigenschaft und Kraft dieses Vergleichs. 205

Wir Land-Räthe, Land-Marschälle, und übrige von Ritter-und Landschaft der Herzogthümer Mecklenburg, gereden und geloben hiemit, für uns und unsere Erben und Nachfolger in unsern Aemtern: Als der Durchlauchtigste Fürst und Herr, Herr Christian Ludewig, Herzog zu Mecklenburg, Fürst zu Wenden, Schwerin und Ratzeburg, auch Graf zu Schwerin, der Lande Rostock und Stargard Herr ꝛc. unser gnädigster Landes-Fürst und Herr, auf dem bißherigen allgemeinen Convocations-Tage allhier zu Rostock, über den vorstehenden, in Fünf und Zwantzig Articuln, und Fünf Hundert und Dreyßig §§. befaßeten Vergleich mit Uns gehandelt, uns demselben vorbeschriebenermaßen zugestanden, und wir ihn darauf, in allen seinen Puncten und Clausuln, seiner gantzen vorstehenden Schrift und Faßung nach, abgehandelt, bewilliget, und angenommen haben, daß wir demnach sothanen Vergleich, als einen Landes-Grund-Gesetzlichen Erb-Vertrag für verbindlich und kräftig halten, demselben unsrer Seits aufs genaueste nachkommen und Genüge leisten, und mit denenjenigen, welche ihm entgegen zu leben, oder ihn als einen gemeinen und all-verbindlichen Landes-Vergleich nicht zu erkennen, sich beygeben laßen wollten, nie gemeine Sache machen, sondern mit Ihro Herzogl. Durchl. unserm gnädigsten Fürsten und Herrn, in-und außer Gericht, diesen allgemeinen Landes-Vergleich, als ein Pragmatisches Landes-Fundamental-Gesetz anerkennen, behaupten, befolgen, und erfüllen wollen. Gestalt wir solches alles hiemit wohlbedächtlich versprechen, und daher nicht nur allen bißherigen, wegen hiebevoriger Streitigkeiten und Jrrungen mit unsers gnädigsten Landes-Fürsten und Herrn, Herzogl. Durchl. obgewalteten Processen und Appellationen, bey den höchsten

C c 2 Reichs-

Reichs-Gerichten, bündigst entsagen, sondern auch aller und wieder diesen Vergleich zu Staten kommenden Einreden und Ausflüchte, wie die Nahmen haben mögen, insonderheit des Einwands der Uebereilung, nicht genommenen genugsamen Bedachts, der Furcht, der Ueberredung, des Irthums, nicht gehabter genugsamer Freyheit, einer nicht so, sondern anders getroffenen Abrede ꝛc. und besonders der Regul: daß eine allgemeine Verzicht, ohne Vorhergebung einer besondern, unverbindlich sey, uns hiemit feyerlichst und bündigst begeben und verzeihen. Zu dessen allen mehrerer Beglaubigung und Versicherung wir dieses Exemplar des Vergleichs vom heutigen Dato, sammt gegenwärtigen unserm Annehmungs- und Erfüllungs-Gelöbniß, eigenhändig unterschrieben, und so wohl mit dem allgemeinen Landes-Siegel, als mit Unsern angebohrnen und gewöhnlichen Pettschaften bestärcket haben. So geschehen zu Rostock den 18ten April. 1755.

(Landes-
Siegel.)

Ludewig Achatz Hahn, Land-Rath
des Herzogthums Mecklenburg-
Güstrow, auf Dieckhof.
(L. S.)

Vollrath Irvin Moltzahn, Land-
Rath des Herzogthums Meck-
lenburg-Güstrow und I. M.
Erblich auf Grubenhagen.
(L. S.)

Joachim Ludolph von Bassewitz,
Land-Rath des Herzogthums
Mecklenburg-Güstrow, auf Lüleburg.
(L. S.)

Cord von Hobe, Land-Rath des
Herzogthums Schwerin, auf
Berenshagen.
(L. S.)

Hans

Hans Hinrich von Blücher, Land-Rath des Herzogthums Mecklenburg-Schwerin, auf Schim.
(L. S.)

Carl Leopold von Halberstadt, Land-Rath des Herzogthums Schwerin, auf Gottesgabe.
(L. S.)

Magnus Fridrich Barner, Land-Rath des Herzogthums Mecklenburg-Schwerin, auf Bülow und kleinen Gornau.
(L. S.)

August Bartold de Lützow, Erb-Land-Marschall Mecklenb. Crayses, auf Eichhof.
(L. S.)

Ernst Ludwig von Gentzkow, als Vice-Land-Marschall des Stargardschen Crayses, auf Devitz.
(L. S.)

Helmuth Graf von Pleßen, auf Ivenack und Cambs. (L. S.)

Andreas Gottlieb Freyherr von Bernstorf, auf Drey Lützow. (L. S.)

Bernhard Mattias Graf von Bassewitz, auf Dalwitz ic. Erbherr.
(L. S.)

Burchard Hartwig von Pleßen, auf Müßelmow. (L. S.)

Jasper Friederich Baron von Meerheim, Erbherr auf Gnemer und Wocrent.
(L. S.)

Johann Wilhelm von Pressentin, zu Prestin. (L. S.)

Detlef Hans von Bassewitz, auf Neuhof, Bibhuh, Wendorf. (L. S.)

Gottfried August Freyherr von Lützow, auf Holdorf und Carow. (L. S.)

Jasper von Oertzen, auf Roggow, Gerdeshagen ic. (L. S.)

Gerd Carl von Deßien, auf Wamkow, (L. S.)

Philip Cuno Christian von Bassewitz, auf Woltow. (L. S.)

Fünf und Zwanzigster Artikul.

Hans Hinrich Levezow, auf Schwissel. (L. S.)
Friederich von Grabow, auf Sukoiß. (L. S.)
Friederich Ludewig Vieregg, auf Subzin und Cronscamp. (L. S.)
Andreas Friederich von Zepelin, auf Worenstorf. (L. S.)
Diederich Magnus von Glüer, auf Fienstorf. (L. S.)
Christopher Friederich Vieregg, auf Cobrow. (L. S.)
Joachim Werner von Oertzen, auf k. Nienhagen. (L. S.)
Franz Hinrich von der Kettenburg, auf Matjendorf. (L. S.)
Engelk de Plessen, auf Woosten. (L. S.)
Carl Ludewig von Vieregg, von Gremlin. (L. S.)
Georg Thomas von Böbe, auf Bresen. (L. S.)
Eberhard Friederich Ehrenreich Molcke, auf Wehlkenborf. (L. S.)
Lübeke Cuno Wulfrath von Bassevitz, auf Duckwitz. (L. S.)
Carl Balzer von Genzkow, auf Poggelow. (L. S.)
Christian Niclas Schröder, auf Großen Nienhagen. (L. S.)
Friedrich Christow von Bibow, auf Blengow. (L. S.)
Ernst Friedrich von Engel, auf Großen Nieköhr und Drüsevitz. (L. S.)
Joachim Bernd von Engel, auf Gublow. (L. S.)
Bogislav Helmuth von Moltzahn, auf Wolde wegen Casdorf und Zwinborf. (L. S.)
Ernst Heinrich Baron von Wendhausen, auf Großen Rlbsewow. (L. S.)
Leopold Graf von Schmettow, auf Stück. (L. S.)

Ernst

Ernst Wernehr von Raven, auf Nossentin. (L. S.)

Friederich Casimir Siegfried von Moltke, auf Samau. (L. S.)

Johann Levin von Levezow, auf Klenz. (L. S.)

Carl Friedrich von Drieberg, auf Sprenz. (L. S.)

Hartwich Hinrich von Drieberg, auf Grambzow. (L. S.)

Rudolph Friederich von Drieberg, auf Gottmannsforde. (L. S.)

Claus Hinrich von Drieberg, auf Deigen. (L. S.)

Berent Wigant von Pressentin, auf Weltenborf. (L. S.)

Bernd de Pressentin, zu Daschow. (L. S.)

Gustav Friederich de Pressentin, zu Jessendorf (L. S.)

Joachim Gottfried von Bassewitz, auf Hohen Luckow. (L. S.)

Georg Ludewig von Oerzen, auf Rittendorf, Lubberstorf und Clausdorf. (L. S.)

Ludwig August Moltke, auf Wotrum. (L. S.)

Georg Ulrich von Bülow, auf Critzow. (L. S.)

Cord Hans von Bülow, auf Prützen und Schönenwolde. (L. S.)

Johann Dieterich von der Osten, auf Caarstorf. (L. S.)

Joachim Dieterich von Kampz, auf Koppelow. (L. S.)

Christian Diedrich von Oldenburg, auf Feberow. (L. S.)

Elerd Christoph von Oldenburg, auf Glave. (L. S.)

Franz Jochim Schack, auf Maslow. (L. S.)

Claus Detlof von Oerz, auf Gerow. (L. S.)

Theodosius

Theodosius Levetzow, auf Teschow. (L. S.)
Hans Adolph von Lepel, auf Dobbin. (L. S.)
Gustav Adolph von Moljahn, auf Teschow. (L. S.)
August von Moljahn, auf Rötel. (L. S.)
Ernst Ludewig von Blücher, auf Suckow. (L. S.)
Henning Otto von Below, auf Deven. (L. S.)
Cuno Joachim von der Lühe, auf Bolland. (L. S.)
Joachim Dieterich Levetzow, auf Grabow. (L. S.)
Joachim Friedrich von Knuth, auf Ludorf. (L. S.)
Nicolaus Hinrich von Below, auf Wenthof. (L. S.)
Jacob Ascan Höfisch, auf Polchendorf. (L. S.)
Johann Jacob Lange, auf Westenbrügge. (L. S.)
Conrad Justus Schöpfer, auf Sripln. (L. S.)
Otto Friedrich von Braun, auf Freudenberg. (L. S.)
Christopher Leopold Hartwig von Plessen, auf Rabun. (L. S.)
Ulrich Hartwig von Blücher, auf Wietow. (L. S.)
Andreas David Röpert, auf Grabow. (L. S.)
Gerd Hinrich Levetzow, auf Claber. (L. S.)
Gerd Carl Graf von Sala, auf Bellin und Zehna, cum Pertinentiis. (L. S.)
Casper Nicolas von Schuckmann, auf Mölln cum Pertinentiis. (L. S.)

Hans

Von der Eigenschaft und Kraft dieses Vergleichs.

Georg Wilhelm Frey- und Edler Herr von Lützow, auf Goldebow und Marsow. (L. S.)

Anton Friedrich von Lützow, auf Großen Salitz. (L. S.)

Henning Adam von Bassewitz, auf Cowalz. (L. S.)

Christian Diederich von Deginge, auf Zaschentorf. (L. S.)

Carl Diedrich von Lowzow, auf Renfow. (L. S.)

Georg Gustav Baron von Wrangel, auf Neheband. (L. S.)

Philip Cay von der Kettenburg, auf Wustrow und Lützen. (L. S.)

Friedrich von Hahn, auf Basedow. (L. S.)

Carl Friedrich von. Moltzahn, auf Lüßpatz. (L. S.)

Claus Christoffer von Passow, auf Grambow. (L. S.)

Hans Christopher von Kleben, auf Welsin. (L. S.)

Martin Wendt, auf Wicheln. (L. S.)

Siegfried Ernst von Ahlefeld, auf Steinhausen. (L. S.)

Christian Friedrich von Zepelin, auf Appelhagen. (L. S.)

Gustav Ernst von Welzin, auf Kleinen und Großen Plessen. (L. S.)

Christian Ludewig von Welzin, auf Sammit. (L. S.)

Christian Ludewig Reimar de Rohr, auf Speck. (L. S.)

Otto Ludewig a Ribbeck, auf Böck. (L. S.)

Christof Friedrich de Gerstow, auf Dambeck. (L. S.)

Christian Meßmann, auf Plverstorf. (L. S.)

Caspar Bernhard Richter, auf Ive. (L. S.)

Conrad

Conrad Christian von Ziethen, auf Zahren. (L. S.)

S. H. verwittwete Freyfrau Putliß, gebohrne Bibow, in gerichtlicher Vormundschaft wegen meiner Kinder, auf Möllenstorf. (L. S.)

Franz Heinrich von Holstein, auf Großen Luckow. (L. S.)

Peter le Fort, auf Mölleßhagen und Marin. (L. S.)

Ernst Friedrich von Gusmann, auf Köljow. (L. S.)

Johann Peter Lemke, auf Clobbram. (L. S.)

Georg Hinrich von Lehsten, auf Wardow. (L. S.)

Curt Christoffer von Schack, auf Lübse. (L. S)

Christian Friedrich von Viereyk, auf Watmanshagen. (L. S.)

Johann Joachim von Walter, auf Lüssow. (L. S.)

Eleonora Margaretha gebohrne Suderowen, Wittwe Bussen, in Vormundschaft meiner beyden Söhne, Otto Hinrich Gust Christian und Ernst Dietrich die Bussen, auf Weseln. (L. S.)

Hartwig Joachim von Sperling, auf Necheln. (L. S.)

Johann Hinrich Friedrich von Plöunies, auf Penzlen. (L. S)

Nicolaus Christian von Ehrenstein, auf Großen Gornow. (L. S.)

Adam Christoffer Langermann, auf Sülten. (L. S.)

Friedrich Wilhelm Boye, auf Zurow und Schmackentin. (L. S.)

Christian Friedrich von Klinggräf, auf Chemnitz und Pinnow. (L. S.)

Georg Caspar von Boye, auf Körchow, Gerstorf und Budkelkow. (L. S.)

Christoph

Von der Eigenschaft und Kraft dieses Vergleichs.

Christoph Heinrich Berner Dr. als gerichtlich bestellter Litis Curator

1) Des Herrn von Hagen auf Großen Stieten, und
2) Des weyland Herrn Majors von Bülow nachgelassener Kinder und Erben, auf Schmackentin. (L. S.)

Jobst Hinrich von Bülow, auf Woserin, und in Vollmacht des Corneté. (L. S.)

Hans Friedrich Lothariua August von Bülow, auf Berken. (L. S.)
Joachim Ulrich Müller, auf Muflin. (L. S.)
Claus Otto von Pressentin, auf Stieten. (L. S.)
Egidius Barthold von Lützow, auf Woljow. (L. S.)
Verwittwete von Ranzow, gebohrne von Boteck, auf Bobbin. (L. S.)
B. H. von Hammerstein, auf Neuhof. (L. S.)
Cordt Friedrich von Penz, auf Goldnitz und Bolerade. (L. S.)
Carl Leopold von Grävenitz, auf Waschow. (L. S.)
Wilhelm Boye, auf Lüschow. (L. S.)
Franz Hinrich von Blücher, auf Griebe. (L. S.)
Gustav Arolph von Roß, auf Wilz. (L. S.)
Christian Dethlof Friedrich von Lehsten, auf Dölitz und Bobbin. (L. S.)
Jacob Siegfried von Königsmark, auf Tangrim. (L. S.)
Dieterich Hobe, auf Meltling. (L. S.)
Johann Friedrich Müller, auf Großen Siemen. (L. S.)
Dieterich Henrich von Erleger, auf Klein Nieköhr. (L. S.)

Gebhard

Fünf und Zwanzigster Articul.

Gebhard Ludewig Friedrich von Beedow, auf Bolze, Kuchow, cum Pertinent. (L. S.)

Bernhard Gottfried Bobbien, auf Alten Carin und Dannehort, (L. S.)

Claus Ludwig Hahn, auf Remplin. (L. S.)

Peter Adolph Heldmann, auf Knorrendorf. (L. S.)

Daniel Jochim Philip Dahlmann, auf Lowitz. (L. S.)

Bogislav Friedrich von Lieberherr, auf Steinhagen. (L. S.)

Johann Carl von Langen, auf Belitz, Bollenstorf und Neukirchen. (L. S.)

Von wegen gesammter Städte.

Walentin Johann Beselin, Consul Rostochiensis. (L. S.)

Jochim Christian Dehtlof, Burgermeister der Vorder-Stadt Parchim. (L. S.)

Conrad Justus Schöpfer, Burgermeister der Vorder-Stadt Güstrow. (L. S.)

Johann Albrecht Keller, Burgermeister der Vorder-Stadt Neubrandenburg. (L. S.)

Thomas Spalding, Burgermeister der Vorder-Stadt Güstrow. (L. S.)

Johann Joachim Stemwede, Burgermeister der Stadt Schwerin. (L. S.)

Solchemnach

Hans Friedrich von Schack, auf Großen Raden cum Pertinentiis. (L. S.)

Friedrich Wilhelm Ernst von Hopfgarten, auf Gustesel. (L. S.)

Wilhelm Diterich von Bülow, auf Scharfstorf und Lutterstorf, cum Pertinentiis. (L. S.)

Joachim Diterich Levetzow, auf Selkendorf. (L. S.)

Hinrich Gottfried von Wendland, auf Treffow. (L. S.)

Johann Georg Gottfried von der Jahn, auf Neese. (L. S.)

Friedrich Ludwig von Ditten, auf Werle und Dambeck. (L. S.)

Friedrich Wilhelm von Koplow, auf Möllenbeck, Repsin und Siggelkow. (L. S.)

Henning Christian von Bülow, auf Cummin. (L. S.)

Georg Christoph von Fabrice, auf Harkensee und Roggendorf, wie auch in Vollmacht meines Bruders Just Louis von Fabrice, auf Dutzow. (L. S.)

Johann Friedrich von Schuckmann, zu Cargow und Schwastorf. (L. S.)

Christoph Albrecht von Kamptz, zu Dratow, kleinen und großen Plasten. (L. S.)

Henrich von Pleß, auf Herzberg. (L. S.)

Bernd Jochim von Blücher, auf Gorschendorf. (L. S.)

Bernhard Christoph von Scheelen, auf Zülow und Levzow. (L. S.)

Johann Max von Kurzrock, auf Banzin und Hast. (L. S.)

Georg Friedrich von Bergholz, auf Großen Welzin. (L. S.)

Johann Christian Ludewig, auf Kleinen Renfow.   (L. S.)
Friedrich Wilhelm Graf von Eickstedt Peterswald, auf Prizier und
    Quasel.   (L. S.)
Ulrich von Strahlendorf, auf Reez.   (L. S.)
August Friedrich von Strahlendorf, auf Gamehl und Tatow.   (L. S.)
Ernst Friedrich von Sperling, auf Gömtow.   (L. S.)
Joachim Otto Gottfried Wackerbarth, auf Kassow.   (L. S.)
Christian Friedrich von Plessen, auf Grambow.   (L. S.)
Carl Ludwig von Seitz, auf Below.   (L. S.)
Christian Siegfried von Bassewitz, auf Gneven.   (L. S.)
Wilhelm Ludwig Hartwig von Both, auf Schwansee und Döhnkendorf.
                                                                             (L. S.)
Helmuth von Pederstorf, auf Finken und Brockhusen.   (L. S.)
Christian Carl von Both, auf Rohlstorf.   (L. S.)
Barthold Jochim von Penz, auf Besendorf.   (L. S.)
Dethlof Friedrich von Bülow, auf Eessin, im Amte Wittenburg.   (L. S.)
Hartwig Friedrich von der Lühe, auf Mechelstorf und Rien-Garz.   (L. S.)
Johann Jacob von Müller, auf Großen Renzow.   (L. S.)
Christoph Felix von Tornow, auf Fredrichstorf und Clausdorf.   (L. S.)
Georg Christian Ball, auf Mühlenbeck und Schoßin.   (L. S.)
Carl Ludwig von Storch, auf Hoppenrade und Kleinen Grabow.   (L. S.)
Johann Ludwig Elderhorst, auf Radepohl und Weßin.   (L. S.)

Georg

Von der Eigenschaft und Kraft dieses Vergleichs. 215

Solchemnach wollen und verordnen Wir, aus Landes-Herrlicher Gesetz-Gebungs-Macht und Gewalt, daß vorstehender, von Kayserlicher Majestät allergnädigst bestätigter Landes-Vergleich, durchgehends, so wie er von Uns angenommen, in allen seinen Puncten und Clausuln, als ein immerwährendes Landes-Gesetz, geachtet und angesehen werden solle: Haben auch zu dem Ende denselben, zu jedermanns Wissenschafft und Nachachtung, nach seinem wahren Original, nach eingegangener Kayserlichen allergnädigsten Bestätigung, nunmehro in Druck geben und solchergestalt öffentlich publiciren lassen.

Befehlen demnach allen und jeden Unseren Unterthanen und Einwohnern Stargardischen Crayses, wes Standes und Würden sie seyn, sich, nach diesem Landes-Grund-Gesetzlichen Erb-Vergleich, genau zu achten und in keine Weise darwieder zu handeln: Wie dann auch gesammte Unsere Collegia, zu dessen genauer Beobachtung, hiedurch angewiesen werden.

Urkundlich unter Unsrer eigenhändigen Unterschrifft und Herzogl. Innsiegel. Geben Neu-Strelitz den 27. Februarii Anno 1760.

Adolph Friedrich H. z. M.

Beylagen.

Beylagen.

Num. I.

Assecurations-Revers, vom Jahr 1572.

Wir Johannes Albrecht und Ulrich, Gebrüdere, von Gottes Gnaden, Herzogen zu Mecklenburg, Fürsten zu Wenden, Grafen zu Schwerin, der Lande Rostock und Stargard Herrn rc. Thun kund, bekennen hiemit, nachdem Unsere unterthänige Landschaft auf etlichen bißhero gehaltenen Land-Tagen, Uns unterschiedliche Beschwerungen, so eines Theils die Gemeine, eines Theils aber sonderbare Personen angehen und betreffen, Stück-Weise fürgebracht und geklaget, und darüber Unsere gnädige Verbesserung gebeten, daß Wir Uns darauf gegen gedachter Unser getreuen Landschaft gnädiglich erboten und erkläret, thun auch solches in Kraft dieses Briefes, wie von Puncten zu Puncten folget:

Erstlich, nachdem aus dem Mittel Unserer Land-Räthe etliche mit Tode abgegangen, so haben Wir zu Besetzung derselbigen ledigen Stelle, die Erbaren Unser Lehn-Leute und liebe Getreue, Jochim Kohrn zum Neuenhause, Kunne Hanen zu Basedow, Hans Linstawen zu Bellin, und Claus Fincken zum Gnemer verordnet und zu Land-Räthen erwählet, die auch durch sonderbare Schriften dazu ermahnet sind worden, sich zu solchem Stande gutwillig vermögen, und auf diesen Land-Tage vereydet zu lassen, die wollen Wir hinführo, neben den alten Land-Räthen zu den Land-Sachen in fürfallenden Nöthen zu Rathe ziehen und gebrauchen, nach dem löblichen Exempel Unserer Gottseel. Vor-Eltern milder Gedächtniß.

Zum Andern, sollen zu vollkommener und wahrhaftiger Bestallung Unsers Hof-Gerichts Zwölf Personen jederzeit auf den Rechts-Tagen sitzen,

Beylagen.

sitzen, laut und Innhalts Unserer Hof-Gerichts-Ordnung, nämlich Vier Land-Räthe, Vier Hof-Räthe, ein vom Stift Schwerin, ein von der Hohen-Schul zu Rostock, Zwey von Rostock und Wißmar, und den Beysitzer-Eyd, so darinn verleibt, auf jetzigem Rechts-Tag würcklich schweren, auch dabey ohne Veränderung in solcher Anzahl jederzeit gelassen werden.

Zum Dritten, sollen Unsere Haupt- und Amt-Leute zu denen Klagen, die in ihrer besohlenen Amts-Verwaltung sich zutragen, oder veruhrsachet werden, an Unserm Hof-Gericht zu antworten schuldig seyn, und keine declinatoriæ exeptiones fori, wie eine Zeitlang bißhero geschehen, sich dewieder zu gebrauchen haben. Es sollen auch die Amt-Leute durch einige Rescripta von Uns nicht aus dem Gerichts-Zwang eximiret, oder avociret werden, und da gleich solches per obreptionem geschehe, soll es doch krafftloß und nichtig seyn. So soll auch kein Pœnal-Mandatum aus der Gerichts- oder Hof-Cantzley im Anfang, ohne Justificatoriv Clausul ausgehen. Wollte auch jemand Uns Selbst besprechen, so wollen Wir vermöge des heiligen Reichs Auszträge, oder vermittelst Niedersetzung der Parium Curiæ, einen jeden unweigerlichen Rechts pflegen. Hätten aber Wir jemanden von Unsern Unterthanen zu belangen, und solches nicht offenbare höchststräfliche peinliche Fälle betreffe, in welchen vom gefänglichen Angriffe, nach Verordnung der Rechte der Anfang gemacht wird; So soll wieder denselbigen nicht mit gewaltsamer That, oder vom Zugriff und Einziehung der Güther, oder Execution, sondern Citation zu Verhör- und Erkundigung der Sachen verfahren werden, wie solches in göttlichen, natürlichen und beschriebenen Rechten versehen, damit eines jeden Einrede und Entschuldigung angehöret, Beweiß auffgenommen, und ordentlich darüber erkannt werde.

Zum Vierten, überweisen Wir Unserer Landschaft die drey Jungfrauen Clöster, Dobbertin, Ribnitz und Malchow, der Gestalt, daß sie zu Christlicher ehrbarer Auferziehung der innländischen Jungfrauen, so sich darinn zu begeben Lust hätten, angewandt und gebrauchet werden, und die Landschaft Macht haben soll, einen Amtmann, Vorsteher oder Verwalter, doch vermittelst Unserer Confirmation und Bestätigung darinn zu setzen, und aus erheblichen Ursachen wieder zu entlauben, welcher sämtlichen, Uns und etlichen, so die Landschaft verordnet, nemlich Georg Below

Beylagen.

low zu Kargow, Dieterich Plesse zu Zülow, Claus von Oldenburg zu Gremmelin, und Johann Cramon zu Muserin, von seiner Haushaltung jährlich Rechnung thun, und was an Einkommen erspahret und erübriget wird, dem Closter zum Besten angewendet, dagegen auch die Jungfrauen nach Unserer gefasten Reformation leben und wandeln, und durch die Landschaft eine gewisse Ordnung der Haushaltung auf Unsere Ratification gemacht, und darinn gehalten werden soll. Es soll aber die Hochgebohrne Fürstin, Fräulein Ursula, Herzogin zu Mecklenburg ꝛc. und Aebtißin zu Ribnitz, Unsere freundliche liebe Vetterche, an vollkommener Regierung, Administrirung, Bestellung und Geniessung gemeldetes Closters Ribnitz, die Zeit Ihrer L. lebens, dadurch in nichts gehindert, keine Jungfrau auch ohne Ihrer L. Vorwissen und Bewilligung hinein begeben, sondern alles im vorigen Stande, (ohne daß sich die Jungfrauen, Unserer neuen Closter-Ordnung, gleich den andern gemäß verhalten sollen) bey Ihrer L. leben gelassen werden. Wann aber genanntes Fräulein, die jetzige Aebtißinn nach GOttes Willen verstürbe, so soll diß Closter Ribnitz, in aller Maaß, wie Dobbertin, an eine Ehrbare Landschaft, und derselbigen Verordnung kommen, bakan Wir sie auch nicht hindern sollen noch wollen. Wir wollen auch aus sondern Gnaden, umb Unserer getreuen Landschaft Bitte willen, das Closter Dobbertin, Ribnitz und Malchau mit Tageleistungen, so je bisweilen hiebevor darinn gehalten worden, desgleichen mit dem Auftritt und Atzung Uns und Unserer Diener und Gesindes und dann derselbigen zugehörige Unterfassen, und Bauers-Leute, mit allen Fuß-und Fuhr-Diensten, fürnemlich auch mit den vierzehentägigen Hasen-Jäger-Ablagern, so Wir von Altershero im Closter gehabt, hinfüro verschonen, und Uns derselbigen hiemit begeben haben, jedoch vorbehältlich Unsers Herbst-Ablagers im Closter Dobbertin, und des alten Jäger-Ablagers, so Wir auf des Closters Bauers-Leute von Unsern Vor-Eltern erblich hergebracht: Wie Wir dann auch die alten wohlhergebrachten Ablager in beyden Clöstern Ribnitz und Malchow, gleicher Gestalt Uns fürbehalten,

Zum Fünften, soll männiglichen freystehen, der sich an Unserm Consistorio oder Kirchen-Gericht beschweret zu seyn vermeint, davon ordentlicher Weise, an Unser Hof-Gerichte zu appelliren, auch der rechtlichen Wohlthat, non deducta deducam, & non probata probabo, zu gebrauchen. Wann auch hinführo einer von Unsern Superintendenten, in

a 2   seinem

seinem Crantz visitiren würde, sollen ihm allezeit etliche nachgesessene tüchtige Personen von der Landschaft abjungiret werden.

Zum Sechsten, wollen Wir hinführo Unsere Land- und Musterungs-Tage auf dem Juden-Berge vor Unser Stadt Sternberg halten.

Zum Siebenden, soll hinführo in Unsern Hof-Cantzleyen nachfolgende Tart, in Auslösung der Briefe gehalten werden.

In beyde Cantzleyen zusammen.

Von einem Willbrief auf verpfändete, oder zum Leib-Gedinq vermachte Güter, vom Hundert einen halben.

Von neuen Lehens-Briefen, nach Würderung des Lehn-Guts vom Hundert einen halben.

Von einem Gleide einen Thaler.

Von einem Arrest- oder Relaxation-Brief zwölf Schillinge.

Von einem Abschied oder Vertrag, nach mündlicher Verhör, oder gehaltenem Partheyen-Vorbescheide, einen Thaler.

Von einem Paß-Briefe zur Seewarts oder zu Lande einen Thaler.

Von einem Tutorio oder Curatorio, sechszehen Schilling lübisch.

Von einer Citation oder Commission in beyde Cantzleyen, zusammen, Sechs Schilling.

Von einem Muth-Zettel, sechszehn Schilling lübisch.

Vor eine Vorschrift an Potentaten oder Fürsten, oder ansehnliche Communen, sechs Schilling.

Zum Achten, wollen Wir hinführo keinem von der Ritterschaft, der zu Ablegung seiner Schulden, oder Wendung anderer obliegenden Noth, sein alt Stamm-Lehn, so nicht auf den äußersten Fall der Anwartung oder Eröfnung stünde, verpfänden, versetzen, oder auch zum Leib-Gedinq vermachen wolte, Unsern Consens- und Willbrief weigern. Doch daß dasselbe dem nächsten Agnaten zuvorn angebothen werde.

Solche

Beylagen.

Solche obgesetzte Articul sampt und sonderlich, gereden Wir bey Unsern Fürstlichen Ehren, vor Uns, Unsere Erben, und alle Nachkommende Hertzogen zu Mecklenburg 2c. Unserer getreuen gehorsamen Landschaft gnädiglich und fest jederzeit zu halten. Zu Uhrkund haben Wir Uns mit eigenen Händen unterschrieben, und Unser Secret zu End dieses Briefs aufgedrucket, der gegeben ist zu Sterneberg den andern Julii, Anno der weniger Zahl zwey und Siebenzig.

(L. S.)   (L. S.)

Hans Albrecht,   **Ulrich, Hertzog**

H. Z M.   **zu Mecklenburg**

manu propria.   manu propria.

Revers quarta Julii

Anno Funfzehn Hundert zwey und Siebenzig, zum Sterneberge gegeben.

Wir von GOttes Gnaden Johannes Albrecht und Ulrich, Gebrüdere, Hertzogen zu Mecklenburg, Fürsten zu Wenden, Grafen zu Schwerin, der Lande Rostock und Stargardt Herren 2c. Bekennen hiermit für Uns, Unsere Erben, und nachkommende Hertzogen zu Mecklenburg. Nachdem Unsere liebe getreuen Unterthanen aller Stände, auf Unser vielfältiges gnädiges Begehren und Anregen, sich aus unterthäniger Zuneigung, Treue, und Liebe, so sie gegen Uns, als ihre Erb-Herren und Landes-Fürsten getragen, und daß Wir ihnen, die drey zugesagte Clöster, Dobbertin, Ribnitz und Malchow, mit mehrer Befreyung und Erlassung derer hiebevor darauf hafftenden Beschwerungen, eingeräumet und übergeben, auch etlichen allgemeinen und sonderbaren Beschwerungen, zum Theil abgeholfen, und nochmahlen den übrigen so noch nicht abgeholfen, gnädiglich und förderlich abhelfen wollen, solches auch von Uns ihnen assecuriret, oder versichert, und daß auch diejenigen von Adel und Städten in Unserer Landschaft gesessen, so für Uns sich in Bürgschaft gelassen, oder Uns ihr Geld fürstrecket, entfreyet und bezahlet werden sollen,

sollen, doch unschädlich und unverfänglich Unsers zuvor ihnen gegebenen Revers, sich freywillig und ohn alle Pflicht und Schuld dahin bewegen lassen, daß sie zu Abzielung Unserer obliegenden Schulden unterthänig bewilligt, zugesagt und versprochen Viermahl Hundert tausend Gülden jetzt gangbarer Münze, zuerlegen, und Unsere wahrhaftige richtige und ausgezohlte Schulden (: fürnehmlich aber, und daß für allen andern Unsere Bürgen, vom Adel und Städten Unserer Landschaft solcher ihrer Gelübden entfreyet, und die Uns Geld geliehen, bezahlet werden:) abzutragen, sich auch der Mittel und Hülf, dadurch solches geschehen soll, miteinander unverzüglich vergleichen wollen. Daß Wir demnach wie zuvorn in der Erbhuldigung, auch Annehmung der vorigen Schulde geschehen, denen vom Adel und Städten gnädiglich zugesaget, Sie bey allen ihren habenden Privilegien, Freyheiten, und Gerechtigkeit (: die sie von Unsern löblichen Vorfahren den Herzogen zu Mecklenburg erworben, geruhiglich und wohlhergebracht haben:) insonderheit die vom Adel, die sonsten mit ihren ritterlichen Gütern ein freyer Stand ist, und seyn soll, bleiben lassen, auch dabey desgleichen bey der wahren Religion der Augspurgischen Confession, und bey Fried und Recht gnädiglich schützen und handhaben; auch den allgemeinen und sonderbaren, Uns fürgebrachten Beschwerungen und Klagen, welchen noch nicht abgeholfen, aber dennoch liquide und auf Siegel und Briefe, oder kundbarlichen Entwehrungen beruhen, unverzüglich und ohne alle ferner Vorweisen oder Rechts-Gang abgeholfen: Die andern aber, so nicht so kundbar, sondern altiorem indaginem erfordern, durch die nachgesetzte unpartheyische Commissarien (: welche sich unverzüglich dazu erledigen sollen und wollen:) oder durch Niedersetzung der Räthe oder Parium Curiæ, wie solches dem Klagenden Theil am besten gelegen, und von Uns bitten werden, noch für Michaelis den Anfang geben, und folgends mit dem allerforderlichsten, und zum längsten innerhalb Jahrs-Frist zu endlicher Erörterung, gnädiger und billiger Endschaft kommen und gelangen lassen wollen, mit diesem Anhange und gnädiger Zusage, daß diese der Landschaft jetzt abermahls geleistete freywillige Hülf, ihnen und allen ihren Nachkommen daran, und also an ihren Privilegien, Freyheiten, Gewohnheiten, und von Uns habenden Revers, welchen Wir hiemit in der allerbesten Form, Maaß und Gestalt, wie solches von Rechtswegen geschehen soll, kann oder mag, verneuert, erweitert und confirmiret haben wollen, ganz unschädlich und unnachtheilig seyn soll. Sie sollen

auch

auch solche und dergleichen Beschwerungen auf sich zu nehmen, und Hülfe zu leisten, hinführo nicht schuldig noch verpflichtet seyn, sondern alle Wege bey ihren alten Privilegien und Freyheiten, und der alten gewöhnlichen einfechtigen Landbeten (: wann in künftigen Zeiten ein Fürstlich Fräulein ausgegeben und ausgesteuret würde, daß sie auch und nicht anders, dann auf vorgehende freye und gutwillige Bewilligung, und sonsten nicht zu leisten sollen schuldig seyn:) gelassen, und weiter Unser, oder Unsern Erben und nachkommenden Herzogen zu Mecklenburg, Schulde anzunehmen und zu bezahlen nicht schuldig seyn, und damit in keinem Weg mit nichten beschweret werden sollen. Da auch durch solche bewilligte Summa alle Unsere ausgesagte Bürgen nicht befreyet werden können, so sollen und wollen Wir und Unsere Erben und nachkommende Herzogen zu Mecklenburg, die, welche einjeder vorsetzet, für Uns Selbst ihrer Gelübde Fürstlich, ohne Unserer Landschaft Beschwerung befreyen, noth- und schadloß halten.

Ferner, ob Uns wohl freystehen soll und muß, ob Wir Unsere Unterthanen zu Bürgen ausfetzen wollen oder nicht, so versprechen Wir doch Unser unterthänigen Landschaft, daß Wir hinführo niemand von Unserer Ritterschaft, Städten und Dero Einwohnern, zu einigen Gelübden, oder in Bürgschaft einzulassen, zwingen wollen. Damit auch solche jetzt bewilligte Summa der Viermahl Hundert tausend Gülden Münz desto füglicher und träglicher könne und möge aus- und zusammen gebracht werden, wollen Wir nicht allein gewilliget und nachgegeben haben, daß alle Unsere Closter- und Aemter-Unterthanen (ob Wir gleich etliche den Hochgebohrnen Fürsten, Unsern freundlichen lieben Brüdern, Herrn Christoffern und Herrn Caroln, Herzogen zu Mecklenburg, zu Ihrer f. Unterhalt, übergeben und eingeräumet:) desgleichen auch geistliche und weltliche Güter (: jedoch ausgenommen das Stift Schwerin, so lange Wir dasselbe in seinen Reichs-Anlagen, laut habender Verträge, nicht vertreten werden, oder sich sonsten die Stände des Stifts auf Ansuchen Unser oder Unserer Landschaft, welches Wir Herzog Ulrich ihnen gnädig nachgegeben, worinnt einlassen wollen) der Fürstlichen Leibgeding Unterthanen, und der vom Adel Leib-Gerding, und Frember Prälaten, oder anderer ausser- oder innerhalb Landes gesessenen Güter, so ihre Nahrung in Unsern Landen haben, und Unsers Schutzes und Beschirmung genießen,

nieſſen, wes Standes oder Condition die ſeyn, von Unſern Vorfahren oder Uns privilegiret oder nicht, wie die Nahmen haben mögen, niemand ausgezogen, fürnemlich aber Unſere beyden See-Städte Roſtock und Wißmar, ſo wohl als Unſere Land-Städte, in ſolche Contribution gezogen, und nach ihrer, Unſerer Landſchaft, Willen und Gefallen, möge beleget werden, ſondern Wir ſollen und wollen auch daranne ſeyn, die gnädige Verordnung und Vorſehung zu thun, daß allerdinge niemand, hierinnen benannt oder nicht benannt, auſſerhalb bemeldtes Stift Schwerin, ſich ſelbſt, oder ſonſten jemand auszieheu und eximiren, ſondern die von gemeiner Landſchaft bewilligte Hülf würcklich präſtiren und leiſten ſollen. Wir ſollen und wollen auch einer Ehrbaren Landſchaft die freye Diſpoſition und Diſpenſation über der Zuſammenbringung, und gleich von einander Theilung der bewilligten Summen, ſo wohl ander Ausgaben ſolcher Hülf geruhiglich laſſen, und ihnen das ſonderlich vorſchreiben und aſſecuriren. So ſoll auch der Nachſtand von den vorigen Land-Hülfen ſo verhanden, oder noch in Unſern Aemtern, oder bey andern Unſern Unterthanen reſtiren, oder auch von neuen von Unſern Befehlshabern auf genommen worden, in dieſe Summa der **Viermahl Hundert Tauſend Gülden** geſchlagen, und darzu gebracht und angewandt werden.

Da auch von obgemeldten Puncten und Articuln, einer oder mehr ſollte übergangen, nachgelaſſen, und in Verſäumniß geſtellet, und von Uns nicht würcklich vollenzogen, und ins Werck gerichtet werden, (welches doch nicht geſchehen ſoll) ſo ſoll alsdann auf den Fall auch dagegen eine unterthänige Landſchaft der bewilligten Hülf Folge zu leiſten, ferner und weiter zu contribuiren, unverſtricket und unverbunden ſeyn, ſondern dieſelbe auf vorgehende Cognition der Sachen, ſo für Unſern niedergeſetzten Land- und Hofräthen, auf der klagenden Parthey Anſuchung, alsbald und unverzüglich angeſtellet werden ſoll, ſo lang einzuſtellen und fallen zu laſſen, ſambt und ein jeder inſonderheit gut Fug und Macht haben, auf welchem Fall Wir ſie auch mit ernſtlichen Schreiben, Mandaten und Pfändungen gantz und gar verſchonen und nicht beſchweren wollen. Solches alles und jedes wie obgeſchrieben, haben Wir ſamt und ſonderlich, als die regierende Landes-Fürſten, für Uns und Unſere freundliche liebe Brüder, Hertzog Chriſtoffern und Hertzog
Caroln,

Caroln, und Unsere Erben und nachkommende Herzogen zu Mecklenburg, Unsern Unterthanen, vom Adel und Städten zugesaget und versprochen; Zusagen und versprechen ihnen solches alles sämtlich und jedes insonderheit, in Kraft und Macht dieses Unsers offenen Briefs und Reverses bey Unsern wahren Worten, Fürstlichen Ehren, Würden und Glauben, solches stet und fest unverbrüchlich und aufrichtig zu halten und zu vollziehen, darwider nichts fürzunehmen und zu handeln, noch jemand anders darwider zu thun gestatten, alles getreulich und ohngefährlich. Urkundlich haben Wir Unser Insiegel wissentlich an diesen Brief hangen lassen, den Wir auch mit eigner Hand unterschrieben haben. Geschehen zum Sterneberge den vierten Julii Anno der weniger Zahl im zwey und siebenzigsten Jahre.

(L. S.)   (L. S.)

Hans Albrecht,   Ulrich, Herzog
H. 3. M.   zu Mecklenburg,
manu propria.   manu propria.

Num. II.

Assecurations-Revers vom Jahr 1621.

Von GOttes Gnaden, Wir Adolph Friedrich und Hans Albrecht, Gebrüdere, Herzogen zu Mecklenburg, Coadjutor des Stifts Ratzeburg, Fürsten zu Wenden, Grafen zu Schwerin der Lande Rostock und Stargard Herren rc. Thun kund und bekennen hiermit für Uns, Unsere Erben und nachkommende Herzogen zu Mecklenburg. Nachdem Unsere getreue Land-Stände von Ritterschaft und Städten bey jetzigem Lands-Tage Uns unterschiedliche Gravamina und Beschwerung übergeben und um Unsere gnädige Verbesser- und Abschaffung derselben unterthänig gebeten, daß Wir Uns darauf und bey einem jeden Punkt insonderheit in Gnaden erkläret, verpflicht und anheischig gemacht, folgender Gestalt und also:

I. Erst-

I.

Erſtlich, den Punctum Religionis betreffend, haben Wir Unſer getreuen Ritter- und Landſchaft in Gnaden verſprochen und zugeſagt, daß Wir ſie und einen jeden inſonderheit, bey der erſten unveränderten Anno der weniger Zahl 530. der damahligen Römiſchen Kayſerlichen Majeſtät, Churfürſten und Ständen des heiligen Reichs übergebenen Augſpurgiſchen Confeßion, und in Unſern Fürſtenthumen und Landen bisanhero allenthalben gelehrt- und geprediġten Lutheriſchen Religion, und in Unſer publicirten Kirchen-Ordnung verfaßter Lehr, Glauben, und Bekänntniß, und deren Exercitio in allen und jeden Kirchen und Schulen, Unſer Fürſtenthum, Lande, Städte, Aemter und Dörfer, auch in specie im Thum zu Güſtrow, (deſſen Reformation Wir Herzog Hans Albrecht Uns hiemit begeben, und darinn nur allein die Sepultur und Leichpredigten für Uns und Unſere Religions-Verwandten, wie imgleichen, da Wir mit Unſerer Hofſtatt auf andern Unſern Reſidenz-Häuſern Uns aufhalten, und daſelbſt obberührter Unſer Religions-Verwandten jemand mit Tode abgehen würde, denſelben allda begraben, und die Leichpredigt, dem ordinari-Gottesdienſt unverhinderlich verrichten zu laſſen, reſerviren und vorbehalten) ohne einige Veränderung in Doctrinalibus und Ceremonialibus, geruhiglich verbleiben laſſen wollen.

II.

Zum Andern, verpflichten Wir Uns auch, in allen und jeden Kirchen und Schulen keine, (ohn allein Unſer Herzog Hans Albrecht Schloß-Kirchen, nachgeſetztermaßen ausgenommen,) auch in der Univerſität zu Roſtock, keine andere, als obberührter Augſpurgiſchen Confeßion und Lutheriſchen Religion, verwandte und zugethane Prediger, Profeſſores, Lehrer und Schuldiener, zu inſtituiren, anzunehmen oder zu gedulden.

III.

Und ſoll fürs Dritte das Conſiſtorium, welches neben dem Jure Episcopali, nach wie vor gemein bleibt, die Inſpection haben, daß in allen und jeden obbemeldeten Kirchen, Schulen, und Univerſität zu Roſtock keine

Beylagen.

keine andere, dann die angedeutete, Kayser Carl dem Fünften zu Augspurg übergebene unveränderte Confeßion und lutherische Religion gelehret und geprediget, weniger einige andere dann Dero zugethane und wahrhaftig verwandte Kirchen- und Schuldiener, angenommen, eingesetzt oder geduldet werden.

IV.

Und da zum Vierten, deren einer oder ander in lehr und leben verdächtig oder schuldig befunden wird, soll das Consistorium in Unser beyder Nahmen ohne einige Klage für sich ex officio zu inquiriren, die Sache zu cognosciren, darinn zu sprechen, die schuldig befundene ihres Dienstes zu entsetzen und abzuschaffen, und den Beamten oder Städten, darunter der Condemnirte seßhaft, die Execution zu demandiren, Fug und Macht haben; Immaßen es auf angestalte Klagen, vermöge des Consistorii Ordnung gehalten, und sonsten bey derselben, wie auch der Kirchen- und Superintendenten-Ordnung, ohne was in diesem Revers in specie anders disponiret, nach wie vor allenthalben ungeändert gelaßen werden soll.

V.

Fürs Fünfte, soll den Appellationibus vom Consistorio und beyden Canzleyen ans Hofgerichte, ihr unbehinderter starker lauf, nach wie vor, gelaßen werden.

VI.

Zum Sechsten soll das Consistorium mit keinen andern, als der oberwehnten unveränderten Augspurgischen Confeßion, und der lutherischen Religion zugethanen Personen, besetzt werden.

VII.

Es behalten aber Wir Herzog Hans Albrecht, fürs Siebendes, Uns hiermit bevor, auf oder an Unsern Residenz-Häusern die bereits gebauete Capellen zu erweitern, oder daselbst, jetzt berührter maßen, neue Kirchen

Kirchen zu bauen, und wann Wir Uns mit Unser Hofstatt allda aufhalten werden, durch Unsere ordinari-Hofprediger, so Wir zu Unser Schloß-Kirchen zu Güstrow bestellet, für Uns und Unsre Hofdiener predigen zu lassen, dahin aber niemand eingepfarret, weniger den Eingepfarreten an der Kirchen des Orts, an ihrem Exercitio der Lutherischen Religion einige Behinderung und Eintrag zugefüget werden soll.

VIII.

Ebenermassen behalten Wir Uns fürs Achte bevor, auf Unser Hofstatt, Unsere Edel-und etliche wenige andere Knaben, so in der Kirchen singen, doch nicht wieder ihren, ihrer Eltern oder Verwandten Willen, privatim instituiren zu lassen. Es sollen aber daneben keine andere Schulen der Reformirten Religion angerichtet, sondern dieselbe alle und jede, auch in specie die Thum-Schule zu Güstrow, in welcher das Ministerium die Inspection behalten soll, bey dem Exercitio der obgedachten unveränderten Augspurgischen Confeßion, und Lutherischen Religion, nach wie vor, gelassen, und die Knaben ander Gestalt nicht instituiret werden.

IX.

Und weil zum Neundten, durch etlicher Prediger ungebürliches Schmähen und Schelten, oftmahl viel Unruhe erreget, und die Gemeine dadurch nicht gebessert, weniger die Kirche gebauet wird; Als wollen Wir Uns deswegen einer sonderbahren Ordnung vergleichen, wie es solchenfalls damit gehalten werden soll, und dieselbige vor der Publication, Unser getreuen Ritter-und Landschaft communiciren und mittheilen, und da jemand der Prediger, wieder solche Ordnung freventlich handeln, und auf beschehene zweymahlige Erinnerung von seinem Unfuge nicht abstehen wolte, so soll Uns Herzog Hans Albrecht denselben zu enturlauben, und einen andern der oftberührten unveränderten Augspurgischen Confeßion und Lutherischen Religion Verwandten Prediger, an seine Stelle wiederum einzusetzen, frey und bevorstehen. Es soll aber den Predigern, die Reformirte Lehr und deren Autorn mit ausdrücklicher Nennung derselben gebührlich zu wiederlegen, und mit Grunde Göttliches Worts zu refutiren, die Theologicas controversias auf den Cantzeln perspicue und bescheidentlich zu tractiren, auch die jetzo gewöhnliche Confeßional-Nahmen, zum Unter-

Unterschied der Lehr und Lehrer, ohne Schmähen zu gebrauchen, imgleichen der Reformirten Lehrer eigene Wort aus ihren Büchern und Schriften nach Gelegenheit zu allegiren, und also die Zuhörer für allerhand Lehr, wie die Nahmen haben mag, so der ihrigen zuwieder, treulich und fleißig zu warnen, und zur Beständigkeit, in ihrer erkannten Religion zu ermahnen, nach wie vor unbenommen seyn.

X.

Fürs Zehende, wollen Wir die Disposition über die Oeconomeyen-Güther, ein jeglicher in seinem Antheil behalten, und sollen dieselben jedes Orts unverrückt gelassen, die Kirchen- und Schul-Diener an ihrem Unterhalt und Besoldung in nichts verkürtzet, oder solche Güther zu nichts anders, als ad Pias Causas angewandt, auch den Bürgern und Einwohnern in Städten an ihren einhabenden Oeconomey- und Kirchen-Aeckern, kein Eintrag zugefüget, sondern dieselben unbehindert dabey gelassen werden. Sollten aber von solchen Oeconomeyen-Güthern gantze Dörfer alienirt und veräussert werden, auf den Fall wollen Wir es bey Verordnung der gemeinen beschriebenen Rechte verbleiben lassen.

XI.

Zum Eilften, sollen die Relationes Visitationum, so viel der Prediger und Zuhörer Lehr und Leben betrift: Item Synodorum, ins Consistorium eingeschicket, und demjenigen, darunter der visitirter Ort belegen, daneben zugefertiget werden.

XII.

Anreichend fürs Zwölfte das Jus nominandi und vocandi Pastores Ecclesiarum, erachten Wir Christlich, recht und billig seyn, den Gemeinen, so wohl auf dem Lande, als in Städten, auch denen, so das Jus Patronatus & Vocandi Ministros Ecclesiæ nicht haben, keine Pastores und Seelsorger, die sie zuvor nicht gehöret, oder sonsten am Leben, Wandel, Lehr, und Gaben tadelhaft, und nicht qualificirt, beygebracht und aufgedrungen werden. Wollen auch Unsern Superintendenten über diese

Unsere Verordnung festiglich zu halten mit Ernst auferlegen und befehlen. Und erklären Uns demnach in Gnaden dahin, wenn Uns hinkünftig einer vom Adel, oder die Räthe in Städten, eine Person, die er oder sie, zu seinen oder ihren Seelsorger, aus erheblichen Ursachen, gern haben und befördert sehen mögten, nominiren, und um Unsere gnädige Bewilligung und Confirmation unterthänig anhalten werden, daß Wir Uns darauf nach Befindung der fürgeschlagenen Person Qualitäten und Geschicklichkeit, doch unbegeben des Juris Patronatus, aller gnädigen Gebührniß wollen zu erzeigen wissen.

XIII.

Zum Dreyzehenden, soll das Hof-Gericht, nach wie vor, gemein bleiben, und mit keinen andern, als der oftberührten Augspurgischen Confession und lutherischen Religion verwandten Personen, nach Ausweiß des Assecuration-Revers de Anno 1572. besetzt, und von einem jeden unter Uns zwo Personen, deren einer des Land-Richters, der ander des Vice-Land-Richters Officium verwalten soll, continuirlich gehalten werden, und wollen Wir Uns mit Zulassung Unser getreuen Ritter- und Landschaft, wegen Reformir- und Verbesserung desselben, forderfamst vergleichen und vereinbahren.

XIV.

So sollen auch fürs Vierzehende, die Contributiones gemein bleiben, und die Land-Täge zum Sterneberge und Malchin umschichtig gehalten werden.

XV.

Die Erhöhung der Zölle, fürs Funfzehende, betreffend, wollen Wir dieselbe, dem alten gewöhnlichen Herkommen nach, und einen jeglichen bey seiner hergebrachten Exemtion und Freyheit derselben, uneinträchtiget verbleiben lassen. Und da von den Hausvoigten, Land-Reutern und Zöllnern dem zuwiedern einiger Mißbrauch eingeführet worden, wollen Wir solches auf gebührliche Notification wiederum abschaffen.

XVI.

XVI.

Zum Sechszehenden, wollen und verordnen Wir, daß die Bauersleute die ihnen um gewissen Zinß oder Pacht eingethane Hufen, Äcker oder Wiesen, dafern sie kein Erb-Zinß-Gerechtigkeit, Jus Emphyteuticum, oder dergleichen, gebührlich beyzubringen, den Eigenthums-Herren, auf vorgehende loßkündigung, nulla vel immemorialis temporis detentione obstante, unweigerlich abzutreten und einzuräumen schuldig seyn sollen.

XVII.

Was fürs Siebenzehende, der Beamten und Land-Reuter Execution-Gebühr betrift, lassen Wir es bey Unser publicirten Execution-Ordnung in Gnaden verbleiben, und seyn darüber festiglich zuhalten gemeinet.

XVIII.

Den zu jetziger Contribution verordneten Land-Kasten fürs Achtzehende, betreffend, können Wir in Gnaden geschehen lassen, daß die freye Disposition, Verwaltung und Dispensation desselben, so lange die Uns unterthänig bewilligte Zehen mahl Hundert tausend Gülden, auf- und beysammen gebracht, und zu Befreyung Unser beschwerten Fürstlichen Einkommen wiederum verwandt und angeleget, Unser Ritter- und Landschaft ungehindert gelassen werde. Wie Wir dann derselben solches hiermit und in Krafft dieses, auf jetzt berührte Maß, nochmahls gnädig bewilligen und nachgeben. Belangend aber die Reichs-Trapp- und andere dergleichen Steuern, so nicht Uns und Unsern Fürstenthumen und Landen principaliter zu Nutz und Frommen gereichen, soll es mit dem Land-Kasten der Gestalt gehalten werden, daß bey Uns und Unsern Nachkommen, regierenden Herzogen zu Mecklenburg, jederzeit zwern Schlüssel, und bey Unser getreuen Landschaft gleichfalls zwern Schlüssel, einer bey denen von der Ritterschaft, und der andere bey denen von Städten, hinführo seyn, auch die Einnehmer in Unser und gemeiner Landschaft Nahmen bestellet und beeidet, und die einkommene Gelder in Unser verordneten und der von der Landschaft Deputirten Beyseyn gebührlich berechnet, und was übrig, ohne der Landschaft unterthänige Beliebung, nicht in Unsern fern, fondern allein zu des Landes- und gemeinen Besten gebrauchet und verwendet werden soll.

XIX.

Fürs Neunzehende, wollen Wir keinem Unser getreuen Unterthanen an seiner Jagt-Gerechtigkeit, die er über Rechts-verwehrte Zeit legitime hergebracht, geruhiglich gebrauchet, und noch jetzo in possessione vel quasi rechtmäßig hat, einige Behinderung, Turbation und Einhalt erzeigen, oder solches von den Unsrigen zu beschehen verstatten, Uns auch der Vor-Jagten ander Gestalt nicht, dann von Unsern löblichen Vorfahren beschehen, jederzeit gebrauchen, und soll in den Ausschreiben zur Vor-Jagt eine gewisse Zeit, nach Verfliessung derselben sich ein jeder seines Rechtens und Befugniß zu gebrauchen, allewege specificiret und nahmhaft gemacht werden. Damit auch wegen des Jäger-Rechtens hinkünftig kein Streit erreget werden möge, als lassen Wir geschehen, wann die Jagt-Hunde, in Verfolgung des aufgetriebenen Wildes, über die Grenzen lauffen, daß alsdann den Jägern frey stehe, ihre Büchsen niederzulegen, die Winde zu hinterhalten, und die übergelauffene Jagt-Hunde, von des Benachbarten Grund und Boden wieder zu holen, und aufzukoppeln. Wann auch gehetzte Winde mit dem Haasen über die Grenze lauffen und fangen, so soll der Jäger denselben also fort aufzunehmen, Fug und Macht haben, doch daß er ihn nicht an den Sattel binde, sondern ungebunden in der Hand davon führe. Würde auch ein Thier auf eines Grund und Boden geschossen, und über die Grenze lauffen und fallen, so soll dem Jäger erlaubet seyn, mit Hinterlassung der Büchsen und Pistolen, dasselbe also fort in continenti aufzunehmen und wegzubringen.

XX.

Weil auch zum Zwanzigsten zu Erhaltung redlichen Glaubens und Credits wieder säum- und aufsällige Schuldener und Bürgen vor Jahren scharfe Zwang-Mittel gebrauchet, auch deswegen eine sonderbare Constitution Anno 1620. wieder die muthwillige Falliten publiciret worden; Als wollen Wir jetzt angeregte Constitution auf die Falliten Ehe-Weiber, so ihrer Ehe-Männer Umschläge verrichten, selbst mit zehren, banquetiren, und in aller Üppigkeit leben, und also ihrer Ehe-Männer
und

und deren Creditoren Ungelegenheit und Schaden selbst veruhrsachen, und dessen überwiesen werden, zugleich mit a**·**...gen haben. Und weil Wir daneben von Unser getreuen Landschaft v....: Wiedereinführung der Einlager in Unterthänigkeit ersuchet worden; ...as haben Wir ihrer unterthänigen Bitt, aus den von Ihnen angezogenen Ursachen, aus Gnaden geruhet. Constituiren, ordnen und wollen demnach, daß ein Bürge, wann er für jemand aufgenommen wird, seinen Principalen, es sey gleich die Obligation aufs Einlager gerichtet oder nicht, Kraft dieser Constitution, zu richtiger Zahlung und Einreiten ermahnen soll; Würde aber dieselbe auf Anthonii, oder sonsten in den beliebten Zahl-Fristen nicht erfolgen, so soll der Principal nebenst dem Bürgen Vierzehen Tage darnach einreiten, und zugleich seinen Nebenbürgen zum Einreiten erfordern, und derselbe auch also bald darauf nebenst zwey Pferden und einem Diener sich einzustellen schuldig seyn. Damit auch die Unkosten des Einlagers nicht zu hoch gesteigert, und den für diesem darunter fürgelaufenen Mißbräuchen gewehret werden möge; Als soll jedem einreitenden Bürgen die erste Woche, alle Tage 4. Gülden für sich, seinem Diener und zwey Pferde, die andere Woche aber 6. Gülden jeden Tag, und so fort an, hiemit verordnet seyn. Und da alsdann der Principal seine Bürgen vom ersten Tage des Einreitens nicht bezahlen würde, so soll a primo die morz auf jeden Tag von jeder Hundert ein halber Gülden Loco Interesse angeschlagen werden, am letzten Tage aber des Vierzehen-tägigen Einreitens die Bürgen würcklich zu bezahlen, und da solches nicht geschicht, von der Zeit an, statt des Interesse jede Woche einen halben Gülden auf Hundert über den gewöhnlichen Zins zu geben schuldig seyn. So bald aber die Bürgen würcklich zahlen und des Principalen Obligation und Cession an sich bringen, so sollen sie alsdann in continenti auf ihr erstes Ansuchen und Vorzeigung der Obligation und Quittung in des Principalis Güther gerichtlich immittiret und angewiesen werden, und dieselbe, da sich ein Concursus Creditorum eräuget, auf vorgehende Commißion und Liquidation gebührlich taxiret, und auf Fürzeigung der eingelöseten Original-Obligationen, und des Wirths Verzeichniß, ohne einige fernere Liquidation und Moderation, für die ausgezehlte Haupt-Summ, Zinse und Unkosten, dem Gläubiger alsbald in solutum zugeschlagen, und ferner von demselben verkauft, und jeder, besage seiner Obligation, jure Prioritatis cuique salvo, daraus contentiret und bezahlet gemachet werden. Solte aber nach Verkaufung der Güter sich befinden, daß die Schulden alle nicht bezahlet werden können,

nen, so soll alsdenn der Debitor in einen dazu verordneten Schuld-Thurm geworfen werden. Dafern auch der Bürgen einer oder mehr, auf beschehenes Einmahnen nicht einreiten würde, so soll derselbe dem Principal gleich geachtet, und mit ihm vorgesetztermassen procediret und verfahren werden, und da der eine oder ander, obgesatzter Ordnung zu wieder, sich auf flüchtigen Fuß setzen, und seine ausgesatzte Bürgen nicht benehmen, oder auch seine Creditorn fugâ defraudiren würde, so soll der oder dieselbe von Helm und Schild, Ehr und Redlichkeit öffentlich vortheilet, und des Landes verfestet werden, und soll diese Constitution durch keine Appellation suspendiret, oder dessen Effect behindert werden, Inmassen sich die Landschaft aller Suspensiv-Mittel, so darwieder vorgenommen werden mögten, auf diesem allgemeinem Land-Tage nemini placito verziehen und begeben haben, und soll diese Constitution so wohl ad præsentes, als futuros Casus dirigiret und gerichtet seyn.

XXI.

Die übermäßige Stauung des Wassers zum Ein und Zwanzigsten belangend, sind Wir darunter nochmahls gebührliche Erkundigung forderfamst anzustellen, und so viel möglich, Unser getreuen Unterthanen Schaden und Nachtheil zu verhüten und abzuwenden, in Gnaden geneigt.

XXII.

So wollen Wir auch fürs Zwey und Zwanzigste, ein jeder in seinem Antheil, Unsere Land-Räthe, vermöge des Anno 1572. der Landschaft gegebenen Assecuration-Revers, zu den Land-Sachen, in fürfallenden Nöthen zu Rath ziehen, und gebrauchen.

XXIII.

Inmassen Wir auch fürs Drey und Zwanzigste, zu Verkündigung Reichs- und Crayß-Steuren, geschehen lassen können, daß in solchen Fällen, alle mahl Land-Tage gehalten werden, und wollen Wir alsdann, wann Wir in der Person Selbst nicht erscheinen, die Unsrige mit

mit gebührenden Instruction dahin schicken und abfertigen. Solten aber dabey etwa hochwichtige Sachen einfallen, dazu Unser Præsenz von nöthen, wollen Wir Uns nach Befindung, der Gestalt zu bezeigen wissen, wie Wir es Unsern Land und Leuten zuträg- und ersprießlich erachten werden.

XXIV.

Zum Vier und Zwanzigsten, wollen Wir Unser getreuen Ritter- und Landschaft in Gnaden gewilliget und nachgegeben haben, daß in alten Lehen die Agnaten, so eines Nahmens, Schild und Helms seyn, wann sie sich schon der Sipschaft halber nicht berechnen können, einander succediren mögen.

XXV.

Zum Fünf und Zwanzigsten, wollen Wir den Gebrauch dieses Fürstenthums, daß der Bürgen Erben in Bürgschaften, so in specie auf die Erben nicht gerichtet, zu keiner Zahlung verbunden, hiemit in Gnaden confirmiret und bestätiget haben.

XXVI.

Wie Wir imgleichen fürs Sechs und Zwanzigste den Gebrauch, daß die Bürgen, ungeacht sie allen Beneficiis und Einreden renunciret, dennoch mit Erlegung ihres Stranges sich entfreyen können, wo sie sich nicht des Mecklenburgischen Land- und Hofgerichts-Gebrauchs in specie verziehen und begeben, hiemit confirmiren und bekräftigen.

XXVII.

Weil auch zum Sieben und Zwanzigsten, wegen der Erb-Jungfrauen, und wie weit sich derselben erlangtes Privilegium erstrecket, eine Zeithero viel Streit und Irrungen fürgangen, als haben Wir auf Unser getreuen Ritterschaft selbst eigen unterthäniges Gutachten, die Sachen dahin verabschiedet, daß die Erb-Jungfern, die ihnen angefallene Lehn-Güther, Zeit Ihres Lebens, frey, ungehindert jemands, doch allein jure

Vsumfructus einhaben, nutzen, und genießen sollen und mögen. Zum Fall auch einer Erb-Jungfrauen Vater, nicht so viel an Baarschaft und Allodial-Gütern, auf seinen Todes-Fall hinter ihm verlassen würde, daß sie davon gebührlich ausgesteuret werden könnte, so soll ihr der Brautschatz ex feudo, pro quantitate ejusdem, wenigers nicht, und ungeacht ihres habenden Nießbrauchs, abgerichtet und gefolget werden. Doch sollen die Erb-Jungfern die einhabende Lehen weder gantz noch zum Theil zu alieniren, zu veräußern, oder auch zu deteriorieren und zu verringern, und das harte Bau- und Mast-Holtz weiter, dann zu des Lehns scheinbarem Nutz und Frommen, zu verhauen, keines Weges bemächtiget, oder dem Lehn-Folger auf den einen oder andern Fall allen erweißlichen Schaden und Nachtheil zu erstatten, auch die Gebäu unter Dach und Schwell in gutem Wesen zu erhalten, schuldig und verpflichtet seyn. Die auf dergleichen Lehen, auf Ableiben des Lehn-Mannes, haftende Schulde, dafern dieselbe von des verstorbenen Nachlaß nicht bezahlet werden können, sollen von den Erb-Jungfern, so lange sie sich ihres Privilegii gebrauchen, gebührlich verzinset, aber die Haupt-Summa von den Lehns-Folgern endlich erleget und bezahlet werden.

Wann von den Erb-Jungfern in dem Lehen-Guthe dergleichen Besserungen angerichtet werden, die den Lehens-Folgern zu besonderm Nutz und Frommen gereichen können, so sollen ihr oder ihren Erben, dieselbige, nach billiger Ermäßigung, zum Halbschied, was aber der Vater in dem Lehen gebauet und gebessert, gar nicht refundiret und wieder erstattet werden. Es soll aber eine Erb-Jungfer gar keine neue Gebäu, ohne Vorwissen der Lehens-Folger, anzurichten bemächtiget, oder dafür keine Wiedergeltung gewärtig seyn. Als auch vor diesem in Streit und Zweifel gezogen, da mehr dann eine Erb-Jungfer verhanden, und deren eine Todes verfähret, ob derselben Antheil an die überlebende Schwestern oder den Lehns-Folger verfalle. Demnach setzen und ordnen Wir, daß die Erb-Jungfern, wann sie ihres Vatern Lehn ungetheilet, und pro indiviso gebrauchen und genießen, einer der andern succediren; Hätten sie aber die Lehen unter sich getheilet, der verstorbenen Antheil auf die nähesten Agnaten und Lehenstrager, oder an Uns den Lehen-Herrn, nach gestallten Sachen, respective verstammen und fallen soll.

Endlich

Endlich wollen Wir, da einer Unser Lehen-Leute, der nicht in Unserm Fürstenthumen und Landen häußlich gesessen, ohne männliche Leibs-Lehns-Erben, Todes verfahren, und allein Töchter hinter ihm verlassen sollte, daß dieselbige wenigers nicht, als wann der Vater unter Unser Bothmäßigkeit sein Domicilium und stetiges Anwesen gehabt, obberührtes Privilegii fähig seyn, nützen und genießen sollen und mögen.

XXVIII.

Daß auch, fürs Acht und Zwanzigste, die Verwittibte Edel-Frauen, wann sie zur andern Ehe schreiten, ihren einhabenden Wittthumb, gegen Erstattung des eingebrachten Ehe-Geldes, Besserung, und was dem anhängig, den Lehn-Folgern cediren und abtreten, erachten Wir den Rechten und Herkommen gemäß; Es wäre dann, daß in den Heyraths- und Wittbumbs-Verschreibungen, so mit Fürstlichen und Väterlichen Consens aufgerichtet, ein anders versehen und enthalten: Dabey es dann billig zu lassen, jedoch soll es mit denselben der Melioration und Deterioration halber, allermaßen wie oben im Punkt von Erb-Jungfern disponiret, observiret und gehalten werden.

XXIX.

Wir constituiren und verordnen auch fürs Neun und Zwanzigste, daß die Lehen, so jemand über 30. und mehr Jahren geruhiglich besessen, in keine Wege hinführo revociret werden sollen.

XXX.

Der aus einem Geschlecht ins ander verkaufter Lehen halber, erklären Wir Uns fürs Dreyßigste, in Gnaden dahin, daß in dergleichen Fällen, des Käufers sämtliche Vettern, so sich mit ihm der Agnation und Sipschaft halber, bis auf den fünften Grad exclusivè gebührlich zu berechnen, in der Kauf-Verschreibung und Fürstlichen Consens nominatim mit begriffen, und das verkaufte Lehen, quoad ipsius nominatos, und derselben Leibes-Lehens-Erben, in infinitum pro feudo antiquo gehalten, und solches auch auf die vor diesem bereits erkaufte Lehen gezogen werden soll.

XXXI.

XXXI.

Demnächſt haben Wir fürs Ein und Dreyßigſte, Unſer getreuen Ritterſchaft, die beſondere Gnade gethan, daß die einem Lehn-Mann an-ererbte Schulden, und darinn er ſonſten wegen gebührlicher Ausſteur und Abfindung ſeiner reſpective Töchter, Schweſter, und Brüder, doch daß ſolches nicht übermäßig geſchieht, durch Feuers-Brunſt, Ungewitter und andere Caſus Fortuitos, ohne ſeine Hin-und Jahrläßigkeit, aus Göttlicher unwandelbaren Verhängniß gerathen mögte, aus den Uns eröfneten Lehen bezahlet und abgerichtet werden ſollen. Doch mit dieſer ausdrücklichen Beſcheidenheit, Geding und Vorbehalt, daß der letzte Lehen-Träger ein Inventarium oder ſpecificirte Deſignation der ihm angeerbten Schulden innerhalb 4 Wochen, nachdem ihm das Lehen heimgefallen, vermittelſt Eydes zu ediren, und in die Cantzley einzuſchicken. Und wann er dann zur Ausſteur ſeiner Töchter und Schweſter, oder auch in andern Fällen, ſo jetzt vermeldet, einer Anleihung einer gewiſſen Summen Geldes benö-thiget, ſolches Uns und Unſern Nachkommen, den Regierenden Landes-Fürſten als den Lehn-Herrn, ſupplicando zu erkennen zu geben, und um gnädigen Conſens und Bewilligung unterthänig anzuhalten ſchuldig und verpflicht; Wir aber und Unſere Nachkommen zu Abtragung anderer und mehrer Schulden, dann obberührt, nach Eröfnung der Lehen, keinesweges obligiret und gehalten ſeyn ſollen und wollen.

XXXII.

So laſſen Wir auch, zum Zwey und Dreyßigſten, geſchehen, daß die von der Ritterſchaft und Städten, auf ihrem unſtreitigen Grund und Boden, da einer dem andern an Waſſer und Wind keinen Schaden zufüget, und die Unterthanen auf gewiſſe Mühlen zu mahlen nicht verbun-den ſeyn, unbehindert Mühlen bauen mögen.

XXXIII.

Zum Fall auch fürs Drey und Dreyßigſte, die Gewohnheit oder Conſtitutio in der Chur-Brandenburg (wann Märkiſche Bürgen nebſt Medlenburgern, oder auch ander Herrſchafft Unterthanen, bürglich ge-lobt, lobe, daß die Märkische Fidejussores in solidum, ob sie sich schon also verschrieben, nicht belanget, oder der ausländischen Stränge zu bezahlen gedrungen werden mögen) wieder die Mecklenburger observiret werden sollte, wollen Wir es ebenmäßig wieder die Märkische Bürgen in solchen Fällen, hinwiederum also halten.

XXXIV.

Das schädliche Müntz-Wesen und desselben Remedirung, fürs Vier und Dreyßigste, betreffend, wollen Wir an Unser treuensterigen Landes-Väterlichen Fürsorg, Mühe und Fleiß, so viel Uns immer zu erheben möglich, nach wie vor, nichts erwinden lassen, und Uns noch bey währendem diesem Land-Tage einer practicirlichen heilsamen Müntz-Ordnung vergleichen.

XXXV.

Zum Fünf und Dreyßigsten, wollen Wir, zu Verhütung künftiger Disputaten mit Zuziehung Unser getreuen Landschaft, eine gewisse formulam obligationis, wie es mit Verschreib-und Entrichtung der Reichsthaler in specie, oder ander Sorten gehalten werden soll, abfassen und publiciren lassen, darnach auch in Unsern Cantzleyen und Hof-Gericht verabschiedet und gesprochen werden soll.

XXXVI.

Gestalt Wir auch fürs Sechs und Dreyßigste, mit Zuziehung Unser getreuen Ritter-und Landschaft, ein gemein Land-Recht in Teutscher Sprach, damit ein jeder wie seine Sach im Gericht zu treiben, selber verstehen könne, zusammen bringen und abfassen, und nach demselben in den Cantzleyen und Hof-Gericht sententiiren und sprechen lassen wollen.

XXXVII.

Wann Wir Uns fürs Sieben und Dreyßigste, aus erheb-und beweglichen Ursachen zu Nutz und Frommen Unser Fürstenthum und Lande, mit jemand in Consideration und Bündniß absönderlich einlassen würden,

dazu

dazu Unser getreuen Landschaft Contribution von Nöthen, so wollen Wir die Land-Räthe alsdann mit darzu ziehen, und ihres Raths gebrauchen.

XXXVIII.

Wir seynd auch, zum Acht und Dreyßigsten, hinführo keine Lauf-Plätze oder Durchzüge in- und durch Unsere Fürstenthume und Landen, oder je ander Gestalt nicht, dann auf Maaß, wie in den Reichs-Abschieden versehen, zu verstatten, gäntzlich gemeint und entschlossen.

XXXIX.

Würden Wir auch, fürs Neun und Dreyßigste, (welches Gott gnädig abwenden wolle) in solche schwere Mißverstände und Uneinigkeit gerathen, und zu den Waffen greifen, so wollen Wir Unsere getreue Ritter- und Landschaft, wie auch die Stadt Rostock, einer gegen den andern, imgleichen wieder die Stadt Rostock, wann dieselbe in Terminis verbleiben, und sich den aufgerichteten Erb-Verträgen gemäß verhalten wird, und keinen Aufstand unter sich, oder auch sonsten Rebellion erregen, und mit unrechtem Gewalt gegen Uns und Unsern Unterthanen nichts tentiren, Unsere getreue Landschaft, wie auch die Stadt Wismar, mit Hemmung der Ab- und Zufuhr, oder sonsten ander Thätlichkeiten, imgleichen die Stadt Rostock, wieder die andere Stände, und in specie wider die Stadt Wismar, in obgedachten Fällen zu Wasser oder zu Lande nicht auffordern und gebrauchen.

XL.

Zum Vierzigsten, lassen Wir es wegen des geklagten Mältzen, Brauen, Vorläuferey und Handwercker auf den Dörfern, bey Unser ausgekündigten Policey-Ordnung nochmahls bewenden, und wollen wider solche eingerissene Mißbräuche gebührende Verordnung zu machen, und mit der Execution darauf zu verfahren wissen.

XLI.

So erklären Wir Uns auch, fürs Ein und Vierzigste, in Gnaden dahin, da jemand aus der Ritter- und Landschaft strafwürdig befunden;

ten; daß Wir unerkannten Rechtens wider ihn nicht verfahren, sondern ihn zuvor mit seiner Nothdurft, vermöge des Assecurations-Revers de Anno 1572. gebührlich hören wollen.

XLII.

Zum Zwey und Vierzigsten, haben Wir gnädig bewilligt und nachgegeben, daß diejenige, so von Unserm Fiscal in peinliche Anspruch genommen werden, si delicta casualia, non dolosa sint, und es sonsten delicti qualitas permittiret und zuläßet, allein bey Eröfnung der End-Urtheil sich in Person zu stellen, anzuloben, und darüber gewöhnliche Caution zu prästiren verpflicht und schuldig seyn; Solches aber ad notoria & enormiora delicta, darüber in dem, Anno 1606. zum Sternsberge übergebenem generali Gravamine, und abermahls von Unser getreuen Ritterschafft, bey der Landtags-Versammlung daselbst ganz beschwerlich geklagt worden, nicht gezogen und verstanden, sondern darunter Innhalts des, Anno 1572. den 4ten Julii, der Ritter- und Landschaft gegebenen Assecurations-Revers, allerdings procediret, verfahren, und das Uebel mit Eifer und Ernst gestrafet werden soll.

XLIII.

Was die Bestrafung der unter denen vom Adel länger mehr zu- und überhand nehmenden Unzucht, fürs Drey und Vierzigste, anreicht, ist derowegen in Unser publicirten Policey-Ordnung, Tit. vom Todtschlag, Ehebruch. §. Würde auch, cum dnob. seqq. allbereit Verordnung geschehen. Darauf Wir auf gebührliches Anhalten die Execution, ohne Ansehen der Personen, unweigerlich ergehen zu lassen, oder auch nach Befindung des Delicti und der beschuldigten Personen Qualität und Beschaffenheit, außerhalb denen Fällen, so Leib- und Lebens-Straf auf sich tragen, den Verwandten die Vermäurung personæ deliquentis zu verstatten, in Gnaden erbietig.

XLIV.

Fürs Vier und Vierzigste, wollen Wir Unser getreuen Landschaft ausgetretene Bauren in Unsern Aemtern nicht aufhalten, sondern auf gebührliches Ansuchen, und Beweisthum ihren Herren wiederum folgen lassen.

XLV.

Zum Fünf und Vierzigsten, wollen Wir, wegen der geklagten, und von den Beamten, oder andern, gelegten neuen Krüge, Erkundigung anstellen, und dieselben nach Befindung, hinwiederum abschaffen.

XLVI.

Betreffend fürs Sechs und Vierzigste, der Bauren übermäßige Kosten bey Hochzeiten, Gilden, und Kindtaufen, wollen Wir zu Abschaffung desselben gebührende Anordnung zu machen wissen.

XLVII.

So viel, zum Sieben und Vierzigsten, die Entlauffung der Knechte und Dienstboten zur Erndten- und ander Zeit belanget, soll deswegen, daß kein Knecht oder Magd von jemand in Jahrdienst angenommen werde, sie haben dann ihres guten Abschiedes und Verhaltens glaubwürdigen Schein vorgezeiget, nothwendige Ordinanz gemacht, und die Uebertreter derselben gebührlich gestrafet werden.

XLVIII.

Imgleichen erachten Wir fürs Acht und Vierzigste, zu Erhaltung Gehorsams, Treu, und Redlichkeit unter dem gemeinen Gesinde hochnöthig seyn, daß kein Reisiger-Knecht, Kutscher, Voigt, Möller, Schäfer, und dergleichen Gesellen, die nicht ihres redlichen Verhaltens und Abschieds von ihren vorigen Junkern oder Herrschaft gebührlichen Schein und Kundschafft, die ein jeder auf sein Eyd und Pflicht ihnen mittheilen

theilen wird, fürzulegen, von jemand zu Dienst auf- und angenommen werden. Dannenhero Wir Unsere hiebevor deßhalb publicirte Mandata zu renoviren gemeint, deren ein jeder Unser Unterthanen bey unnachläßlicher Straf Funfzig Thaler gehorsamlich nachzuleben schuldig, und hiemit nochmahls und ernstlich befehliget seyn soll.

XLIX.

Schließlich, und zum Neun und Vierzigsten, wollen Wir auch den angenommenen Appellationen am Kayserlichen Cammer-Gericht, doch mit Erinnerung, sich der muthwilligen und frevelhaften Appellationen dagegen zu enthalten, ihren starcken Lauf, und Unsere getreue Ritter- und Landschaft bey ihren wohlhergebrachten Privilegiis, Assecuration-Revers, Erb-Verträgen, Appellation-Recessen, Frey- und Gerechtigkeit, allenthalben ruhig verbleiben lassen, und darwieder niemand beschweren.

Zu Urkund haben Wir diesen Brief in vorgesaßten Constitutionibus, Concessionibus, Belieb- und Verordnungen in allen Clausulen und Puncten, für Uns und Unsere Erben, und nachkommende Herzogen zu Mecklenburg, mit Unserer eigenen Handen Subscription und anhangenden Fürstlichen Innsiegeln bestätigt, und gegeben zu Güstrow, den drey und zwanzigsten Monaths Februarii, nach Christi Unsers Erlösers und Seligmachers Geburt, im Eintausend, Sechshunderten und Ein- und Zwanzigsten Jahre.

(L. S.) (L. S.)
Adolph Friedrich **Hans Albrecht,**
H. Z. M. zu Mecklenburg
manu propria. manu propria.

Revers sub dato **Güstrow, 23 Februar**
Anno 1621.

Von Gottes Gnaden, Wir Adolph Friederich und Hans Albrecht, Gebrüdere, Herzogen zu Mecklenburg, Coadjutor des Stiffts Rätze-

Beylagen.

Ratzeburg, Fürsten zu Wenden, Grafen zu Schwerin, der Lande Rostock und Stargard Herren ꝛc. Bekennen hiemit vor Uns, Unsere Erben, und nachkommende Herzogen zu Mecklenburg. Nachdem Unsere liebe getreue Unterthanen aller Stände sich aus unterthäniger Zuneigung, Treu und Liebe, so sie gegen Uns, als ihre Erb-Herren und Landes-Fürsten, tragen, sich freywillig und ohn alle Pflicht und Schuld dahin bewegen lassen, daß sie zu Abhelfung Unser obliegenden Schulden unterthänig bewilliget, zugesaget, und versprochen, Zehenmahl Hundert Tausend Gülden zu erlegen, und von diesem itzt verflossenen Anthonii an, alsofort Sechsmahl hundert tausend Gülden mit den Zinsen, und, von ermeldter Zeit, über Sechs Jahr, Zweymahl hundert tausend Gülden, gleichfalls mit den Zinsen, und folgends über zween, und von abgewichenen Anthonii anzurechnen, über acht Jahren, die übrigen Zweymahl hundert tausend Gülden, samt den Zinsen anzunehmen, und also Unsere Schulden abzutragen, sich auch der Mittel und Hülf, dadurch solches geschehen soll, mit einander unverzüglich vergleichen wollen, daß Wir demnach, wie zuvor in der Erb-Huldigung geschehen, denen vom Adel und Städten gnädiglich zugesagt, sie bey allen ihren habenden Privilegien, Freyheiten, und Gerechtigkeit (die sie von Unsern löblichen Vorfahren, den Herzogen zu Mecklenburg, erworben, geruhiglich und wohlhergebracht haben, insonderheit die vom Adel, die sonst mit ihren Ritterlichen Gütern ein freyer Stand ist, und seyn soll, bleiben lassen, auch dabey, desgleichen bey der Anno Funfzehn hundert dreyßig, Kayser Carl dem Fünften, Chur-Fürsten, und Ständen des Heil. Römischen Reichs, zu Augspurg übergebenen unveränderten Confeßion und Lutherischen Religion, und bey Fried und Recht, gnädiglich schützen und handhaben, auch den allgemeinen und sonderbahren Uns fürgebrachten Beschwerungen und Klagen, welchen noch nicht abgeholfen, aber dennoch klar, und auf Siegel und Briefe, oder kundbarlichen Entwehrungen, beruhen, unverzüglich, und ohn ferner Vorweisen oder Rechtsgang, abhelfen, die andern aber, welche nicht so kundbar, sondern altiorem indaginem erfordern, durch die nachgesessene unpartheyische Commissarien (welche sich unverzüglich darzu erledigen sollen und wollen) oder durch Niedersetzung der Räthe, oder Parium Curiæ, wie solches dem klagenden Theil am besten gelegen, und von Uns bitten werden, noch vor Johannis den Anfang geben, und folgends mit dem allerförderlichsten, und zum längsten innerhalb Jahrsfrist, zu endtlicher Erörterung, gnädiger und billiger Endschaft kommen und gelangen lassen wollen,

Beylagen.

wollen, mit diesem Anhange und gnädigen Zusage, daß diese der Landschaft itzt abermahls geleistete freywillige Hülf ihnen, und allen ihren Nachkommen, daran und also an ihren Privilegien, Freyheiten, Gewohnheiten, und von Uns habenden Revers, welchen Wir hiemit in der allerbesten Form, Maaß und Gestalt, wie solches von Rechtswegen geschehen soll, kann oder mag, verneuert, erweitert und confirmiret haben wollen, ganz unschädlich und unnachtheilig seyn soll. Sie sollen auch solche und dergleichen Beschwerungen auf sich zu nehmen, und Hülfe zu leisten hinführo nicht schuldig und verpflichtet seyn, sondern allewege bey ihren alten Privilegien und Freyheiten, und der alten gewöhnlichen einfächtigen Landbeten (wann in künftigen Zeiten ein Fürstlich Fräulein auszugeben, und ausgesteuret würde, daß sie auch und nicht anders, denn auf vergehende freyund gutwillige Beliebung, und sonsten nicht zu leisten sollen schuldig seyn) gelassen, und weiter Unser, oder Unserer Erben und nachkommenden Herzogen zu Meklenburg Schulden anzunehmen und zu bezahlen nicht schuldig seyn, und damit in keinen Weg mit nichten beschweret werden. Damit auch solche itzt bewilligte Summa der Zehenmahl hundert tausend Gülden desto füglicher und träglicher könne und möge auf- und zusammen gebracht werden, wollen Wir nicht allein gewilliget und nachgegeben haben, daß alle Unsere Clöster- und Aemter-Unterthanen, desgleichen alle geistliche und weltliche Güther der Fürstlichen Leibgeding Unterthanen, und der vom Adel Leibgeding, und frember Prälaten, oder anderer außeroder innerhalb Landes gesessen Güther, so ihre Nahrung in Unsern Landen haben, und Unsers Schutz und Beschirmung genießen, was Standes, oder Condition die seyn, von Unsern Vorfahren, oder Uns privilegiret, oder nicht, wie die Nahmen haben mögen, niemand ausgezogen, möge beleget werden; Sondern Wir sollen und wollen auch daran seyn, die gnädige Verordnung und Versehung zu thun, daß allerding hierin niemand, benannt, oder nicht benannt, sich selbst oder sonst jemand auszlehen und eximiren, sondern die von gemeiner Landschaft gewilligte Hülf würcklich präsiren und leisten sollen. Wir sollen und wollen auch einer ehrbaren Landschaft die freye Disposition und Dispensation über der Zusammenbringung, und gleich von Einandertheilung der bewilligten Summen, so wohl ander Ausgaben solcher Hülfe geruhiglich lassen, und sonderlich ihnen das vorschreiben und assecuriren. Es soll auch der Nachstand von der vorigen Tripelhülf, so vorhanden, oder noch in Unsern Aemtern, oder bey andern Unsern Unterthanen restiren, oder auch von neuem von

Unsern

Unsern Befehlshabern aufgenommen werden, in diese Summa der Zehenmahl hundert tausend Gülden geschlagen, und darzu gebracht und angewendet werden.

Da auch von obgedachten Puncten und Articuln, ein oder mehr, sollte übergangen, nachgelassen, und in Säumniß gestellet, und von Uns nicht würcklich vollnzogen, und ins Werck gerichtet werden, (welches doch nicht geschehen soll,) so soll alsdann auf den Fall auch dagegen eine unterthänige Landschaft der bewilligten Hülfe Folge zu leisten, ferner und weiter zu contribuiren, unverstricket und unverbunden seyn, sondern dieselbe auf fürgehende Cognition der Sachen, so vor Unsere niedergesatzte Land- und Hofräthe, auf der klagenden Parthey Ansuchung, alsbald und unverzüglich angestellt werden solle, so lange einzustellen, und fallen zu lassen, samt, und ein jeder insonderheit, gut Fug und Macht haben, auf welchem Fall Wir sie mit ernstlichen Schreiben, Mandaten und Pfändungen gantz und gar verschonen, und nicht beschweren wollen. Solches alles und jedes, wie obgeschrieben, haben Wir samt und sonderlich, als die regierende Landes-Fürsten, vor Uns, und Unsere Erben, und nachkommende Hertzogen zu Mecklenburg, Unsern Unterthanen vom Adel und Städten, zugelagt und versprochen; Zusagen und versprechen ihnen solches alles sämtlich und jedes insonderheit, in Krafft und Macht dieses Unsern offenen Briefes und Revers, bey Unsern wahren Worten, Fürstlichen Ehren und Würden, und Glauben, solches stet und fest unverbrüchlich und aufrichtig zu halten und zu vollenziehen, darwider nichts fürzunehmen und zu handeln, noch jemands anders darwider zu thun gestatten. Alles getreulich und ungefährlich. Uhrkündlich haben Wir Unser Insiegel an diesen Brief hangen lassen, den Wir auch mit eigener Hand unterschrieben haben. Geschehen zu Güstrow, den drey und zwantzigsten Februarii, nach Christi unsers Erlösers und Seeligmachers Geburth, Ein tausend, Sechs hundert, Ein und zwantzigsten Jahren.

(L. S.)　　　　　　　　　　　　(L. S.)
Adolph Friedrich,　　　　**Hans Albrecht,**
H. z. M.　　　　　　　　　zu Mecklenburg
manu propria.　　　　　　　manu propria.

Num.

Num. III.

Instruction für die Landmesser.

§. 1.

Es sollen die zu allgemeiner Ausmessung der Ritterschaftlichen Güther theils von Ihro Herzogl. Durchl. Selbst, theils von der Ritterschaft in Vorschlag gebrachte Landmesser, tüchtige, der Geometrie und was dahinein schläget, ganz wohlerfahrne, daneben aber auch redliche und gewissenhafte Leute, und bevor sie zu der vorhabenden allgemeinen Ausmessung gebraucht werden, von der, zur Direction dieser allgemeinen Vermessung ernannten Commißion, nach dem sub Num. V. beyliegenden Formular, beeydiget seyn.

§. 2.

Bey der Arbeit selbst, sollen die Landmesser, die ihnen zum Vermessen aufgegebene Güther, deren Feldmarken und andere Terrains, wie die Nahmen haben mögen, der Gestalt accurat aufnehmen, und wenn es verlanget wird, Charten davon formiren, damit, wenn mit schleuniger Nachmessung einiger Linien, eine Probe in dem gemessenen Guthe gemacht wird, nach dem verjüngten Maaßstabe, alles nach den Reguln der Geometrie, so viel nur immer möglich ist, eintreffe. Würde dem entgegen jemand betroffen, daß er wieder seinen geleisteten Eyd unrichtig procediret, oder wohl gar zur Ungebühr colludiret, derselbe wird dem Befinden nach dafür aufs schärffste angesehen.

§. 3.

Ob zwar einem jeden Geometrä überlassen wird, was für Instrumenta, die jedoch accurat seyn müssen, er bey der Vermessung zu gebrauchen, seiner Bequemlichkeit und Convenience findet; So haben dennoch dieselben, wann ein ganzes und zumahl ein großes Feld aufzunehmen ist,

ist, entweder vorhero, oder bey Aufnehmung der Figuren, sich durch abzusteckende, möglichst lange Haupt-Linien, der accuraten Zusammensetzung der Figuren zu versichern, zu welchem Ende sie die Charten von starkem feinem Papier, gleich beym Anfange ihrer Arbeit, so groß als nöthig ist, zusammen zu setzen, und entweder so fort, oder nach gerade bey fortführender Auftragung der Figuren, die Haupt-Linien darauf zu verzeichnen haben.

§. 4.

Soll ihnen ins besondere unverwehret seyn, das zu Ersparung der Zeit dienende Instrument, die Mensula genannt, zu gebrauchen, und damit wie gewöhnlich das aufzunehmende Terrain von Stück zu Stück aufs Papier zu bringen. Jedoch ist mit Fleiß zu beobachten, daß sie beym Auftragen auf die reine Charte, mit den Haupt-Lienien richtig zutreffen, mithin keine falsche Figuren einschleichen.

§. 5.

Soll ein jeder Landmesser, der abhülflret seyn will, seine Meß-Kette nach der zum Grund gesetzten, und bey der anzuordnenden gemeinschaftlichen Commißion vorhandenen richtigen Kette von 16. Fuß à Fuß 12 Zoll Lübeckische Maaße, verfertigen, oder diejenige, welche er schon hat, darnach rectificiren lassen, damit bey der Ausmessung einerley und richtige Maaße abhülflret werde.

§. 6.

Gleichwie man jetzigen Umständen nach, an zween Exemplarien jeglicher formirten Charte gnug hat; So sollen die abhülfleten Landmesser, 2. auf feinen weissen Leinwand gezogene Exemplaria, nebst dem Feld-Register, damit erfordernden Falls desto bequemlicher mehrere Copeyen davon genommen werden können, verfertigen, und beyde an die gemeinschaftliche Commißion abgeben: Da dann die eine die Fürstliche verordnete, die andere die Ritterschaftliche Deputirte zu sich nehmen; jedoch auch die entweder mit dem Meß-Tisch aufgenommene und zusammen gesetzte,

Beylagen.

setzte, oder die mit andern Instrumenten verfertigte Stücke des Brouillons, samt allen bey der Ausrechnung gebrauchten Cladden und Schedulis, es betreffen solche die Charte, oder das Feld-Register, dem Guths-Besitzer einzuliefern verbunden seyn, und nicht Macht haben mehrere Exemplaria oder Copeyen zu nehmen, weniger selbige in andere Hände kommen zu lassen.

§. 7.

Die verjüngte Maaß-Stäbe der Landmesser sollen so beschaffen seyn, daß bey grossen Feld Marken, und zum Messen vorgegebene Terrains die Charten nicht zu groß und unhandlich gerathen, jedoch müssen dieselben auch nicht zu klein eingerichtet seyn, und ist darauf zu sehen, daß eine Ruthe noch vollenkommen kännlich bleibe: zu solchem Ende einerley und ein egaler verjüngter Maaß Stab bey allen Charten, und ausser dem Felder, gebraucht werde. Und soll die verjüngte Ruthen-Maaß, zwischen Fürstlichen Herren Commissarien und Ritterschaftlichen Deputirten verglichen, und denen Feldmessern gegeben werden.

§. 8.

Und weil alle von den zu abzuhielenden Land-Messern gefertigten Charten uniform ausfallen müssen; So sollen die Landmesser ihre Charten nicht nach eigenen Gefallen illuminiren, vielmehr einem jeden ein Modell von der Commißion vorgezeiget werden, wovon er Copey zu nehmen, und die Charte ins künftige darnach zu illuminiren hat.

§. 9.

Damit man auch auf den Charten den Superficial-Einhalt an □R. vor Augen haben möge, so ist selbiger, wie das gemeinschaftliche-zu entwerfende Schema ausweisen wird, von jeder Abtheilung, sie habe Nahmen wie sie wolle, auf die Charte zu setzen.

§. 10.

Die Feld-Register sollen der Gestalt accurat und ordentlich eingerichtet seyn, daß nichts überall von dem, was in den Plans oder den Charten

ten enthalten ist, daraus gelassen werde. Zu solchem Ende ist alles in Sechs Capita zu bringen, und zwar in das Erste der Acker inclusive der Koppeln und Wörte, auch alles desjenigen, was sonst als Acker beständig oder zuweilen gebrauchet wird: In das Zweyte die Wiesen: Ins Dritte die Hauß-Stäten, Lust-Kohl-und Obst-Gärten: Ins Vierte die Hölzungen, Möhre, Brüche, Brinke, und alles was zur Weide alleine oder zugleich mit dazu gebrauchet wird: Ins Fünfte, die Seen, Teiche, Sölle, Kölke, und alles übrige, was sich unter die andern Capita nicht bringen lässet: Ins Sechste und letzte aber die Priester-und Küster-Aecker, Wiesen, und Ländereyen, nicht weniger alles, was den Priester-Bauren zustehet, oder sonst ad Pia Corpora erweißlich gehöret.

§. 11.

Mit der Bonitirung oder mit der Anschlagung der OR. zu Scheffeln Einsaat, haben die Landmesser überall nichts zu schaffen. Sie lassen vielmehr die Colomne, wohin sie solche sonst gemeiniglich in ihren Feld-Registern zu verzeichnen pflegen, der Gestalt offen, daß die verordnete Taxatores die Bonité selber hinein schreiben können.

§. 12.

Beym Messen sollen den Landmessern 3 Personen zugefellet und nachgegeben werden. Den Backer aber hält sich ein jeder abhibirter Landmesser selbst aus eigenen Mitteln, und hat damit weder die Guths-Unterthanen zu beschweren, noch dafür, außer dem jlendachst bedungenen Lohn, etwas besonders in Rechnung zu bringen.

§. 13.

Sollte ein oder anderer Landmesser so saheläßig zu Wercke gehen, daß bey anzustellendem Examine ihrer Charten merckliche Fehler vorgegangen, und entweder gantze Oerter weggelassen, oder selbige zu klein, oder zu groß gezeichnet worden, sollen sie gehalten seyn, solche Fehler durch neue Nachmessung auf ihre Kosten zu corrigiren. Würde sich aber hervor geben, daß ein Landmesser vorsätzlich falsch gemessen hätte, so soll er andern zum abschreckenden Exempel, als ein Meineydiger hart gestraffet werden.

§. 14.

§. 14.

Nach geschehener Ausmessung sollen die Landmesser das Brouillon, nebst 2 reinen Charten und dem Feld- und Schlag-Register und allen Cladden, von welchen sie vorberührter maßen nichts in Händen behalten, weniger andern etwas davon communiciren dürfen, der Gestalt als in §. 6. erwähnet, abliefern.

§. 15.

Und ob ihnen zwar an dem Orte der Vermessung freyes Quartier eingeräumet werden soll; So müssen sie dennoch bey vorbeschriebenem Gehalt, sich selbst befragen.

§. 16.

Würden aber die Landmesser in den General-Vermessungs-Angelegenheiten vor die hiezu verordnete Directorial-Commißion, citiret werden, so soll ihnen das Fuhrlohn, bis zur nächsten Poststation, und das verlegte Postgeld vergütet, und dabey e. Rthler an täglicher Diät gezahlet werden.

§. 17.

Ferner sollen die beeydigten Landmesser, nicht nur die Nummern, worauf sich das Feld-Register beziehet, sondern auch die Nahmen der Oerter, nicht minder die ☐R. in oder bey den Figuren der Charten setzen.

§. 18.

Die Figuren so weit sie die Natur distinguiret, und sie ausgerechnet worden, sollen mit Puncten oder Linien genau bezeichnet werden.

§. 19.

Imgleichen sollen die Figuren oder Oerter, sie seyn so klein, wie sie wollen, in der Charte und in dem Register mit numeriret, keineswegs aber die kleinen Oerter in eins zusammen gezogen werden.

§. 20.

Beylagen.

§. 20.

Die Landmesser sollen in den Hölzungen den unterschiedenen Boden, die darinn vorhandene harte und weiche Hölzung, Holz-Oerter, blosse Stellen, Wege, Sölle, Lieten, und dergleichen natürliche und gemachte Veränderungen, genau heraus messen und marquiren.

§. 21.

Die in einem Felde vorhandene beträchtliche Berge, Anhöhen, und hohe Ufer, sollen jederzeit horizontal gemessen und in der Charte mit bemercket werden.

§. 22.

Was nahe an der Gränze der zu messenden Feldmark lieget, als Hölzungen, Seen, Wohn-Oerter und dergleichen, sollen wenigstens ohngefehr auf der Charte angedeutet werden. Schwerin den 30ten Octobr. 1751.

Christian Johann Cornelius Johann Georg
von Both. von Müllern. Wachenhusen.

Andreas Gottlieb von Bernstorf.

Gustav Adolph von Moltzahn.

Henning Conrad Friedrich von Dertzig.

Gottfried August Freyherr von Lützow.

Num. IV.

Instruction, für die Wirthschafts- und Ackerverständige Achtsleute, welche die Adeliche Güther classificiren und taxiren sollen.

(1)

Es sollen von Herzoglich- und Ritterschafftlicher, und zwar von jeglicher Seite drey unpartheyische, in Absicht auf Christanständige Conduite und

und Lebensart unverdächtige, der Landwirthschaft und des Ackerwesens aber vollkommen kundige Hauswirthe angenommen, und von der zu Regulirung des Ritterschaftlichen Hufen-Wesens von Ihro Herzogl. Durchl. nach Maaßgebung der Präliminarien, angeordneten gemeinschaftlichen Directorial-Commißion, nach dem Formular sub Num. VI. beeydiget werden. Es bleibet jedoch sowohl Ihro Herzogl. Durchl. als der Ritterschaft frey, dem Befinden nach, solche Personen, entweder beyzubehalten, oder sie zu dimittiren, und an deren Stat andere zu verpflichten.

(2)

So bald die verordnete Landmesser mit ihren Geometrischen Plan und Registern eines ganßen oder mehrer adelichen Güther, fertig sind, und solche an das gnädigst verordnete Directorium eingesandt haben, verfügen sich zween aus dem Mittel solcher Commißion, unter Zuziehung eines hiezu gemeinschaftlich beeydigten Notarii, und der 6 geschwornen Taxatorum, nach dem vermessenen Guthe. Darauf verfüget man sich

(3)

ins Feld, allwo die beyden Commissarii unter deren Direction alles geschiehet, die 6 Taxatores, in drey besondere Schürzen, solcher Gestalt vertheilen, daß in jegliche Schürze, ein von Herzoglich- und ein von Ritterschaftlicher Seite ernannter Taxator, komme. Alsdann nimmt man

(4)

Den Plan und die Feld- und Schlag-Register solchen Guths zur Hand, und bringet alle und jede Arten von Acker, Wiesen, Welden, Hölßungen, Brüchen, Möhren, grossen Seen und alles, was sich findet, und von den Landmessern in ihren Registern besonders nahmhaft gemacht ist, ausser den unten in dem §. 12. expiirten Stücken, ohne Unterschied besonders in eine haußwirthliche Taxe, ohne die Figuren, und die mit besondern Farben in der Charte distinguirte Oerter, mit einander zu confundiren. Und damit alles desto unpartheyischer zugehe, so wird

Beylagen.

(5)

Ein jeglicher in dem Feld-Register besonders notirter Ort, durch eine jede der §pho 3. benannten Schürzen, solcher Gestalt besonders taxiret, daß eine jegliche Schürze sich, für sich, und ohne mit der andern, die geringste Rücksprache und das mindeste Einverständnis, es sey durch Worte, Gebehrden, oder Zeichen zu haben, über die verschiedene Bonité des Orts, welcher taxiret wird, vereinbahre. Wann solches geschehen ist, so treten

(6)

Die gesamte Schürzen, eine nach der andern, zu dem verordneten Notario, und geben jede besonders, auch ohne daß die andere Schürze das geringste davon höre, ihre hauswirthliche Meinung von der Bonité des taxirten Stück's, und von der Scheffel-Zahl, oder, wenn es Wiesen-Grund ist, von der Fuder-Zahl, wozu die in der Figur und in dem Feld-Register angesetzte □Ruthen Zahl, der untriegligen Erfahrung, oder auch der gewissenhaften Billigkeit nach, zu reduciren sey, ad Protocollum. Wenn solches geschehen ist, und sich findet, daß die Aussage der Taxatorum discrepant ist, so wird

(7)

Die Deposition gesamter Schürzen laut verlesen, und was sie jede besonders angegeben, zusammen addiret, und zu Herausbringung des Facit, hernächst mit der Zahl 3. so viel nämlich der Schürzen sind, dividiret, und solch, durch Hülf der Division herausgebrachte Bonité, in die offen gelassene Colonne des Feld-Registers geschrieben, mithin der wahre Inhalt der, aus jeglicher Figur des Plans kommenden Scheffel- und Fuder-Zahl öffentlich ad Protocollum verzeichnet, und auf solche Art am Schluß solches Protocolli in Beysein der Commissarien und sämtlicher Taxatorum herausgebracht, wie viel Hufen ein adeliches Guth überhaupt enthalte. Wobey

(8)

Vermöge des mit der Ritterschaft getroffenen Vergleichs, vestgesetzet wird, daß auf eine Hufe dreyhundert Schfl. Einfall nach richtiger Rostocker

stocker Maaße gegeben, und daß ein landüblicher Bauer-Huber Heu für zween Scheffel claßificirtes Saat-land, in bepderley Fällen, es sey hinlänglicher und überflüßiger Wiesewachs in einem solchen adelichen Guthe vorhanden, oder es fehle daran, gerechnet werden sollen; Gleichwie hergegen jeglicher Scheffel claßificirten Saat-landes gegen jeden Scheffel Instructionsmäßig bonitirter Weyde, auf- und abgerechnet wird. Damit aber

(9)

Die beeydigte Taxatores einen gewissen Grund und ein allgemeines Principium zu der ihnen anvertraueten Taxation der adelichen Güther haben mögen; So werden hiedurch nach hauswirthlicher Billigkeit, Sechs besondere Acker-Classen angenommen und verschrieben.

Zur ersten Classe soll der beste Weitzen-Acker gerechnet, und nicht weniger, als 75. ☐Ruthen auf einen Scheffel Rostocker Maaße zum Anschlag gebracht werden.

Zur zwoten Classe gehöret der Acker, wo Gersten und Erbsen wachsen können, von 75 bis 90 ☐Ruthen.

In der dritten Classe stehet der Acker, wo Gersten wächset, welcher jedoch nicht von Bonität der kurz vorhergehenden Classe ist. In solcherley Grunde sollen, dem hauswirthlichen Befinden nach, von 90 bis 110. ☐Ruthen gerechnet werden.

In die vierte Classe ist derjenige Acker zusetzen, welcher zu Rocken und weissen Habern in Anschlag gebracht werden kann, und in dem Acker, welcher also naturet ist, sollen die Taxatores von 110 bis 150. ☐R. auf einen Scheffel Einfall Rostocker Maaße rechnen.

Zur fünften Classe soll derjenige Acker ästimiret werden, welcher all ums 4'e Jahr Rocken und bunten Habern tragen kann, und in solcherley Acker sollen die bestellete Bonitatores, nach Verschiedenheit des Grundes, von 150 bis 200. ☐R. auf einen Scheffel geben.

In die sechste Classe aber soll endlich derjenige Acker gebracht werden, welcher nur alle 6 bis 7 Jahre aufgenommen, und mit Rocken und rauhem

rauhem Habern besäet werden kann, und in solchem soll die Taxation von 200 bis 250. auch wohl, dem hauswirthlichen und gewissenhaften Ermessen nach, bis 300. ☐Ruthen gehen.

Würde sich übrigens bey dem taxirten Guthe gar schlechter, nicht einmahl zur 6ten und letzten Classe zu rechnender Acker finden; So soll derselbe von dem Taxatoribus auch nicht in Acker-Anschlag gebracht, sondern, nach seiner wahren Beschaffenheit, zur Weide angeschlagen werden.

(10)

Bey Bonitirung der Wiesen-Gründe, sollen die Taxatores auf eben die Art, wie bey der Taxation des Saat-Landes, verfahren, doch mit dem Unterscheid, daß sie in dem besten Grunde, von 100. ☐Ruthen zu einem landüblichen Bauer-Fuder Heu, den Anfang machen, und so, dem Befinden nach, bis 300. ☐Ruthen höchstens, continuiren.

(11)

Bey Claßificirung der Weide sollen die Taxanten zuvor die bewachsene und unbewachsene Oerter unterscheiden. Ist die Weide von Brink- und anderm gutem Grunde; So soll die Bonitirung von 100. ☐Ruthen à Scheffel ihren Anfang nehmen, und nachdem die Weide gut, mittelmäßig, und schlecht ist, auch mehr oder weniger in Rusch und Busch lieget, bis 300. ☐Ruthen, auf und ab, continuiren. Jedoch sollen auch bey schlechten Möhren, grossen Helden und starcken Dickungen, die jedoch noch einigen Abnutz zur Weide geben können, dem Ermessen nach, von 300 bis 500. ☐Ruthen, mehr aber nicht, auf einen Scheffel gerechnet werden.

(12)

Als es im übrigen bey den, an grossen Strömen und Gewässern gelegenen Güthern, solche Aecker, Wiesen, und Weiden giebt, die zwar guten Grund haben, jedennoch, wo nicht jährlich, doch oftmahl, von Ueberstauungen, und so genanntem Qualm incommodiret werden; So haben die verordnete Taxatores bey der Bonitirung darauf gewissenhaft zu reflectiren, und solcher unvermeidlichen Zufälle halber, von der ordinarien Claßification nach Billigkeit abzugehen.

(13) Die

Beylagen.

(13)

Die Taxation soll sich über alles, was in dem vorgelegten geometrischen Plan, und in dazu gehörigen Feld-Registern befindlich ist, erstrecken, und soll überhaupt von den Taxanten nichts ausser Acht noch untaxiret gelassen werden. Jedoch sollen dieselbe alle adeliche Hof- und Dorf-Städten, ferner auch adeliche Lust-Gärten, Teiche, geringe Gewässer, und Bäche, desgleichen die Acker-Koppel- und Wasser-Graben, nicht minder unbrauchbare Sand-Schollen, Post-Heer- und übrige beständige, nie zum Aufbrechen und zur Cultur und Weide kommende Wege, samt solchen Möhren und Revieren, welche gar nicht zu Äckern, Wiesen, und Weiden zu nutzen sind, gantz abschlagen, und solche den Possessoribus der Güther nicht mit anrechnen. Dahergegen sollen

(14)

alle adeliche Küchen- und Baum-Gärten, grössere Land-Seen und Gewässer, Mühlen-Städten, und alle andere Grund-Stücke, welche zur Saat, zu Wiesen und Weyden Genuß geben, unter dem Anschlag begriffen seyn. Jedoch sollen in specie die Gärten nicht nach ihrem Ertrag, sondern als Acker taxiret werden. So sollen

(15)

auch alle Wälder, Brüche und Dickungen, ohne einigen Unterscheid mit zum hauswirthlichen Anschlag kommen, doch daß dabey von den Taxatoribus nur auf den Graß-Wachs, und auf die darinn zu nutzende Weide, keineswegs aber auf die Beschaffenheit des Bodens, oder auf andere Abnutzungen, gesehen werde. Daher sollen Wälder und Dickungen, nachdem sie mehr oder weniger Weide geben, biß am 500. □R. à Scheffel claßificiret werden. Mehrere □Ruthen aber als 500. sollen auch in den dickesten Zuschlägen, jungen Holtz-Kämpen, latten-Brüchen, und andern Dickungen, gesetzt auch daß zur Zeit der Taxation solche gar keine Weide geben könnten, auf einen Scheffel Einfall nicht gerechnet werden. Was insonderheit

f   (16) Die

(16)

Die Taxation der grösseren Seen und Gewässer in den Adelichen Güthern betrift; So sollen die bestellete Taxanten damit solcher Gestalt verfahren, daß sie den, von dem Possessore des Guths darauf bestellete Pacht-Fischer, vor sich laden, denselben mit einen Wahrheits-Eide belegen, als dann ihm seinen Original-Pacht-Contract, welcher jetzt und immerdar hierunter die Norm seyn soll, absordern, daraus das jährliche Pensions-Quantum erforschen, und davon alles dasjenige abziehen, was ein solcher Pacht-Fischer von dem Possessore des Guths an Acker, Wiese-wachs, Weide, Wohnung, Garthen, oder Deputat, jährlich zu geniessen hat. Was als dann deductis deducendis an reiner und überschüßiger Fischer-Pension noch übrig bleibet, solches soll zum Hufen-Anschlag, und zwar solcher Gestalt gebracht werden, daß Land-Seen und Gewässer, so oftmahl für eine Hufe gerechnet werden, als oftmahl 120. Rthler jährlicher Fischer-Pacht überschüßig bleiben, und so nach Proportion eines geringern Quanti. Die Fische aber, welche dem Locatori der Fischerey etwa in natura Contractmäßig geliefert werden, sollen um so weniger gerechnet werden, als die Fischer-Pacht-Contracte bey diesem Punckt das einzige Regulativ abgeben. Was

(17)

die binnen der Adelichen Güther Feldmarken und Dorffschaften etwa belegene, oder damit vermengete Pfarr-und übrige geistliche Aecker, sammt allen ad pia corpora gehörigen Grund-Stücken betrift; So sollen die verordnete Taxatores, unter Direction der Commissarien, sich aufs fleissigste erkundigen, was davon bißhero steuerpflichtig gewesen oder nicht? Und gleichwie solche geistliche Grund-Stücke, den Possessoribus Adelicher Güther, in dem eventualiter zu errichtenden Ritterschaftlichen Hufen-Catastro nicht zur Last geschrieben werden sollen; So dienet den bestelleten Taxatoribus, zu eigentlicher und genauer Ausfindung der, von den eigentlichen Ritterschaftlichen Grund-Stücken, abzuschlagenden Pfarr-und übrigen geistlichen Hufen, hiemit folgendes zur Vorschrift.

(18)

So oftmahl ein solcher Prediger oder Geistlicher, der Theil an des des Guths-oder des Dorfs Aussen-Weide hat, an saatbarem Lande, oder

an

an urbaren Wiesen-Gründen, in welchen letzteren nach Maaßgebung des §. 8. ein Baur-Fuder-Heu, für 2 Scheffel Einfall gerechnet wird, Ein Hundert und fünf und Siebenzig Scheffel Einfall besitzet, so oftmahl sollen auf die Pfarr- und übrige besetzte geistliche Hufen Ein Hundert und fünf und Zwanzig Scheffel an Außen-Weide, oder in Busch und Busch gerechnet, mithin in solcher Maaße und Proportion die geistliche Grund-Stücke von dem Ritterschaftlichen Eigenthum, abgeschlagen werden. An Orten aber, wo die Prediger und geistliche etwa nur eine, längst vorhero bestimmte Anzahl Vieh halten dürfen, sind von den Taxatoribus nicht mehr als præcise fünf cloßificirte Scheffel an Außen- oder gemeiner Weide auf jegliches Haupt Vieh anzurechnen. Wann sich

(19)

bey solcher Taxation der Adelichen Güther, streitige Scheiden und Gränzen finden; So sollen dieselbe nach Maaße, wie sie in den Charten notiret, und in den Feld-Registern bemerket sind, demjenigen Adelichen Guthe zugeschrieben werden, welches zur Zeit der Taxation in dem würcklichen Besitz ist. Uebrigens und zum

(20)

sollen die bestellete Taxatores ihres geleisteten Eydes stets eingedenck seyn; und dem zu Folge bey einem so wichtigen Geschäfte mit aller Behutsamkeit, Sorgfalt, und Einsicht, gewissenhaft, so viel nur immer an ihnen ist, niemanden zu Liebe noch zu Leide, um so mehr zu Wercke gehen, als die Äcker, Wiesen, und Weiden, auch so gar auf einem einzigen Stücke, und in einer geringhaltigen Circumference gar sehr unterschieden sind, mithin die Bonitirung in mancherley Weise difficil machen, und eine vorsetzliche Hintansetzung ihres Eydes und Gewissens, der man sich zu ihnen nicht versiehet, schwere Verantwortung und Ahndung nach sich ziehen dürfte.

(21)

Sonst sollen die Diäten und Zehrungs-Kosten mit den abzölirten Taxatoribus aufs beste behandelt, und jedesmahl, nach vollendeter Taxation

eines

eines Guths, so von Herzoglich- als Ritterschaftlicher Seite, richtig ausgezahlet werden. Schwerin den 30. Octobr. 1751.

Christian   Johann Cornelius   Johann Georg
von Both.   von Müllern.   Wachenhusen.

     Andreas Gottlieb von Bernstorf.

     Gustav Adolph von Moljahn.

    Henning Conrad Friedrich von Dewitz.

     Gottfried August von Lützow.

Num. V.

Eyd, der zur allgemeinen Ritterschaftli-
chen Vermessung bestelleten Landmesser.

Ihr sollet geloben und schweren, einen cörperlichen Eyd zu GOtt, und auf sein heiliges Wort: daß, nachdem auf gnädigstes Veranlassen des Durchlauchtigsten Fürsten und Herrn, Herrn Christian Ludewigs, Herzogen zu Meclenburg, Fürsten zu Wenden, Schwerin und Ratzeburg, auch Grafen zu Schwerin, der Lande Rostock und Stargard Herrn ꝛc. zu vorseyender allgemeinen Vermessung der adelichen Güther, in den Meclenburgischen Herzog-Fürstenthumen und Landen, ihr unter andern mit berufen und angenommen seyd, ihr bey solcher euch jetzt anvertraueten und künftig noch weiter aufzutragenden Vermessung, richtig und redlich zu Werke gehen, darunter niemand zu liebe oder zu leibe handeln, noch mit jemand, er sey wer er wolle, conniviren, oder colludiren, noch euch durch Gunst oder Ungunst, Freundschaft oder Feindschaft, am wenigsten aber durch Verheißung, Furcht, oder Drohung, noch durch Geschenck oder Gabe, von rechtschaffenem Verfahren abwendig machen lassen, vielmehr nach der euch öffentlich vorgelesenen und abschriftlich zugestelleter
              Land-

Landmesser-Instruction, euch, bestem eurem Wissen und Gewissen nach, alle Wege genau verhalten, und überhaupt dabey euch so betragen wollet, als einem geschickten und redlichen Landmesser wohl anstehet, eignet und gebühret, und Ihr euch solches vor GOtt an jenem grossen Gerichts-Tage, auch für eurem eigenem Gewissen und männiglich zu verantworten getrauet: So wahr euch GOtt helfe, durch Unsern Herrn und Heyland Jesum Christum.

Christian   Johann Cornelius   Johann Georg
von Both.   von Müllern.   Wachenhusen.

Andreas Gottlieb von Bernstorf.

Gustav Adolph von Molzahn.

Henning Conrad Friedrich von Dewitz.

Gottfried August Freyherr von Lützow.

Num. VI.

Eyd, der zur Taxation der Ritterschaftlichen Güther bestellten Ackerverständigen Hauswirthe.

Ihr sollet geloben und schweren einen cörperlichen Eyd zu GOtt, und auf sein heiliges Wort: daß, nachdem auf gnädigste Anordnung des Durchlauchtigsten Fürsten und Herrn, Herrn Christian Ludewigs, Herzogen zu Mecklenburg, Fürsten zu Wenden, Schwerin und Ratzeburg, auch Grafen zu Schwerin, der Lande Rostock und Stargard Herrn rc. zur Taxation, Classification, und Bonitirung der adelichen Güther in den Mecklenburgischen Herzog-Fürstenthümern und Landen, Ihr unter andern dazu ernannten Ackerverständigen Hauswirthen mit beru-

sen und angenommen seyd, ihr bey solcher euch jetzt anvertraueten, und
künftig noch weiter aufzutragenden Taxation, Claßification, und Bonitirung, aufrichtig und redlich zu Wercke gehen, darunter niemand zu Liebe
oder zu Leibe handeln, mit niemand, er sey wer er wolle, conniviren, noch
euch durch Gunst oder Ungunst, Freundschaft oder Feindschaft, am wenigsten aber durch Verheissung oder Drohung, noch durch Geschenck oder
Gabe, vom rechtschaffenen und redlichen Verfahren abwendig machen
lassen, vielmehr nach der euch öffentlich vorgelesenen, und abschriftlich
zugestellten Bonitirungs-Instruction, euch, bestem eurem Wissen und
Gewissen nach, alle Wege unabhältlich achten, und überhaupt dabey euch
so verhalten wollet, als einem erfahrnen und redlichen Hauswirth, guten
Christen, und ehrliebenden Mann, wohlanstehet, eignet und gebühret,
und ihr euch solches vor GOtt an jenem grossen Gerichts-Tage, auch vor
eurem eigenen Gewissen, und männiglich zu verantworten getrauet. So
wahr euch GOTT helfe durch unsern Heyland JEsum Christum.

Christian   Johann Cornelius   Johann Georg
von Both.   von Müllern.   Wachenhusen.
    Andreas Gottlieb von Bernstorf.
    Gustav Adolph von Molzahn.
    Henning Conrad Friedrich von Dewitz.
    Gottfried August Freyherr von Lützow.

Num. VII.
Instruction für die Einnehmer bey dem Städschen Modo Contribuendi ad Cap. 1^{mum} & 2^{dam}.

§. 1.

Eine jede Stadt-Obrigkeit soll ein richtiges Häuser-Acker- und Wiesen-Register an den Orten, wo dergleichen noch ermangelt, verfertigen,
und

Beylagen.

und eine beglaubte Abschrift unter der Stadt Innsiegel, und der gewöhnlichen Raths-Unterschrift, der Steuer-Stuben überliefern, so wie sie es ihren Pflichten nach zu justificiren sich getrauet.

§. 2.

Diejenigen Häuser, worüber von dem Magistrat dahin eine Bescheinigung beygebracht wird, daß sie während des gantzen Quartals überall unbewohnt geblieben, sollen von der Haus-Steuer für solche Zeit, befreyet seyn: Alle bewohnte Häuser aber ohne Unterscheid der Oerter und der Nahrung, nach der Edictmäßigen Anlage steuren.

§. 3.

Daferne aber die Einnehmer eine unrichtige Angabe bemercken sollten, haben sie solche dem Magistrat des Orts anzuzeigen, welcher solche gehörig untersuchen, und den geflissentlichen Defraudanten auf das Quadruplum der verschwiegenen Acker-Steur, bestrafen soll.

§. 4.

Die Haus-Steur, welche nach den obererwehnten Stadt-Registern zu reguliren, wird jährlich im Martio, Junio, September, und December, zu Anfang dieser Monate, bezahlet, und ist niemand davon befreyet, er sey auch wer er wolle, und wohne in der Stadt, oder in den Vorstädten. Die Steuer von dem Acker und Hopfen-Kuhlen aber, wird in Termino Martini entrichtet, und daferne sich jemand dieserhalb, nach geschehener Anerinnerung, säumig finden lassen mögte; So soll derselbe auf vorgängige Anzeige der Einnehmer, von der Obrigkeit des Orts, zur schuldigen Bezahlung per Executionem angehalten werden.

§. 5.

Wenn ein Fremder, der nicht zur Stadt gehöret, Acker auf dem Felde an sich gebracht, und sich in Bezahlung der Acker-Steur säumig erweiset; So sollen die Einnehmer bey dessen ordentlichen Obrigkeit Ansuchung thun, und diese denselben zur Edictmäßigen Bezahlung gebührend anhalten.

§. 6.

§. 6.

Das Heu, welches auf dem Stadt-Felde, oder in den Stadt-Wiesen geworben wird, soll acht Tage nach der Heu-Erndte sub pœna Executionis verstceuret, bey befundenem Unterschleif aber, das Quadruplum davon an Strafe erleget werden.

Anmerkungen ad Cap. 3.

§. 1.

Das gesamte Vieh, worunter aber die Füllen unter drey Jahren, ein Stier oder Stärk unter zwey Jahren, ein Färken unter einem halben Jahre, und die Lämmer, so noch nicht ein Jahr alt, imgleichen das, zum Feist-Machen aufgestellte, und in die Mast oder Weide gejagte Vieh, nicht zu verstehen ist, soll im Anfang des September-Monaths jährlich von einem jeden Bürger und Einwohner in der Stadt oder in der Vorstadt, bey der Steuer-Stube angegeben, und die gesetzte Steuer davon entrichtet werden. Wesfalls

§. 2.

die Hirten im August-Monath an Eides-Stat vor den Inspectoribus und Einnehmern auszusagen haben, wie viel Vieh
1.) ihres Wissens in der Hude verhanden, und
2.) was einem jeden Einwohner davon gehöre.
Welche Aussage die Einnehmer schriftlich abzufassen, und der Berechnung der Vieh-Steuer, mit der Angabe der Contribuenten, beyzufügen haben, und werden die Magistratus jeglicher Stadt dahin ein für allemahl angewiesen, die Hirten dazu anzuhalten.

§. 3.

Wer von seinem steurbaren Vieh das geringste verschweiget, soll, nach überführter Defraudation, um das Quadruplum, nebst Erlegung der ordentlichen Steur, bestrafet werden. Würde aber jemand zum zweytenmahl über dergleichen vorsetzlichen Unterschleif betroffen; So soll das Untergeschlagene der unabbittlichen Confiscation unterworffen seyn.

Anmerkungen ad Cap. 4. & 5.

§. 1.

Die Scharren- und andere Schlächter, sollen keinem der Einwohner, ohne vorgezeigten richtigen Steuer-Zettel, etwas abschlachten, oder, daferne sie solches heimlich thäten, und dessen überwiesen würden, sollen sie an Strafe erlegen,

vor einem Ochsen . . . 2. Rthlr.
vor eine Kuh . . . 1. "
vor einem Schwein, Hammel, Schaaf,
Ziege, Lamm, oder Kalb . , 16. gl.

und diese Strafen sollen auch diejenigen, welche entweder durch Fremde, ihr Gesinde, oder Soldaten, heimlich in oder ausser der Stadt ihr Vieh schlachten lassen, nebst Erlegung der ordentlichen Steur, unterworffen seyn, wie nicht weniger diejenigen, so das heimliche Schlachten verrichtet. Da sie es aber nicht im Vermögen haben, sollen dieselben von ihrer ordentlichen Obrigkeit mit Gefängnis bestrafet werden.

§. 2.

Der Beutler so einen Bock zur vergönnten Zeit unversteuret schlachtet, zahlet dafür, nebst der ordentlichen Steuer, 1. Rthlr. zur Strafe.

§. 3.

An den Orten, wo öffentliche Schlacht-Häuser vorhanden, soll der bepflegte Aufseher die Steur-Zettel in einer Büchse verwahren, in den Städten aber, wo keine gemeine Schlacht-Häuser sind, sollen die Schlächter gehalten seyn, die, auf das geschlachtete Vieh ausgegebene Zettel, alle Sonnabend bey der Steur-Stube einzuliefern; Im Fall aber ein oder anderer darunter geflissentlich säumig erfunden wird, für jeden zurück behaltenen Zettel 16. gl. Strafe erlegen.

§. 4.

Zu Verhütung des Unterschleifs beym Schlachten, soll überall kein geschlachtetes Fleisch in die Städte eingelassen, sondern von den Thor-

Schreibern

Schreibern zurück gewiesen werden. Brächte aber eine notorisch arme, oder sonsten geringe und dürftige Person einige Pfunden Fleisch zur Stadt, von welcher zu muthmaßen, daß es ihr geschencket; Soll solches ohne Abgabe der Steuer paßiren. Imgleichen wird von dem, was auf der Post an frischem Fleisch und geräuchert ankommt, nichts erleget.

§. 5.

Würden aber gantze geschlachtete Hammel- und Viertel Rind-Fleisch heimlich eingebracht, soll solches Fleisch confisciret seyn, und die Hälfte davon den Thor-Schreibern und Aufsehern zu ihrem Nutzen anheim fallen, das übrige aber an die Armen-Häuser gegeben werden.

§. 6.

Sollte jemanden ein Stück Vieh durch Bein-Bruch, Stoßung von anderm Vieh, oder auf eine andere Art zu Schaden kommen, so, daß es nicht wieder curiret, dennoch zum Schlachten gebraucht und genossen werden könnte, wird dafür nur die Hälfte des Impostes bezahlet.

Anmerkung ad Cap. 6ten.

§. 1.

Das Mehl, Maltz, Brandwein-Schrot, und gebackenes Brod, welches vom Lande und auswerts in die Stadt gebracht wird, soll auf geschehenes Anmelden von den Thor-Schreibern zurück gewiesen werden, einer armen Person aber paßiret ein gantzes Brod frey ein.

Daferne nun dennoch jemand dergleichen heimlich in die Stadt practisirte, hat derselbe ohne Anstand die Confiscation zu gewärtigen. Jedoch wird das Weitzen-Mehl hievon ausgenommen, was sonst gewöhnlich in oder ausser denen Jahrmärckten aus fremden Landen eingebracht wird, und soll, wenn Handlung damit getrieben wird, à Rthlr. 1. gl. gleich andern Kauffmanns-Waaren, davon bezahlet werden.

§. 2.

§. 2.

Da wegen des Brandwein-Schrots den Unterschleifen fast nicht vorzubeugen ist; So soll hinfort kein Korn unter dem Nahmen von Futter-Korn, in der Mühle paßiren, es sey dann mit anderm Korn, und sonderlich Bohnen oder Erbsen oder Wicken, oder Habern, oder Buchweitzen, sehr mercklich vermenget.

§. 3.

Alle Mühlen-Gäste, wenn sie das Korn zur Mühlen liefern, sollen zugleich den Steuer-Zettel mit bringen, und ihn an den Mühlen-Schreiber abgeben, oder der Confiscation des Korns gewärtig seyn.

§. 4.

Auch soll weder der Müller, noch dessen Frau, Kinder, Gesinde, oder Knechte, von niemanden, er sey wer er wolle, ob er gleich einen Steuer-Zettel brächte, Korn zu mahlen annehmen, es sey dann in gestempelten Säcken verfasset, jedesmahl bey 1. Rthlr. Strafe für jeden Scheffel.

§. 5.

Die Mahl-Gäste vom Lande sind Steuer-frey, es soll aber ein jeder schuldig seyn, von dem Thor-Schreiber einen Zettel zu nehmen auf das Korn, so er zur Mühlen bringet, welcher darauf an den Mühlen-Schreiber abgegeben wird, damit dieser davon ein besonderes und richtiges Register halten könne, und hat der Thor-Schreiber, wenn der Mahl-Gast vom Lande wieder auspaßiret, Acht zu haben, ob derselbe auch so viel Säcke gemahltes Korn, als er eingebracht, wieder mit zurück nimmt.

§. 6.

Würde ein frembder Mahl-Gast überführet werden können, daß er Unterschleif gemacht, und einen oder mehr Säcke von seinen gemahlten Korn bey jemanden in der Stadt abgesetzet; So soll nicht allein das zur Mühlen gebrachte Korn confiscirret seyn, sondern derselbe auch aufgeschehene Anzeige des Einnehmers von seiner Obrigkeit für jeden Scheffel

mit

mit 1. Rthler gestrafet werden, welche Strafe auch denjenigen Einwohner betreffen soll, welcher das gemahlte Korn von dem fremden Mahl-Gast angenommen.

§. 7.

Die Müller welche keine Kopf- oder Cammer-Steuer geben, sollen ihr eigen zu mahlendes Korn in gestempelte Säcke fassen, und vor der Aufgießung solches frey gemacht haben. Würden sie aber eines andern überführet, sollen dieselben für jeden Scheffel in 1. Rthler Strafe verfallen seyn.

§. 8.

Hierunter soll auch dasjenige Korn oder Maltz, welches bey Tage und Nacht-Zeiten dem Versteureten nachgetragen und in der Mühlen angenommen würde, verstanden, mithin solches confisciret, und der Müller, wenn er oder die Seinigen davon Wissenschaft haben, in die Strafe von 1. Rthler à Scheffel vertheilet werden.

§. 9.

Aus der Matt-Kisten, vor welcher zwey Schlößer zu legen, davon der Mühlen-Schreiber den einen in Verwahrung hat, soll sonder Gegenwart des Mühlen-Schreibers nichts zu mahlen, veräußeret oder aufgegossen werden, bevor desfalls der Accise-Zettul produciret worden, da denn auch wiederum der Mühlen-Schreiber, wenn und so oft im Tage der Müller die Matten-Kist zu seinem Verkehr geöfnet haben will, mit dem Aufschließen derselben so fort auf die erste Anzeige des Müllers bey der Hand seyn, und dem Müller durch seinen Verzug nicht zum Schaden und Nachtheil seyn, auch sich allezeit bescheiden, so wohl gegen den Müller und dessen Leute, als auch gegen die Mahl-Gäste, bey Strafe der Absetzung, aufführen soll. Wie denn auch der Mühlen-Schreiber, so viel die in- und vor die Stadt liegende Mühlen betrift, bey Vermeidung schwerer Strafe dahin zusehen hat, daß die Matten allemahl richtig in den Kasten gegossen werden.

§. 10.

§. 10.

Und damit der Unterschleif in den Mühlen um so mehr verhütet werden möge; So soll der Mühlen-Schreiber, nach einem ihm zu gebenden Formular, alle Steuer- und Frey-Zettel nach ihren Nummern monathlich berechnen, und dabey genau verzeichnen, an wen das Matten-Korn verkaufet worden.

§. 11.

Auch sollen alle und jede Müller, und deren Knechte von der Obrigkeit, worunter der Müller gehöret, in Gegenwart des Einnehmers, nach dem hiebey gedruckten Formular, in Eides-Pflicht genommen werden, und soll sich der Müller bey Vermeidung 20. Rthlr Strafe, der Eidesleistung nicht weigern. Wollten aber dessen Knechte den Eid nicht abschwören; So soll der Müller für allen Unterschleif, den seine Knechte erweißlich begangen, zu stehen schuldig seyn.

§. 12.

Die Müller sollen auch bey später Abend-Zeit und nächtlicher Weile, obgleich die Steuer-Zettel und gestempelte Säcke vorhanden, kein Korn annehmen, oder ausgeben, bey 1. Rthlr, oder nach Befinden, härterer Strafe. Es wäre dann, daß es Noth halber geschehen müste, damit etwa das Malz die Nacht über nicht verhitze, auf welchen Fall der Mühlen-Schreiber, nach ausdrücklicher Anweisung des Inspectoris oder Einnehmers, solches Malz in seiner Gegenwart ausfahren lassen kann.

§. 13.

Die Maasse der Säcke soll nach dem approbirten Rahm eingerichtet, und hiernach die Stempelung derselben von dem Aufseher in Gegenwart des Einnehmers solcher Gestalt geschehen, daß der Stempel auf der Seiten-Naht zustehen komme.

§. 14.

Zu den Säcken aber soll weder gekrimptes, noch gekochtes, oder gewalchtes Lein verstattet werden, und sollen die Einnehmer sonderlich mit dahin sehen, daß der Saum an dem Sack nicht breit und oft umgeschlagen, oder die Seiten- und andere Nähte nicht breit eingeleget seyn, damit ein solcher Sack, weder in der Länge noch in der Weite zur Ungebühr vergrössert werden könne.

§. 15.

So lange nun ein solcher über den Rahm ordentlich gezogener, und nach allen obigen Erforderniſſen rechtmäßig geſtempelter Sack, halten, und gebraucht werden kann, ſoll er nicht verändert werden, ſondern für gültig paßiren. Sollte aber ein Sack der Verfälſchung wegen inadmiſſible befunden werden; So ſoll der Mühlen-Schreiber dem Inspectori oder dem Einnehmer davon Anzeige thun, da denn nach unterſuchter und befundener Verfälſchung, das in ſolchem Sack verlaſſete Korn confiſciret und ein ſolcher Contribuent darneben in Strafe von Einem Rthler für jeden Scheffel, nach der Maaße des verfälſcheten Sack's, verfallen ſeyn ſoll.

§. 16.

Für die Verſtempelung der neuen Säcke, ſoll von den Contribuenten vor jeden Sack, klein oder groß, zwey Schilling gangbare Münze bezahlet, und der Einnehmer dahin Acht haben, daß niemand über dem beſchweret werde.

§. 17.

Die Mühlen-Schreiber ſollen ihrem Eide nach, ihr Amt getreulich verrichten, die Steuer-Zettel an ſich nehmen, ſolche bey Ausfuhrung des Korns aus der Mühle allen Fleißes mit denſelben nachſehen, und ſie darauf in die ihnen gegebene verſchloſſene Lade ſtecken. Würden aber bey Eröfnung der Lade einige Zettul mangeln, ſollen beſagte Mühlen-Schreiber, nach befundener deren Nachläßigkeit oder Colluſion, reſpective abgeſetzet, oder mit der Karre beſtrafet werden. Da aber ſich finden ſollte, daß der Müller oder jemand der Seinigen, einen Zettel böſlich vorenthalten hätte, ſoll er für jeden Scheffel, nach Einhalt des Zettels, ein Rthler Strafe erlegen.

§. 18.

Hand- und Grütz-Mühlen, ſollen zu Vermeidung des Unterſchleifs, ohne Obrigkeitliche Erlaubniß nicht gedultet werden, noch die Grütz-Mül-
ler

ler sich unterstehen, ohne einen Steur-Zettel, weder für sich selbst, noch
sonst jemanden, Grütze zu mahlen, am wenigsten aber Rocken, Malz,
Brandweins-Korn, oder Futter-Schrot, auf seine Grütz-Querre, weder
für sich, noch für andere, zu bringen, und abzumahlen, im wiedrigen er
gedoppelt so hoch, als der Defraudant, nach dem Werth des gemahlten
oder angenommenen Getraides, bestrafet werden soll.

§. 19.

Da etwa die Stadt-Mühlen wegen Bau- oder anderer Zufälle den
Einwohnern das Korn abzumahlen nicht vermögten, sollen dieselbe zuvor
die Steure, wie vorhin verordnet, richtig machen, die Steuer-Zettel im
Thor abgeben, und im Aus- und Einfahren, gestempelte Säcke haben.

§. 20.

Die Bewohner der Stadt-Burgen, werden wegen ihrer Consumtion,
mit Zuziehung ihrer Obrigkeit zu einen gewissen landüblichen Deputat gesetzet, und sollen dieselben nach Proportion, quartaliter, bey Vermeidung
prompter Execution, desfalls bey der Steuer-Stuben Richtigkeit machen:
Die Einnehmer aber schuldig seyn, das Bezahlte in die ihnen zu erthei-
lende und jährlich abzuliefernde Steuer-Bücher zu verzeichnen.

§. 21.

Gleicher Gestalt soll es in allen Vor-Städten, wo nicht ein anders
in vorigen Zeiten hergebracht, und welche sonst nicht die ordinaire Steuer
beygetragen, gehalten werden.

Anmerkungen ad Cap. 7.

§. 1.

Alles was vom Lande zum Verkauf in die Städte gebracht wird, ist
steur-frey, der Käufer aber, welcher damit Handlung treibet, erleget davon, wie von andern Kaufmanns-Waaren, von jedem Rthler die
Edict-

ordermäßige Steuer, und ist solcher Käufer gehalten, die Ankaufung sothaner Waaren bey Strafe der Confiscation derselben, so fort dem Steuer-Auffeher vor der Abladung anzuzeigen, der von solcher Ankaufung den Einnehmern täglich schrifftlichen Rapport abzustatten hat. Jedoch soll der Korn-Handel, hievon ausgenommen und ohne Abgabe seyn.

§. 2.

Die in Unseren Städten von den Kaufleuten angekaufte Wolle, wird nur à thaler mit 6. Pfenning versteuret, und ist bey Verfahrung derselben oder andrer Landes-Producten hierauf eine Bescheinigung, daß solche würcklich versteuret, von der Steuer-Stube zu fordern, und so wohl bey der Ausfahrt, als auch Paßirung der übrigen Städte, welche berühret werden, zu produciren.

§. 3.

Wann aber auswärtige Kauf-und Handelsleute, in Unsern Landen Wolle ankaufen und aus dem Lande fahren; So sollen selbige gehalten seyn, davon in der ersten Steuer-Stube à Rthler 1. fl. zu erlegen, und zu Bescheinigung dessen sich von der Steuer-Stube 1.) einen Paßier-Zettel, welchen sie an den Thor-Schreiber des Orts bey der Ausfahrt zu liefern, und 2.) einen besondern Schein, daß diese Waaren einmahl versteuret worden, ohnentgeltlich geben zu lassen, damit sie nach Producirung desselben an keinem Orte auf- und zu Abgebung einer weitern Steuer angehalten werden.

§. 4.

Sollen die seitherigen Beschwerden der Kauf-und Handelsleute, daß sie bey der Einfarth ihrer Waaren durch die Thor-Schreiber über Gebühr aufgehalten, auch bey Nachsicht und Specificirung sothaner Waaren, durch die bißherigen Auffeher ihnen so wohl allerhand Hinderungen in den Weg geleget, als auch empfindliche Verdrieslichkeit veruhrsachet worden, mit äusserstem Ernst und Nachdruck abgestellet werden, und wollen Wir wieder die Einnehmer und Unter-Bedienten, wenn sie sich einiger Chicane oder vorsetzlicher Aufzüglichkeiten schuldig machen, und deßfalls überführet werden, mit der Remotion von ihren Diensten, und anderer willkührlichen scharfen Einsicht und Ahndung, ohne alle Proceß-Weitläuftigkeit, verfahren lassen.

§. 5.

Beylagen.

§. 5.

Es bleiben jedoch zu Abkehrung der, auf andere Art, alle Wege unvermeidlichen Unterschläge, alle und jede Kauf- und Handels-Leute, Apotheker, Weinhändler, Häcker, Kerzengiesser, Selffensieder und andere sie haben Nahmen wie sie wollen, und handeln mit Waaren, welcher Art sie auch sind, gleichwie bißhero schuldig, bey der Einfarth ihrer Kauf-Gewürz-Hack-und aller andern Waaren, sich in den Thören von den Ther-Schreibern einen Paßier-Zettul geben zu lassen, welchen sie so fort bey dem Steuer-Einnehmer abzugeben, und diesemnächst nach einer, in Gegenwart eines Steuer-Bedienten, gleich nach der Abladung aufzunehmenden genauen Specification der gantzen Ladung, wie sie selbige mit ihren Handels-Büchern, und auf eine andere unverwerfliche glaubhafte Art zu bescheinigen sich getrauen, die Steuer zu entrichten, mithin bey arbitrairer Strafe nichts unterzuschlagen haben.

§. 6.

Da jedoch die eigentliche Absicht dieses, für immerdar vestgesetzten Städtischen Contributions-Modi, so viel die Handelung betrift, auf den Debit der Waaren gehet; So soll jedem der obbenannten Kauf- und Handelsleute verstattet seyn, nach Verlauf jeglichen Quartals oder Jahrs bey der Collectur-Stube überzeuglich darzuthun, daß diese oder jene eingebrachte und bey der Einfuhr versteurete Waare nicht debitiret oder verhandelt, sondern entweder auf dem Lager geblieben, oder unverkauft wieder weggesandt sey: Da denn solchen Falls nach zugelegter Liquidation, die für unverhandelte, oder solcher Gestalt wieder exportirte Waaren erlegete Steuer, aus der Casse prompt und ohne einige Difficultät wieder erstattet werden soll.

§. 7.

Was nun einjeder solcher Handlung treibender Bürger von seinem Debit an Steuer erleget, sollen die Einnehmer in die ihnen gegebene Bücher verzeichnen, und falls sie einen Unterschleif bemerken würden; So soll der Defraudant, nach überführtem Unterschleif zur Erlegung des Dupli, von der zurück begehrten Steuer, vertheilet, und durch Hülfe der Obrigkeit dazu angehalten werden.

h §. 8.

§. 8.

Die zu Jahrmärckten kommende frembde Kauf- und Handelsleute, sie haben Nahmen wie sie wollen, auch Künstler und Handwercker, nicht minder Pferde- und Vieh-Händler müssen sich von den Thor-Schreibern, welche hierüber ein Register halten, und solche auf die Steur-Stube liefern sollen, bey ihrer Ankunft einen Schein geben lassen, und in der Stadt, wo sie etwas zu verkaufen vorhabens sind, bey den Steuer-Einnehmern sich angeben, auch zur Versicherung, daß sie das verkaufte richtig anmelden und versteuren wollen, ein hinlängliches Pfand niederlegen, und bey ihrer Abreise die unter diesem Titul gesetzte Steur entrichten, wovon jedoch die Rostockschen und lübeckischen Kauf- und Handelsleute, auch Handwercker so wohl in Unsern beyden Herzogthümern Mecklenburg, als auch in Unserm Fürstenthum Schwerin, ausgenommen sind, als welchen in den Jahrmärckten unter dem Nahmen von Accise nichts abgefordert werden soll.

§. 9.

Alle frembde und außheimische Kaufleute aber, sie handeln en Gros oder en Detail, welche außerhalb den Jahr-Marckten in Unsern Städten ihre Waaren abzusetzen gedencken, sollen im Thore stille halten, um dem Thor-Schreiber durch Vorzeigung des Fracht-Zettels Nachricht ihrer Ladung zu geben, die ankommende, zu verkaufende, oder abzuladende Waaren anzeigen, darauf einen Paßier-Zettel nehmen, und die verkauften Waaren edictmäßig versteuren: Diejenigen aber, die nur bloß durchpaßiren, ihre Coffres und bey sich habende Paquete versiegeln lassen, widrigen Falls aber die Confiscirung der verkauften Waaren gewärtigen. Gleich denn die Thor-Schreiber hierauf fleißig Achtung zu geben, und die einpaßirende Kaufleute zu warnen, hiedurch alles Ernstes und bey Verlust ihres Dienstes, angewiesen werden.

§. 10.

Die einmahl versteurete Waaren, so aus einer Unserer Städte in die andere versandt werden, paßiren, mittelst eines Paßier-Zettuls, frey aus und ein.

§. 11.

§. 11.

Von denjenigen Waaren aber, so die in Unsern Land-Städten wohnende Kauf-leute, zu ihrem Verlehr aus Unsrer Residenz-Stadt Rostock anlaufen, werden von einem Rthlr. 6. Pf. als eine Nachsteuer mittelst Producirung eines Rostockschen Paßler-Zettels erleget.

§. 12.

In den Orten wo mit Holtz gehandelt wird, oder bey der Stadt, welche die Holtz-Flösser erst berühren, müssen die Einnehmer, wann ihnen vorhero von den Holtz-Flössern eine richtige Specification wird eingeliefert seyn, solches selbst in Augenschein nehmen, alles ordentlich specificiren, und nach dem Anlauf, welchen sie durch Producirung ihrer Contracte zu verificiren haben, mit 1. fl. von jedem Reichsthaler versteuren lassen. Da aber bey der Visitation die Specification mit der Angabe der Holtz-Händler, nicht einstimmig, sondern ein mehres befunden würde, ist der Ueberrest zu confisciren.

§. 13.

Die Bau-Materialien bleiben den Neuanbauenden und ihre Häuser reparirenden frey, auch soll von allen demjenigen, was Künstler und Handwerker zum Betrieb ihrer Professionen, oder andere Einwohner zu ihrer eigenen Bedürfniß aus fremden Landen und Städten an Waaren kommen lassen, keine Steuer erleget werden. Würde aber jemand an andere davon etwas zum Nachtheil des einheimischen Verkehrs überlassen; So soll er als ein Defraudant angesehen, und neben der Confiskation des überlassenen, willkührlich und nach der Schärfe dafür gestrafet werden.

§. 14.

Von allen und jeden in den Städten wohnenden Künstlern, Handwerkern und andern Verkehr treibenden, auch Tagelöhnern, sollen die Einnehmer mittelst Aßistentz und Bescheinigung eines jeden Orts Obrigkeit, eine genaue Designation aufnehmen, und solche ihren Rechnungen, nach Verfliessung eines Quartals, beyfügen, mithin die Edictmäßige Steur, quartaliter richtig beytreiben und berechnen. Es werden aber

§. 15.

Diejenigen Handwercker und Tagelöhner aber, welche personæ miserabiles sind, und solche durch Obrigkeitliche Attestata bescheinigen, sollen mit der Quartal-Steur, entweder gantz oder zum Theil übersehen, und die von ihnen beygebrachte Attestata von den Einnehmern, deren Rechnungen beygefüget werden.

§. 16.

Gleicher Gestalt denn auch die, von den hinterbliebenen Wittwen der verstorbenen Künstler und Handwercker, bey Fortsetzung der, von ihren Ehe-Männern getriebenen Profeßion, zu erlegende Quartal-Steuer, der Gestalt moderiret werden soll, daß nach Proportion der, von ihnen zu haltenden Gesellen, und der, darnach eingerichteten Steuer, ihnen in der Zahl ein Gesell, zum Betrieb der Nahrung, nachgelassen werde.

Müller-Eyd.

Ich N. N. schwere zu GOtt dem Allerhöchsten, daß ich, meine Frau, Kinder, Knecht, Junge oder Magd, weder für mich selbsten, noch für einen, was Standes oder Condition er sey, allhier auf meiner Mühle einiges abzumahlendes Korn annehmen, noch aufgiessen lassen will, bevor mir der gebührende Steur-Zettul und das Korn in den verordneten gestempelten Säcken eingeliefert, auch denen von aussen einkommenden Mühlen-Gästen ihr Korn nicht eher aufladen oder wegzutragen verstatten, biß der Paßier-Zettul verhanden, und sie zum Ausführen bereit, auch keinen Unterschleif im geringsten vornehmen, noch darin willigen oder schweigen. Da mir auch ein Unterschleifs-Verdacht auf eine oder andere sollte vorkommen, so will solchen bey dem Steur-Inspector und Einnehmer aufrichtig anzeigen, mich als einen gewissenhaften Christen in allem Wesen also betragen, so daß ich vor GOtt und meinem gnädigsten Fürsten und Herrn allezeit dieserhalben mit reinem und guttem Gewissen bestehen könne, so wahr mir GOtt helfe durch JEsum Christum.

Num.

Num. VIII.

Abdruck der alten Union der Mecklenburgischen Land-Stände vom Jahr 1523. den 1. August, in hochteutscher Uebersetzung.

Wir Prälaten, Manne, und Städte der Fürstenthümer und Lande Mecklenburg, Wenden, Rostock, und Stargard. Bekennen offenbar in und mit Kraft dieses Briefes, für uns unsere Erben und Nachkommen, als und nachdem sich nun zur Zeit im heiligen Reiche viele Aufruhr und Beschwerunge begeben, und zukünftig täglich mehr zu besorgen, derohalben wir bewogen, sothanes mit Vernunft und reifem Rath so viel vorzukommen, als uns möglich; Als haben wir uns derowegen, GOtt dem Allmächtigen zum Lobe, und den Durchlauchtigen, Hochgebohrnen Fürsten und Herren Hinrich, und Herrn Albrechten, Gebrüdern, Herzogen zu Mecklenburg, Fürsten zu Wenden, Grafen zu Schwerin, der Lande Rostock und Stargard Herren, unseren gnädigen Herren, und Ihrer Fürstlichen Gnaden Landen und Leuten zu Ehren, Nutz und Wohlfarth, uns in nachfolgende Weise vereiniget und vertragen, also, daß wir erst zum förderlichsten vor allen sollen und wollen hochgedachten unseren gnädigen Herren, in allem unterthänigen willigen Gehorsam thun, alles was wir Ihren Fürstlichen Gnaden, und Ihrer Fürstlichen Gnaden Erben und Nachkommen von GOtt, Ehre, und Rechtswegen zu thun schuldig und pflichtig sind, und einen jeden ordentlichen Rechts pflegen, auf daß wir von Ihren Fürstlichen Gnaden zu unserm Rechte, und bey unsern Privilegien, Freyheiten und löblichen Gewohnheiten, desto gnädiglicher geschützet, geforderet und gehandhabet werden. Da es sich aber begebe, daß wir sämtlich oder sonders hiernachmahls durch jemand wider unsere gedachte Privilegia, Freyheit, Gerechtigkeit, löbliche Gewohnheiten oder alt Herkommen, mit gewaltsamer That, oder sonst anders wider Recht und Billigkeit beschweret, beschädiget oder verdrücket würden, alsdenn sollen und wollen wir derselbigen Beschwerden mit Hülfe, Rath, Trost, und Beystand der Billigkeit nach nicht verlassen, zu ihren Rechten, so ferne wir ihrer auch zu Gleich und Rechte mächtig sind; Wäre es auch Sache daß jemand, wie vor berühret, über Recht und Gewalt oder rechtlicher Forderung, in einigen Schaden geführet und gedrungen würde, so sollen und wollen wir denselben Schaden helfen gleich mächtig dulden und tragen, nach Rath Prälaten, Manne, und Städten, bis zu endlicher Austrag der Sachen. Wir wollen auch mit getreuem Fleiße dazu helfen und vor seyn, daß hiernachmahls unter uns Friede, Recht, und Einigkeit, so viel in unserm höchsten Vermögen ist, soll befordert, gehalten und gehandhabet werden, und darüber die muthwilligen Beschädiger, die sich an Gleich und Recht nicht wollen gnügen laßen, durch uns oder jemand der unsrigen zu des andern Schaden nicht sollen gehauset oder geheget werden, denn einem jeden, dessen, wie vorberühret, wie zu Gleich und Recht mächtig sind, sollen alle Städte, Schlößer und Häuser zu ihrem Recht und nothdürftiger Zuflucht offen stehen. Wir sollen und wollen uns auch auf Ansuchen eines jeden beschwerten Klägers, ein jedermann auf seine eigene Kosten und Darlegen an die Oerter und Städte, da es die Noth erfordert, und im Rath erfunden wird, gebrauchen laßen, und hierauf so sind aus einträchtigem Rath verordnet, diese nachgeschriebene, als von dem Prälaten, unser gnädiger Herr von Schwerin, oder Seiner Gnaden Stathalter zu der Zeit, der Abt zu Dobberan, und der Dom-Probst von Schwerin, von der Mannschaft in dem Lande zu Mecklenburg, als Herr Nicolaus Lützow, Ritter, Detlof von Bülow, Matthias von Oerzen, und Hennecke Pleße. In dem Lande zu Wenden, Wedinge Moltzan, Achim Hahne, Dietrich Flotow, und lübicke Baßwitz. In dem Lande zu Stargard, Melcher Barvoet, Compter zu Mirow, Hinrich Hahne zu Pieß, Poppo Blankenberg, und Engelke Helpte, und dazu ihrer zweene aus jeglicher diesen nachgeschriebenen Städten, als Rostock, Wißmar, Neuenbrandenburg, und Güstrow, welche dazu durch ihren Rath verordnet werden, und diese vorbenannte sollen von unser aller wegen bevollmächtiget seyn, auf des beschwerten Klägers Ansuchen, demselben und einem jeden in seinen Rechten zu rathen, und wie vorberühret, der Billigkeit nach, Beystand zu thun. Da sie aber die Sache so wichtig ermessen und erkennen, sollen sie Prälaten, Manne und Städte auf gelegene Stete und Zeit dazu verschreiben, alsdann darinn weiter dazu rathen, und beschließen, so viel die Nothburft der Sache erfordert. Wenn auch ein oder mehr von diesen vorbenannten, Todes halber in Gott verfallen, so sollen die andern, in welchem Lande der Verfall geschicht, etliche von den Geschlechtern

Beylagen.

schlechtern aus der Landschaft zu sich verschreiben, und einen andern unter sich erwehlen und erkiesen, der ihres Bedünkens hiezu nütz- und fruchtbar seyn mag. So wollen wir auch hierinn, und mit dieser unser Vereinigung, hochgedachten unseren gnädigen Herren, Ihren Fürstlichen Gnaden Erben und Nachkommen, an Ihrer Fürstlichen Gnaden Obrigkeiten, gar nichts abgeschnitten haben, noch auch unsern Eyden und Pflichten zu nahe gehandelt, damit wir nicht anders als die getreue unterthänige und gehorsame allezeit erfunden und vermerket werden. Wir wollen uns auch hierinn bedungen und vorbehalten haben, diese unsere Verpflichtung und Verschreibung allezeit zu verlängern und zu verkürzen, und zu verändern, so oft uns das von nöthen und Behuf ist. Dieses alles, wie vorberühret, stet, fest, ewig, unwiederruflich zu halten, sonder allen Behelf menschlicher Listigkeit, so haben wir alle, samt und sonders, uns, ein dem andern bey unsern Ehren und getreuen Hand-Gelübden in Eides statt verpflichtet und verwilliget, und haben, dessen zu Urkund und mehrer Versicherung, wir Ulricus Malchow, der Kirchen zu Schwerin Administrator, Nicolaus Abt zu Dobberan, Nicolaus Franke, der vorgeschriebenen Kirchen zu Schwerin Senior, Bartholdus Möller, der Dom-Kirchen Sancti Jacobi in Rostock Decan, und Hinricus Möller, zu Dobbertin Probst, als Vollmächtigte und Befehlhaber, an statt und im Nahmen aller Prälaten, Claus Lützow, und Henning Halverstadt, Rittere, Melcher Barvoet, Compter zu Mirow, Wedige Molzahn, Clement von Bülow, Reimar Blücher, Jochim Hane, Caspar von Schöneich, Lüke Moltke, Matthias von Derßen, Jasper Finke, Wedige Oldenburg, Jacob Lewzow, Hinrich Wangelin, Diedrich Flotow, Vicke Wieregge, Eggert von Quitzow, Berend Rohr, Achim von der Lühe, Lütke Bassewiß, Engelke von Helpede, Vollrad Preen und Claus Penze, als vollmächtigte Befehlhaber aller Mannschaft, und wir Burgermeister und Rathmänner der Städte Rostock und Wismar, Neuen-Brandenburg, Güstrow, Parchim und Schwerin, als vollmächtigte Befehlhaber, an statt und im Nahmen aller gemeinen Städte der vorgeschriebenen Lande, unsere Innsiegel für uns, unsere Geschlechter und Erben, und für unsere der Prälaten und Städte Nachkommen, und alle andere gemeinen Stände, ihre Erben und Nachkommen wissentlich thun hangen vor diesen Brief, deren Innsiegel wir alle die gemeinen Stände, unsere Erben und Nachkommen hieran mit gebrauchen. Gegeben und geschrieben binnen Rostock, am Tage Vincula

Num. IX.

Holtz-Edict vom 24 Februar. 1750.

Von Gottes Gnaden, Wir Christian Ludewig, Hertzog zu Mecklenburg, Fürst zu Wenden, Schwerin und Ratzeburg, auch Graf zu Schwerin, der Lande Rostock und Stargard Herr ꝛc.

Geben hiemit gesammten Unseren Landsassen, Vasallen und Unterthanen in Gnaden zu vernehmen, was Gestalt Wir zeithero wahrgenommen, daß, ohngeachtet so vielfältiger, von Unseren in Gott ruhenden Vorfahren an der Regierung, ergangenen Landes-Fürstlichen Edicten und Verboten, und insonderheit bem, im Jahr 1702. auf öffentlichem Land-Tag zu Malchin mit Ritter- und Landschaft verabredeten, auch darauf unterm 16ten Februar 1703. gehörig publicirten Patent entgegen, das ohnangezeigte und unbewilligte Holtz-Fällen in den adelichen Güthern, dahin überhand nehmen wollen, daß mit der Zeit, zum unwiederbringlichen Schaden Unserer Lande, der grösseste Mangel an harter Höltzung entstehen muß.

Wann Wir nun, Kraft Landes-Fürstlichen hohen Rechts, und aus Landes-väterlicher Vorsorge, zu Abkehrung des, Unseren Landen, aus fernerem uneingestelltem Fortgang des ungemessenen Holtz-Fällens, bevorhaltenden unersetzlichen Abgangs und Verlustes an nothdürftigem harten Holtz, nicht Anstand nehmen können, die hiebevorigen Landes-Fürstlichen Edicte und Verordnungen gegen das ungemäßigte Holtz-Verwüsten, zu erneuern und zu wiederholen; So wollen und verordnen Wir hiemit gnädigst und ernstlich, daß, in Gleichförmigkeit besagter Edicte vom 16 Junii 1702. und 16 Februar. 1703. alle Allodial-Innhabere und Vasallen Unserer Lande, wenn sie, ausser dem benöthigten Bau- und Brenn-Holtz, eine Quantität harten Holtzes umhauen, oder zum Verkauf fällen wollen, Uns davon, den Rechten und altem Herkommen nach,

vorherige

Beylagen.

vorherige Anzeige thun sollen, und zwar so viel die Allodial-Güther betrifft, nur zu dem Ende, damit nach untersuchten Umständen, und befundener Entbehrlichkeit der Quantität Holtzes, Unsre Verordnung an Unsern Ober-Jägermeister, zur ordentlichen Anweisung ergehen könne.

Was aber die Lehn-Güther anlanget, so sollen Unsere Vasallen, wie es sich den Lehn-Rechten und dem Herkommen nach von selbst verstehet, nicht nur eine jegliche, außer der vorgedachten Nothdurft vorhabende Holtz-Fällung gebührend anzeigen, sondern auch Unsern schriftlichen Consens, und Unsre gleichmäßige Verordnung zu Anweisung des Holtzes, nach vorgängiger Untersuchung, aus Unsrer Lehn-Cammer, zu erheben, schuldig seyn.

Gleichwie sich nun vorberührtermaßen die respective Anzeige und Consens-Suchung nur von einer zu fällenden Quantität Holtzes, von selbst verstehet; Also ist hingegen einem jeden Guths-Besitzer einzelne Bäume, zur Nothdurft und zum Besten seines Guths, wirthlicher Art nach, auch ohne Anzeige und Consens-Suchung zu fällen, unbenommen.

Gestalt Wir in solcher Maaße, hiemit und Kraft dieses, die von Unsers, in Gott ruhenden Herrn Bruders und Vorfahren an der Regierung, Hertzogen Friedrich Wilhelms zu Mecklenburg lbden, unterm 16 Junii 1702. und 16 Februar. 1703. ergangene Edicte und respective Declaration, nicht weniger Unsrer Lande Pollcey-Ordnung, wiederholet, erneuert und erkläret, mithin männiglichen die genaue Nachlebung, so lieb einem jeden ist, die darinn auf das unangezeigte und unbewilligte Holtz-Fällen und Verwüsten festgesetzte Strafe zu vermeiden, befohlen haben wollen.

Uhrkundlich unter Unser eigenhändigen Unterschrift und aufgedrucktem Fürstlichem Innsiegel. Gegeben in Unsrer Erbunterthänigen und Residentz-Stadt Rostock, den 24 Februar. 1750.

Christian Ludewig, H. z. M.

(L. S.)

Sign.

Sign. ⊙

Wir Christian Ludewig von Gottes Gnaden, Herzog zu Meklenburg, Fürst zu Wenden, Schwerin und Rateburg, auch Graf zu Schwerin der Lande Rostock und Stargard Herr ꝛc.

Thun kund und bekennen hiemit: Daß Wir Uns, bey Errichtung des, mit Unsrer getreuen Ritter- und Landschaft, am heutigen Tage, vollzogenen Haupt-Vergleichs, auch der nachfolgenden Executions-Ordnung im Contributions-Wesen, und was dem anhängig, folgender Gestalt verglichen haben.

1) Die Landes-Executores sollen die Restanten

(I)

von der jährlichen ordentlichen Landes-Contribution zum Antheil der Ritterschaft, der Closter-Güther, und der Oerter Unsers Rostockschen Districtes, auch diejenigen Städtischen Dörfer und Oeconomie-Güther und Priester-Bauren, die ehmahls zur Ritterschaft gehöret, die auf die Hufen gelegte jährliche Necessaria mit eingeschlossen, nach Maaßgabe des ersten Articuls des zwischen Uns und Unsrer Ritter- und Landschaft getroffenen Vergleichs:

Ferner

(II)

die Restanten von den verkündigten und bewilligten Reichs-Crayß- und Prinzeßinn-Steuren, die Unsere Cammer-Güther so wohl, als die Ritterschaft und Städte, Innhalts des zweyten Articuls bemeldeten Vergleichs zu tragen schuldig sind: Nicht weniger

(III)

die Restanten von der Ritter- und Landschaftlichen Insgemein, oder der von einem jeden Stand Insbesondere, oder dem ganzen Lande auf Land- und
Convoca-

Convocations-Tägen, oder auf Deputations-Conventen, besage des eilften Articuls mehrgedachten Vergleichs, beliebten Anlagen, nach den jedesmahligen Contributions-Edicten und Beliebungen, executive beytreiben.

2) Diese Landes-Executores, deren an der Zahl drey seyn sollen, nämlich einer im Mecklenburgischen, einer im Wendischen, und einer im Stargardischen Crayse, werden von dem Engern-Ausschuß Unserer Ritterund Landschaft, gegen genugsame Bürgschafts-Leistung, angenommen, und bey verspühreter Nachläßigkeit und Untreue, oder sonst nöthig befundenen Umständen nach, wieder beuhrlaubet.

3) Nach geschehener Benennung werden Uns von dem Engern-Ausschuß die erwählte Landes-Executores unterthänigst präsentiret, und wird zugleich um Verordnung eines Commissarii zu deren Beeidigung gebeten.

4) Die Beeidigung der Landes-Executorum geschicht in Unserm und der Ritter- und Landschaft Nahmen, auf dem Rathhause zu Rostock, in Gegenwart Unsers jedesmahl dazu verordneten Commissarii, und der anwesenden Mitglieder des Engern-Ausschusses, nach dem sub Sign. **
hieneben gefügten Formular.

5) Dem zu Folge sollen sich die Landes-Executores, nicht nur überhaupt eines ehrbaren und nüchternen Wandels befleißigen, sondern auch in ihrem Amte sich ehrlich, treu, und fleißig beweisen, den Aufträgen und Instructionen des Engern-Ausschusses schuldige Folge leisten, sich gegen diejenigen, bey welchen sie Amtshalber die Execution verrichten müssen, bescheiden, in Worten und Wercken erzeigen, die Executions-Verwarnungen in Person verrichten, sich an ihrer Besoldung, und den piendichst ausdrücklich bestimmeten Gebühren, begnügen lassen, und darüber nicht das Geringste fordern oder nehmen, kein Geld, so in den Land-Kasten gehöret, empfangen, oder, wenn sie es zu empfangen genöthiget seyn würden, solches fofort in den Land-Kasten abliefern, und endlich so wohl von der verrichteten Execution, als auch währender Execution, so oft einige irgend bedenckliche Umstände dabey vorfallen, an den Engern-Ausschuß Anzeige erstatten, und fernere Instructiones erwarten.

6) Mit

6) Mit der Execution selbst, soll es folgender Gestalt gehalten werden:

Nachdem der Engere-Ausschuß, auf eingesandte beglaubte Specificationes der Restanten, von Uns oder von Unseren Landes-Gerichten ein Mandatum de exequendo an die Landes-Executores (welches unweigerlich ertheilet werden soll) ausgewirket hat, werden sie mit den etwa nöthigten Instruktionen, wie sie sich bey der Execution zu betragen haben, vom Engern-Ausschuß versehen. So bald die Executores, nach vorgängiger 14 tägigen persöhnlichen Verwarnung, an dem Ort, wo die Execution zu verrichten ist, gelangen, und keine Quitung über völlig entrichtete Contribution und Anlagen, wenn gleich auf Abrechnung etwas bezahlet seyn mögte, vorgezeiget werden kann, sollen sie so fort mit der Execution auf den Rückstand, Einwendens ungeachtet, verfahren, und sich davon keine Inhibitiones und Suspensiones, welche ohne dem nicht ertheilet werden sollen, abhalten lassen, also und der Gestalt, daß sie entweder daselbst zur Execution, bis auf weitere Ordre vom Engern-Ausschuß, verbleiben, oder daß sie so viele Mobilia nehmen, woraus das restirende bezahlet werden kann, oder wo diese nicht vorhanden, sie alsdenn entweder das Vieh oder Korn, so viel von nöthen, anschreiben, mit Verwarnung: daß, da innerhalb 4 Wochen, von Zeit der Designation, die völlige Bezahlung nicht beschaffet seyn würde, sie alsdenn das angeschriebene auf offenem Markt, in der nächst belegenem Stadt, verkaufen würden. Gestalt sie auch solches würcklich auf allen Säumungs-Fall, nach verflossener Frist, zu thun hiemit befehliget seyn sollen.

7) Gleichwie aber nicht nur den Landes-Executoribus auf den unverhofften Fall einiger, von den zu exequirenden Eingesessenen verspührter Wiedersetzlichkeit, nöthiger Schutz angedeyhen, sondern auch den continuirender Saumseeligkeit in Bezahlung des Schuldigen, die Execution je zuweilen verstärket werden muß; So sollen auch auf Ansuchen des Engern-Ausschusses die behufige Befehle von Uns an die Chefs Unserer Militz, zu Hergebung der erforderlichen Mannschaft, ergehen, und diese den Executoribus, auf ihr Anmelden bey den Chefs, so fort mitgegeben werden.

8) Einem zur Execution commandirten Unter-Officier, sollen täglich, wenn kein Essen und Trinken gereichet wird, nicht mehr als Sechzehn Schilling,

Schilling, und einem jeden Gemeinen auf solchen Fall nicht mehr als Acht Schilling, bey freyer Kost und Bier aber, jenem nur Acht Schilling, und diesem Vier Schilling, gegeben werden.

9) Es stehet übrigens zu eines jeden Eingesessenen Gefallen, welches von beyden er erwählen will.

10) Die Salaria der Landes-Executorum werden ohne Unsern Special-Beytrag, von den jährlichen gemeinschaftlichen Necessarien-Geldern genommen, in der Maaße, wie sich der Engere-Ausschuß darüber mit den erwählten vergleichen wird.

11) Ausserdem werden den Landes-Executoribus für jeden Tag, den sie von dem Ort ihres Aufenthalts, biß an den Ort, weselbst die Verwarnung oder die Execution zu verrichten ist, hin- und wieder zurück reisen, nebst freyer Kost für sich und seinen Knecht, auch Futter für die Pferde, Sechzehn Schilling: ohne dieselbe aber Vierzig Schilling, und für jeden Tag, da sie an dem Ort zur Execution sind, nebst freyer Kost und Futter, so daß, wann das Futter in natura gereichet wird, auf ein Pferd ein Viertel Haber Rostocker Maaß, und Acht Pfund Heu, nebst Häckfel und Streu zu rechnen, à Tag Sechzehen Schilling: ohne freye Kost und Futter aber, Vierzig Schilling von demjenigen entrichtet werden, der die Execution wieder sich veranlasset hat.

12) Für eine Verwarnung, oder wenn auch die Restanten inzwischen, entweder kurz vor ihrer Abreise, oder, da sie schon auf dem Wege sind, mithin keine Nachricht von der Berichtigung der Restanten erhalten haben, oder erhalten können, bezahlet sind, und solche Bezahlung gleichwohl durch Quitung vom Land-Kosten sofort bescheiniget wird, so bekommen sie dennoch die oben für die Reise-Tage determinirte Gebühren.

Wir befehlen demnach Unsern gesammten Collegiis und Landes-Eingesessenen, sich nach dieser verglichenen Executions-Ordnung allenthalben zu richten, und dagegen weder Selbst zu handeln, noch jemand, wer er sey, einige Entgegenlebung derselben zu gestatten oder nachzusehen. Uhrkundlich

lich Unsers Handzeichens und Innsiegels. Gegeben in Unser Residenz-Stadt Rostock den 18ten April 1755.

Christian Ludewig.
Herzog zu Mecklenburg.
(L. S.)

Sign. * *

Eyd der Landes-Executorum.

Ich, N. N. gelobe und schwere: Demnach im Nahmen des Durchlauchtigsten Fürsten und Herrn, Herrn Christian Ludewig, Herzogen zu Mecklenburg, Fürsten zu Wenden, Schwerin und Ratzeburg, auch Grafen zu Schwerin, der Lande Rostock und Stargard Herrn, und der Mecklenburgischen Ritter- und Landschaft, ich zu Eintreibung der Contributionen, Steuren, und bewilligten Anlagen von den Säumigen, verordnet und bestellet bin; Daß ich nicht nur überhaupt mich eines nüchternen und ehrbaren Wandels befleißigen, besonders auch bey den anbefohlenen Executionen mich ehrlich, treu, und bescheiden verhalten, keines Menschen Freund- oder Feindschaft ansehen, mich mit Gaben oder Geschencken nicht bestechen lassen, alle Aufträge und Instructiones besten Fleißes gehorsamlich befolgen, mich an meiner Besoldung und den bestimmten Gebühren begnügen lassen, und darüber nicht das geringste fordern oder nehmen, kein Geld, so in den Land- oder freywilligen Kasten gehöret, annehmen, oder, wo ich es anzunehmen genöthiget seyn würde, solches so fort an den Land- oder freywilligen Kasten, abliefern, und in Summa, wie es einem redlichen Diener und Executori eignet und wohl anstehet, handeln und verfahren wolle. So wahr mir GOTT helfe,
durch JEsum Christum!

Register.

Register

der fürnehmsten Sachen, so in dem Landes-Grund-Gesetzlichen Erb-Vergleich enthalten.

Die Zahl deutet den S^{phum} an.

A.

Abdecker, stehet der Ritterschafft, welchen sie will, zu gebrauchen frey, nur daß es ein Einheimischer sey 343. 344.
Gemeinen Leuten, die es verstehen, stehet ihr Vieh selbst abzudecken frey 345.
Abgaben der Stände an die Fürstl. Cassen, dazu soll kein besonderes Mecklenb. Courant, sondern nur überhaupt in Mecklenb. gäng und gebe Münze erfordert werden 205.
Abzugs-Geld von Geldern aus den Lehn-Gütern, davon ist die Ritterschafft biß zu ausgemachter Sache frey 348.
in Ansehung der Allodial-Güter 349.
davon ist die Ritterschafft beym Umziehen von einem Orte des Landes zum andern frey 350.
Befreyung des Adels davon, in Ansehung der Stadt Rostock 351.
wird von demjenigen, was Frembde in das Land erweißlich eingebracht haben nicht genommen 352.
dessen mutuelle Aufhebung mit benachbahrten Staaten soll gesuchet werden 353.
Accise, davon ist die Ritterschafft frey 95.
Aecker, Vermessung und Taxation desselben. s. Vermessung. it. Bonitirung. wie solcher gegen Weide, Wiesen und Hölzung zu taxiren 8. 9.
Pfarr-Kirchen- und sonst piis Corporibus gehöriger in wie weit solcher steuer-frey 12.
wie solcher zu bestimmen und anzuschlagen 13. 14. 15.
wie es mit dessen Permutation zu halten 506.
Adeliche Güter. s. Ritterschafftliche Güter.
Adeliche und Adelsmäßige Personen, wie in Criminal-Fällen gegen dieselben zu prodeiren 361.
Advocaten, auswärtiger, deren kann ein

Register

ein jeder sich in seinen Rechts- und
Schutz-Schrifften wieder jedweden bedienen 405.
jedoch ist deren Vergehen von dem
Principal zu büssen 408.
einheimische soll auf keine Art, den
Eingesessenen in ihren Angelegenheiten zu dienen, intimidiret werden 406.
wegen deren Gebühren soll eine
Constitution ergehen. 409.
Acker. s. Aker.
Aemter, verhypothesirte, was derentwegen zwischen Serenissimo und
Ritter- und Landschaft vestgesetzet 513. 514.
Allodial-Machung der Lehne 448.
Briefe, welche von Serenissimo
nicht als gültig erkannt werden 419.
die verliehenen oder noch zu ver-
leihenden, sollen genau gehalten
werden 450.
bey eines Herrn Regierung gesuchte aber nicht expedirte geben
nur einfache Gebühren 447.
Güter Veräusserung derselben, an
wen solche verbothen 471.
Amnestie und Vergessenheit wegen
aller zwischen Serenissimo und den
Ständen bißher vorgewalteter
Irrungen 515. 517.
Anlagen der Ritter- und Landschaft
unter sich frey gelassen 207.
verschiedene Arten wie solche bewilligt werden 208.
wie es mit denen auf Ritterschaft-
Amts- und auf Städtischen Con-

venten zu machenden Anlagen zu
halten 209.
dabey machen Majora den
Schluß 210.
diejenigen, welche nach richtig insi-
nuirtem Ausschreiben nicht erscheinen, sind an das gehalten, was
Præsentes beschliessen 211.
auf die einzureichenden Bewilligungs-Protocolla soll von den
Landes-Gerichten prompte Execution gegen die in der Zahlung
Säumigen erkannt werden 212.
wie es mit denen auf allgemeinen
Deputations-Conventen zu machenden Anlagen zu halten 213. 214.
modus exequendi gegen die Restanten solcher Anlagen 215.
wie es mit den auf allgemeinen
Land- und Convocations-Tägen zu
machenden Anlagen zu halten 216.
wie deshalb mit der Execution zu
verfahren 217.
dazu wollen Serenissimus von den,
seit Antritt Dero Regierung zu
Dero Domainen gekommenen
Adelichen Güthern ohnweigerlich
beytragen 218.
Dazu sollen Closter-Stadt-Cäm-
merey-Oeconomey-Güter, auch
Prediger-Bauren, jedoch die 3 letztern nur in dem Fall, wenn sie
vormalen der Ritterschaft erweißlich gehöret, beytragen 219.
Beytrag der Stadt Rostock zu
denselben 220.
diejenigen, wovon ein Stand
allein

allein Vortheil hat, trägt derselbe
allein 229.
Appellationen von den Justitz-Can-
tzeleyen und Consistorio an das
Hof-und Land-Gericht, sollen
ihren Lauf behalten 382. 387.
Einschränckung solcher Appellati-
ons-Freyheit. 383.
In welchen Fällen solche gar nicht
statt haben 384.
In welchen Fällen solche zwar quoad
Effectum devolutivum, nicht aber
quoad Effectum Suspensivum
statt haben 385.
wenn in diesem Falle der Appellat
dem Appellanten Caution zu stellen
verbunden 386.
wie weit den Cantzeleyen und Consistorio dabey die Cognition über
die Erheblichkeit der Gravaminum und die Rejectiou zukomme 388.
wie es dabey wegen der Succum-
bentz-Gelder und Bestrafung der
Advocaten zu halten 389.
deßwegen soll das Hof-Gericht bey
Rejicirung der Appellationen und
in Sententiis Confirmatoriis auf die
Bestrafung des Appellanten und
seines Advocati mit erkennen 390.
wann und wie weit solche in Causis
mulctarum zugelassen 429. 430.
Von den Land-Gerichten an die
Reichs-Gerichte sollen, jedoch nach
Maaßgebung des Privilegii de
non appellando, ihren Lauff behalten 391. 392. 431.

In welchen Fällen solche nicht statt
haben 391.
wann? und wie weit solche in Causis
mulctarum nicht statt haben 428.
Von den Unter-Gerichten an die
Landes-Gerichte 426.
Arrest auf der Ritterschafft und Land-
Begüterten Unterthanen und Hin-
tersaßen, deren Wagen, Pferde,
und Effecten in wie weit derselbe
unter Fürstl. und Städtscher Jurisdiction angeleget werden könne 414.
soll in Causis mulctarum gegen die
im Lande genugsam angesessenen
nicht erkannt werden 422.
Assecurations-Reverse. s. Reversales.
Ausmessung der Güter. s. Vermessung.
Ausschuß, Engerer. s. Engerer
Ausschuß.

B.

Bauren, wie wegen Aecker oder
Wiesen, welche dieselben von dem
Guhts-Herrn um gewissen Zinß
oder Pacht haben, zu verfahren 325. 326. 327.
wie auf Klagen derselben von den
Landes-Gerichten zu verfahren 328. 329.
Verlegung und Niederlegung derselben, bleibet den Land-Ständen
frey 334.
gleichwie auch die Aufrichtung neuer
Bauer-Hufen 335.
E Nieder-

Niederlegung derselben, wenn es
ganze Dörfer betrifft, dazu wird
des Engern Ausschusses Bericht
und Serenissimi Einwilligung erfordert 336.
Begräbniß, stille, wenn? und wie
solche frey gegeben 508.
Bericht-Scheine, sollen nicht gefordert werden 485.
Bericht-Vater, Veränderung desselben wie es damit zu halten 436.
Bestätigung, Landes-Fürstl. der
Ritter-und Landschaftl. Privilegien wie solche geschehen solle
354. 355.
Beysetzung, stille, s. oben Begräbniß.
Bier, Brauen desselben zum Verkau-
fe wie auch Hochzeiten, Kindelble-
ren, u.s.w. stehet den Einwohnern
auf dem Lande nicht frey 240. 242.
Ausnahme davon 239. 241. 243.
Verlegung der Krüge auf dem Lande damit. s. Krüge, u. Städte.
Brauen desselben in Städten.
s. Städte.
Die Glas-Hütten damit zu versor-
gen, stehet den Eigenthümern der
Güter frey 246.
ein gleiches hat statt wegen der auf
den Gütern in Arbeit stehenden
Leute 247.
Bonitirung der Güter, wie solche geschehen solle 8 biß 41.
Fürstl. Commission hiezu. s. Directorial-Commission.

C.

Kämmereyen der Land-Städte, wie
es mit Vermessung der denenselben
gehörigen Güter zu halten 41. 42.
Rata, welche denenselben aus der
Steuer bewilliget 64.
Kämmerey-Güter-Contribution
derselben. s. Städtische Güter.
Kommer-Güter. s. Dominen.
Klöster, Dobberthin, Malchow und
Ribnitz, wie es in Ansehung der
Vermessung der denenselben gehörigen Güter zu halten 41. 42.
Gerechtsame derselben bestätiget 121.
Bestellung der Proviforum und
Haupt-Leute 122.
Rechnungs-Aufnahme derselben 123.
Gerechtsame der Stadt Rostock und
übrigen Land-Städte in Ansehung
dieser Klöster, wie auch das zum
heiligen Creutz in Rostock 124. 125.
derselben Freyheit, Land-Güter zu
acquiriren, eingeschränckt und be-
stimmt 131 bis 134.
In Ansehung derselben wird dem Juri
primariarum precum entsaget 135.
werden zu Land-Tagen nicht verschrieben 137.
Closter-Güter. Contribution von
denselben. s. Contribution.
contribuiren auf gleiche Art wie die
Ritterschaft. 41. 43. 44.
Rückständige Contribution dersel-

ben von 1748 biß 1754. kömmt der
Ritterschafft zum Abtrag des auf
diese Jahre generaliter verglichen
nen Quanti zu gute. 93.
Contribution derselben wird von
1755 an in den Land-Kasten, und
von da Specifice an Serenissimum
bezahlet 72. 93.
Commercien-Freyheit derselben
festgesetzet 252. 255.
Commission zu Vermeß-und Bonitirung der Güter. s. Directorial-
Commission.
Communion-Privat. s. Privat-Communion.
Consistorium, Appellationes von
demselben an das Hof-und Land-
Gericht. s. Appellationen.
wie weit solchem eine Jurisdiction
zukomme 415.
soll in CausisStupri Adulterii & Incestus sich der Bestrafung, auch der
Erkentniß über den Punctum Ali-
mentorum nicht anmassen 416.
die demselben über geistliche Güter
und Personen zukommende Jurisdiction soll nicht über die Gebühr,
auch nicht auf Delicta, die in Kirchen und auf Kirch-Höfen begangen, extendiret werden 417.
hat zwar über die Prediger und Küster, deren Weiber und Kinder in
Civilibus, nicht aber über deren Gesinde u. s. w. die Jurisdiction 418.
Consistorial-Ordnung soll verbessert
werden 483. 484. 510.
Constitutiones. s. Gesetze.

lichen Hufen. f. Acker.
von Ritterschafftlichen, Cloſter-und
Oeconomey auch Städtiſchen Gütern, dabey wird der Hufen-Mo-
dus feſtgeſetzet   5. 41.
f. Ritterſchafftl. Güter, it. Cloſter-
Güter, Städtiſche Güter.
Quantum derſelben von jeglicher
ſteuerbahren Hufe   43.
wie viel die in den Adelichen und
und Cloſter-auch Städtiſchen und
Oeconomey-Gütern wohnende
freyen Leute dazu beytragen   44.
ſo wohl Hufen-Steuer, als der frey-
en Leute Contribution, wie es mit
deren Verkündigung, Beitrei-
bung, Auszahlung und ſonſt zu
halten   45. 70. 72. 93.
ſollen zuſammen das ordentliche
General Quantum Contributionis
ausmachen   46.
Zahlungs-Termine derſelben 73.
Von den Städten, Modus derſelben
beſtimmet   47.
ſoll nicht erhöhet, auch nicht weiter
extendiret werden. it. Geld-Sorte
derſelben   48. 59.
das übrige f. Sub voce Steuer.
Von den Fürſtl. Aemtern und
Cammer-Gütern quantum der-
ſelben   69.
wird nicht in den Land-Kaſten gebracht, ſondern unmittelbar von
der Hertzogl. Cammer eingenom-
men   71.
ſämtliche Landes-jährliche Ver-

derſelben   70. 91.
ſoll, die Reichs-Traßs-und Prinßeſ-
ſinnen-Steuern ausgenommen,
unter keinerley Vorwand verhöhet
werden   74. 75. 94.
wie lange Ritter-und Landſchafft
zu deren Bezahlung verbunten
bleibe   76.
Remiſſion derſelben, wie es damit
zu halten   77 bis 87.
unverkündigte und rückſtändige von
1748 biß 1754. in den Ritterſchafft-
lichen Gütern quantum derſelben
beſtimmet   87.
wie ſolche aufzubringen   88. 89.
Zahlungs-Termine derſelben 90.
in den Städtiſchen, Cloſter-und
Oeconomey-Gütern, wie es deshalb zu halten   92. 93.
Executions-Ordnung deswegen iſt
dem Erb-Vergleich Sub Signo O.
beygeleget   100.
wegen der rückſtändigen auf den Gütern haftendem. f. Onera publica.
Conſumtions-Steuer davon iſt die
Ritterſchafft frey   95.
Convente der Ritter-und Landſchafft
wollen Sereniſſimus verſtatten 201.
der Ritterſchafft in den Aemtern behalten ihre uneingeſchränckte Freyheit   202.
allgemeine der Stände, oder der
Ritterſchafft und der Städte für
ſich, was deshalb zu beobachten   202.
Convocations-Täge, dazu bleibet
Sereni-

Serenissimo, Ritter-und Landschafft zu berufen, allemahl vorbehalten 164.
Copulation in den Häusern, wenn? und wie solche frey gegeben 508.
Crepß-Steuren s. Steuren.

D.

Damm-Geld. s. Zölle.
Defraudationes bey der Steuer. s. Steuer.
Delinquenten sollen aus der Adelichen Jurisdiction, ohne und wieder Wissen und Willen des Guts- und Gerichts-Herrn nicht weggenommen werden 421.
Deputationes der Stände, wollen Serenissimus gebührend hören 203.
Deputations-Tage, dazu bleibet Serenissimo, Ritter- und Landschafft zu berufen, allemahl frey 164.
Directorial-Commission zur Vermessung und Bonitirung der Güter, wie solche zu verfahren habe 23. 24.
Dispensationes Matrimonii sollen nicht erschwehret werden 509.
Taxe derselben ibid:
Domainen, wegen der zu den Ritterschafftlichen Gütern gekommenen, wird aller Ansprache entsaget 96. 98.
jedoch Salvo Jure reluendi ex Pacto, & Salvis litibus, Super Revocatione jam pendentibus 98.
wegen derselben behält der Landes Herr freye Macht, Gesetze, Ver-

ordnungen und Constitutiones zu machen. 193.
darinnen soll dasjenige, was wegen des Brauens, Brandwein-Brennens, Handels und Handwercker auf dem Lande verordnet, eben so wohl, wie in den Ritterschafftlichen Gütern beobachtet werden 257. 277
Dörfer wie es mit dem Brauen und Brandwein-Brennen auf selbigen zu halten. s. Krüge, Bier, Brandwein.
auf denselben sollen keine Kauffmannschafft und Krämerey treibende Leute wohnen 253. 254.
auf denselben soll keine Vorläuferey zum Nachtheil der Städte gedultet werden 255.
jedoch bleibet Fremden frey, den Land-Leuten ihre Producta abzukaufen, und ausserhalb Landes zu führen ibid:
wegen der Handwercker in denselben. s. Handwercker.
Durchmärsche fremder Truppen sind nicht weiter, als nach Inhalt der Reversalen und Reichs-Abschiede zu verstatten 317.
wie es bey Durchmärschen der Truppen einer fremden übermögenten Macht, den Einquartierungen und der Indemnisation deswegen zu halten 318 bis 324.

E.

Edicle, s. Gesetze.

Einneh-

Einnehmer der Steuer in Städten wer dazu zu bestellen 51. 52.
wie selbige zu verfahren 52. 53. 54.
sollen für sich keine Concession zum Haußiren an fremde Kauff-Leute und Juden ertheilen 55.
in wie weit ihnen Accidentien zu nehmen, erlaubet 61.
Instruction derselben ist dem Erb-Vergleich Sub No. VII. als eine Anlage beygefüget 68.
Einquartirung der Fürstlichen Truppen, wie weit die Stände dazu gehalten 310. 311. 312.
Engerer Ausschuß bestätiget 176.
aus welchen Personen solcher bestehen solle 177.
Rechte und Beschaffenheit dieses Collegii 178.
Bestellung der dazu gehörigen Personen 179.
Confirmation derselben bey geschehender Regierungs-Veränderung 179. 180.
Vorstellungen und Memorialien desselben an Serenissimum 187.
zu dessen Gebrauch gewidmetes Landes-Siegel 182. 183. 185.
Unterschrifft der von demselben ergehenden Vorstellungen, Berichte und Memorialien 185.
stehet als Beklagter alle Wege in erster Instantz unter demjenigen Landes-Gerichte, welches der Kläger erwählet 187.
demselben wird die Appellation an die Reichs-Gerichte vorbehalten 188.

was derselbe in Vollmacht der Ritter- und Landschafft handelt, wird als von Ritter- und Landschafft selbst geschehen, angesehen 189. 190.
Erb-Land-Marschalle in Mecklenburg, Anzahl derselben 173.
Erbtheilung unter Bürgerlichen Standes-Personen in Städten und auf dem Lande, von wem solche zu verrichten 973.
Executions-Ordnung wegen der Contribution, ist dem Erb-Vergleiche Sub Signo ☉. beygeleget 100.

F.

Fiscale, deren Amt und Pflicht 410.
sollen keinen mehrern Favorem als andere Parteyen haben 411.
Forderungen, bißherige der Landes-Herrschafft und Stände gegen einander werden aufgehoben 5u.
Forst-Collegium, soll nicht via Facti verfahren, sondern die Streitigkeiten wegen der Jagd-Gerechtigkeit vor dem Hof- und Land-Gerichte ausmachen 303.
Fortification, mit Arbeiten dazu sind die Unterthanen der Land-Stände zu verschonen 313.
Freye Leute in den Adelichen, Closter- und Städtischen Gütern, deren Contribution 44.
wie es mit Beytreibung derselben zu halten 45.
deren Contribution soll nebst der Hufen-Steuer in den Land-Lasten gebracht,

gebracht, und von daraus nebst der
Hufen-Steuer an die Fürstl. Rent-
Cammer Specifice bezahlet werden, auch welcher Modus dabey zu
beobachten   ibid.

G.

Gärten, in wie weit solche bey Bestimmung der steuerpflichtigen
Hälffte der Adelichen Güter mit
zu rechnen   16. 17. 18.
Gerichte, Adeliche und Städtische.
s. Unter-Gerichte.
Gesetze, Landes-Ordnungen, Constitutiones rc. Eintheilung derselben   192.
solche hat der Landes-Herr in den
Domainen ergehen zu lassen, freye
Macht   193.
Eintheilung derjenigen, welche das
gesamte Land, mit Innbegriff Ritter-und Landschafft angehen 194.
wie es mit Ertheilung solcher Gesetze
und Verordnungen, die an sich
gleichgültig, jedoch auf die gemeine Wohlfahrt des Landes gerichtet
sind, zu halten   195. 196. 197.
wie es mit Verfügung und Ertheilung solcher Landes-Constitutionen und Verordnungen, welche
wieder die Gerechtsame der Ritter-
und Landschafft laufen, oder eine
Minder-und Abänderung derselben
betreffen, zu halten 198. 199. 200.
Von allgemeinen Verordnungen
und Edicten soll, einem jeden Adelichen Gute und jeder Stadt
ein Exemplar insinuiret werden   356.
wie es bey zweyfelhaffter Erklärung
der Landes-Gesetze und Constitutionen zu halten   401. 521.
wegen der Art der Publication der
Landes-Fürstl. Verordnungen
und Edicte, behalten Serenissimus
freye Hand   424.
Gewicht, soll reguliret, und eine allgemeine Gleichheit darinn eingeführet werden.   339.
Gravamina der Stände, was künftig
als dergleichen anzusehen   522.
deswegen bleiben den Ständen die
Wege Rechtens offen 523. 526.
Grentz-Irrungen zwischen den Fürstlichen Beamten, Adel und Städten,
wie es dabey zu halten   367.
Güter, Land-Güter wie solche vermessen und boniiret werden sollen   8 bis 40.
s. auch Ritterschafftl. Güter, rc.
Vermessung, Bonitirung.
Contribution von denselben. s.
Contribution.
Ritterschafftliche, s. Ritterschafftl.
Güter.
Städtische s. Städtische Güter.
wie es mit dem Brauen und Brandweinbrennen auf selbigen zu halten. s. Krüge, it. Bier, Brandwein.
den Inhabern derselben stehet das
Commercium mit allen Producten
ihrer Güter frey   252.
denen-

denenjenigen, welche von ihren Gütern eine Marckt-Flecken-Gerechtigkeit behaupten zu können vermeynen, bleibet solches vor den Landes-Gerichten auszuführen unbenommen 279.
Jagd-Gerechtigkeit auf denselben. s. Jagd-Gerechtigkeit.
Holtz-Fällung und Verkauf auf denselben. s. Holtz.
wegen der auf denselben haftenden Landes-Schulden und Onerum publicorum. s. Landes-Schulden it. Onera publica.
die an der Ost-See grentzenden haben die Freyheit, ihre Producten zu Wasser weg zu schaffen 368.
über die durch die Güter gehenden Land-Strassen, Feld- und Holtz-Wege, auch Bäche und Ströhme, haben die Eigenthümer solcher Güter, die Jurisdiction 419.
Recht der unmittelbahren Citation und Exequirung über die in denselben Eingesessenen 420.
Guts-Herrn, deren Jurisdiction über die Pächter, Verwalter, Schreiber, Bedienten, und andere darin befindliche freye Leute 412. 413.
ohne deren Wissen und Willen sollen die Delinquenten nicht aus der Guts-Jurisdiction weggenommen werden 421.

H.

Häckerey auf dem Lande verbohten 353.

Handwercker, welche auf dem Lande gedulded werden sollen 259.
dergleichen können die Land-Begüterten auf einige Zeit für sich auf ihren Höfen auch in Livrée halten 256. 267.
welche von den Handwerckern auf dem Lande es mit einem Amte in den Städten halten müssen 260.
auf dem Lande, sollen keine Arbeit aus den Städten annehmen 262.
in den Städten, wie solche sich wegen der Arbeit vom Lande zu verhalten 263.
wie es mit den zwischen Stadt- und Land-Leuten wegen Handwercks-Sachen vorfallenden Streitigkeiten zu halten 264. 265.
der vom Lande Abziehenden Aufnahme in den Städten, soll denselben auf alle Weise faciliriret werden 268.
Terminus da die auf dem Lande verbohtene abziehen sollen 269.
auf die in den Städten soll gute Aufsicht gehalten werden 270.
wie es bey, zwischen denselben und dem Bau-Herrn vorfallenden Streitigkeiten zu halten 271. 272.
solche stehet den Land-Begüterten, aus welcher Stadt hiesigen Landes sie wollen, zu ihren Arbeiten zu nehmen frey 273.
wie gegen die Contraventiones der Handwercker auf dem Lande zu verfahren 274. 276.
denen in den Städten wird das so genannte

genannte Böhn-Hafen-Jagen
verbohten 275.
das Recht, selbige zu halten, mithin die Marckt-Flecken-Gerechtigkeit bleibet denen Gütern,
die solches praetendiren zu können
vermeynen, auszuführen unbenommen 279.
Hausiren, dazu sollen die Steuer-
Einnehmer für sich an Juden und
frembde Kauff-Leute keine Concession ertheilen 55.
in wie weit solches verbohten 256.
Heer-Strassen, Besserung derselben
wie solche geschehen solle 879.
Hof-Gericht, dabey sollen 4 Land-
Räthe Assessores seyn 169.
dessen Membra sollen nicht zu andern Verrichtungen gebraucht
oder abgefordert werden 281.
Appellationen an dasselbe. s. Appellationen.
vor demselben sollen die Herzogl.
Beamten und Bedienten sich einlassen 395.
dessen Visitation behalten sich Serenissimus vor 397.
die gegen die Hof-Gerichts-Ordnung eingeschlichenen Mißbräuche
sollen abgeschafft, und eine verbesserte Hof- und Land-Gerichts-
Ordnung verfertiget werden 403.
Holtzung, soll bey Bestimmung der
steuerbahren Hufen mit in Anschlag gebracht werden, und wie?
19. 20. 21. 22.
Holz, wegen dessen Fällung in den

Adelichen Gütern ist das Patent
vom 24ten Februarii 1750. dem
landes-Vergleiche als eine Beylage sub No. IX. beygefüget 307.
wie viel jährlich auf Lehn-Güter
ohne Consens gefället werden könne ibid.
Consens-Gebühren, wenn ein mehrers auf Lehn-Gütern gefället
wird, bestimmet 308.
Hufen-Modus, s. Contribution.
Hufen, deren Inhalt bestimmet 8.
s. auch Vermessung, k. Bonitirung.
Pfarr- und Geistliche, wie solche zu
bestimmen und anzuschlagen 13.
14. 15.
steuerfreye und steuerpflichtige, wie
solche zu bestimmen 7. 16. 17. 18.
steuerbahre, das von einer jeden zu
erlegende Quantum 43.
Anzahl derselben in den Ritterschafftlichen Gütern provisorie festgesetzet 84. 85. 86.
bißher so genannte wüste, davon geniessen die Prediger und Kirchen-
Bediente das Miß-Korn, Eyer
und Würste und wie? 502. 503.
von den so genannten wüsten und
gelegten sollen die Onera, in Ansehung der Kirchen-Gebäude und
Diener, u. s. w, getragen werden 504. 505.
Hufen-Steuer, s. Contribution.
Hypothec-Aemter, was solcherwegen zwischen Serenissimo und
Ritter- und Landschafft bestgese-
het 513. 514.

J.

J.

Jagd-Gerechtigkeit, deswegen bleibet es bey den Reversalen, der Policey-Ordnung, und eines jeden habenden Gerechtsamen 293. 294.
Verbothene Jagd-Zeit 295. daran sind die Fürstl. Jagd-Bediente und Beamten ebenfals gehalten 297.
jedoch sind Serenissimus hieran nicht gebunden 298.
unter diesem Verboth ist das Feder-Wildpret nicht mit begriffen 296.
weitere Ausnahme von diesem Verbothe 299.
wie der Tit. 13 der Policey-Ordnung vom Jahr 1572. dieserwegen zu appliciren 300.
deswegen sollen den Lehn-Briefen keine præjudicirliche Bedingungen eingerücket werden 301.
die deswegen von einem Vasallo geschehene Renunciation soll den Agnatis nicht præjudiciren 302.
die Streitigkeiten darüber soll das Forst-Collegium vor dem Hof- und Land-Gerichte ordentlich ausmachen 303.
der Vor-Jagd auf den Ritterschaftlichen und andern Land-Gütern begeben sich Serenissimus 304.
auf Verlangen der Stände soll eine Wild- und Jagd-Ordnung erlassen werden 305.
das Tannen-Wildpret zu schlüssen,
auf 6. Jahr verbothen 306.
Immobilien, zu Bürger-Recht liegende, Verlassung derselben, f. Verlassung.
solche eigenthümlich an sich zu bringen, wird den Juden untersaget 377.
Insiegel, Landes- und Ritterschaftliches, f. Landes-Siegel, it. Ritterschafft.
Instruction, Messungs- und Bonitirungs- it. Einnehmer- f. Messungs- und Bonitirungs-Instruction, it. Einnehmer der Steuer.
Interpretation der Landes-Constitutionen, wie es damit bey entstehendem Zweifel zu halten 401.
in Specie in Ansehung des Erb-Vergleiches 521.
Juden, Aufnahme derselben in Städten, darinn soll Maasse gehalten werden 377.
sollen keine liegende Gründe eigenthümlich an sich bringen ibid.
Jurisdiction über die auf den Land-Gütern befindliche freye Leute, f. Guts-Herren.
des Consistorii, f. Consistorium.
über die durch die Güter gehende Land-Strassen, Wege, Bäche 2c. f. Güter.
darinn soll den Guts-Herren und Stadt-Obrigkeiten kein Eintrag geschehen 433.
Jus Patronatus, f. Patronat-Recht.
Justitz-Cantzelleyen, Appellationes von denselben an das Hof- und Land-

Land-Gericht. s. Appellationen.
Justitz-Sachen, sollen alle jederzeit
lediglich bey den Landes-Gerichten
ausgeübet und betrieben werden 397.
sollen von den Regierungs- und
Cammer-Collegiis dahin verwiesen werden 394.
darinnen soll den Landes-Gerichten
kelne Hinderung verursachet, noch
irgend die Hände gebunden werden 396.
darinnen soll, wann sich jemand über
ein Erkentniß bey Serenissimo be-
schwehret, zwar Bericht erfordert, aber der Lauff der Justiz nicht
gehemmet werden 397. 398.

K.

Kauff-Leute und Krämer sollen nicht
auf dem Lande, sondern in Städten wohnen 253. 254.
Fremde, Hausiren derselben, in wie
weit solches zugelassen 256.
Cantzlerliche Erkentnisse in Mecklenburgischen Sachen bleiben bey
Kräfften 3. 4.
Kind-Taufen in den Häusern, wenn?
und wie solche frey gegeben 508.
Kirchen, wie es mit deren Reparation
zu halten 499.
wie mit Abbrechung der alten, und
Erbauung der neuen 501.
Kirchen-Aecker, Vermessung, Bonitirung, Contribution desselben,
s. Aecker.

Permutation desselben, zu Aufhebung der Communion, wie es damit zu halten 506.
Kirchen-Gelder, sollen nicht mit neu-
en und unnöthigen Auflagen be-
schwehret werden 492.
wie es mit Ausleihung derselben zu
halten 492. 493.
Kirchen-Ordnung, bey der von 1552.
und 1602. hat es so lange sein Bewenden, biß die verbesserte publiciret wird 483.
soll verbessert werden 510.
wie die Verbesserung derselben geschehen solle 484.
Kirchen-Rechnungen, wie es mit deren Ablegung zu halten 490. 491.
Kirchen-Visitation generale soll gehalten werden 487.
Speciale, wie es damit zu halten 488.
Relationes davon sollen allen, denen
daran gelegen, communiciret
werden 489.
Klöster, s. Clöster.
Korn-Mangel, wie es bey sich ereig-
nendem zu halten 365. 366.
Krämer, s. Kauff-Leute.
Krüge auf den Cammer- Ritterschafftl. und andern Land-Gütern
sollen ihr Bier aus den Städten
nehmen, und wie es damit zu halten 232. 234. 235. 237. 238. 239.
welche davon ausgenommen 233.
solche aufzuheben, oder von einem
Orte zum andern zu legen, stehet
dem Guts-Herrn frey 236.
wie es mit Bezahlung des für dieselben

selben aus den Städten zu nehmenden Biers zu halten 245.
wie es mit Bestrafung der Contravention hierbey zu halten 248. 249.
in den Domainen, werden von den
Städten mit Brandwein verleget 251.
Küster, Bestellung derselben 497.

L.

Land- und Hof-Gericht. f. Hof-
Gericht.
Landes-Contribution f. Contribution.
Landes-Gesetze. f. Gesetze.
Landes-Gerichte, Appellationen von
denselben an die Reichs-Gerichte.
f. Appellationen.
bey denselben sollen alle Justitz-Sachen ausgeübet werden. f. Justitz-
Sachen.
in wie weit selbige in den Sachen
selbst zu sprechen verbunden 399.
400.
sollen bey den, von den Unter-Gerichten an sie gedeihenden Sachen
mehr auf die Warheit und Gerechtigkeit, als auf die Formalitæten
sehen 427.
Land-Güter. f. Güter, Dörfer.
Landes-Ordnungen. f. Gesetze.
Landes-Schulden, auf den Gütern
haftende sollen bey den Landes-
Gerichten, im Fall ergehender
Proclamation, mit profitiret werden 361.
jedoch werden solche nur in folla

liquidiret, und haftet dafür das
Gut, es besitze wer es wolle. 362.
Landes-Siegel, dem Engern Aus-
schuß verliehen 182.
damit werden alle, Ritter-und Land-
schafft gemeinschafftlich angehende
Ausfertigungen besiegelt 183.
Landes-Vergleich, Grundgesetzlicher.
f. Vergleich.
Land-Marschälle, Diæten derselben
bey Land-Convocations- und Deputations-Tägen 170.
führen auf Land-Convocations-und
Deputations-Tägen das Wort 174.
Rang derselben 171.
Erb-Land-Marschälle, Anzahl
derselben 173.
Land-Messer, zu Vermessung der
Güter, wie selbige vorzuschlagen
und zu bestellen 25.
Instruction derselben. f. Messungs-
Instruction.
deren Eyd ist dem Erb-Vergleich
als eine Beylage sub No. V. beygefüget 25.
Anzahl derselben 26.
Land-Räthe, Anzahl derselben in dem
gesamten Mecklenburg 156.
wie es mit Bestellung und Orren-
bung derselben zu halten, auch deren Eyd 167.
erneuren ihren Eyd bey verfallender
Regierungs-Veränderung 168.
ihrer 4. sollen Assessores beym Hof-
und Land-Gerichte seyn 167.
Diæten derselben auf Land-Convocations-und Deputations-Tägen 170.
sollen

sollen ihre Berichte und Vorstellungen eigenhändig unterschreiben u. s. w. 171.
sollen kein Land-Räthliches Collegium vorstellen 172.
Rang derselben 175.
Titulatur derselben 358.
Land-Recht, soll in Meklenburg verfertiget werden 337.
Land-Stände, s. Stände.
Land-Strassen, s. Wege.
Land-Tage, sollen jährlich gehalten werden, und was darauf zu handeln 145.
sollen allgemein bleiben 146.
dazu sollen die Land-Stände aller 3 Crayse berufen werden 147.
wo solche zu halten? 148.
wenn solche zu halten? 149. 150.
wie die Ausschreiben dazu einzurichten? 151.
dazu sollen die Erbohtenen persöhnlich erscheinen, oder ihr Aussenbleiben entschuldigen 152. 153.
Abwesende können keine Vollmacht dazu ertheilen 153.
einzureichende Designationes der auf denselben gegenwärtigen 153.
Bekanntmachung der darauf zu proponirenden Capitum 154.
Ausgebung der Proposition auf selbigem 155.
wenn? und wie auf selbigen die Ritter-und Landschafftliche Antwort abzugeben 156. 157.
wie auf selbigen weiter zu verfahren 158.

Freyheit in Ab- und Zureisen auf selbigen 159.
wie es darauf mit Erledigung der Landes-Gravaminum und Angelegenheiten zu halten 160 bis 169.
welche Sachen bloß auf denselben, und nicht auf Convocations-Tagen zu tractiren 165.
Laudemial-Gelder 455.
sehen, Concurirung der eröffneten, wie es damit zu halten 443.
wenn solches allodial gemachet werden soll, wie es damit zu halten 448.
s. Allodial.
wie es damit bey entstehendem Concurse, und dadurch geschehender Eröfnung zu halten 457. 458. 459.
Veräusserung derselben. s. unten bey Lehn-Güter.
Lehn-Briefe und Consense, wegen der bey eines Landes-Herren Regierung gesuchten, aber nicht expedirten, geben nur einfache Gebühren 444.
darinn sollen die gewöhnlichen Formalien und Clauseln beobachtet werden 466.
Lehn-Dienste und Landes-Folge. s. Lehn-Pferde.
Lehn-End, wie die Besitzer verschiedener Haupt-Lehne solchen abzulegen haben 441. 442.
Lehn-Güter, Holz-Fällen auf denselben. s. Holz.
Einführung der Fidei-commissa und Majorate in denselben 445.

deren Verpfändung auf 20. Jahr
ist erlaubt 451.
deren Veräusserung an einen in der
ersten Investitur begriffenen Agnaten 452.
an leibliche Brüder 453.
Jus protimiseos in denselben, wie weit
Serenissimo solches zustehe 454.
Laudemial-Gelder bey Veräusserung derselben 455.
wie es mit solchen bey entstehendem
Concurse zu halten 457. 458.
Landes-Herrlicher Consens über
Distribution derselben an Creditores 459.
Consens-Geld bey particular Adju-
dicationen derselben soll nicht genommen werden 460.
Veräusserung derselben, an wen
solche verbohten 472.
wie es mit Suchung des Lehn-Herrlichen Consenses solcherwegen zu
halten ibid.
Lehn-Muthung, wie es bey deren geschehener Versäumung zu halten 447.
Lehn-pertinentien, Veräusserung derselben an einen Extraneum 461.
an einen in der ersten Investitur
mit begriffenen Agnaten 462.
Lehn- oder Ritter-Pferde, wie die
Sache wegen solcher ausgemachet
werden solle 469.
solcherwegen sollen keine Geld-præ-
stationes gefordert werden 470.
Lehn-Recht, Mecklenburgisches soll
publiciret werden 426.

Lehn-Sachen, deswegen werden die
Reversalen und Fürstl. Resolutiones bestätiget 434. 435.
Unterschriffte der in solchen zu übergebenden Schrifften 456.
darinn ist die Lehn-Cammer allein
Forum competens 463.
was zu Lehn-Sachen gerechnet
wird 463.
alles übrige gehöret für die Landes-
Gerichte ibid.
Appellationes in selbigen behalten
ihren freyen Lauff 464.
die Ausfertigungen in solchen sollen
nicht aufgehalten werden 465.
Documente in selbigen, so durch Unglücks-Fälle verlohren, sollen aus
der Lehn-Cammer wieder gegeben werden 468.
solcherwegen wird das Edict vom
26ten Septembr. 1749. aufgehoben 473.
Lehn-Taxe, verbesserte Ordnung deswegen soll publiciret werden 437.
was dabey zum Grunde zu sehen 438.
wie es damit biß zu publication der
neuen Tax-Ordnung zu halten 439.
Leibeigene, s. Unterthanen.
liegende Gründe, s. Immobilia.

M.

Maaß, Ellen-Scheffel- und Tonnen soll reguliret, und eine allgemeine Gleichheit darinn eingeführet werden 939.
Magazine,

Magazine, mit Lieferungen zu solchen sind die Land-Stände zu verschonen 313. 314.
Manufacturen, für deren Emporbringung soll gesorget werden 341.
Messungs-Instruction ist dem Erb-Vergleiche als eine Beylage sub No. III. beygefüget 8. 10.
Miliz, zu deren Unterhalt und Bezahlung sind Ritter- und Landschafft nicht gehalten 309.
Einquartierung derselben, wo sie geschehen solle 310. 311. 312.
Desertion derselben, deswegen soll eine Constitution ergehen 315.
Gravamina der Städte solchenwegen sollen gehoben werden 316.
davon soll keiner durch Bürgerliche Nahrung den Städten Eintrag thun 376.
Miß-Korn und andere præstanda von bißher so genannten wüsten Hufen 502. 503.
Monopolia, sollen nicht verstattet werden 340.
Mültzen, in wie weit solches auf dem Lande erlaubet, s. Krüge, it. Bier.
stehet der Ritterschafft zum Verkauff des Maltzes ausser Landes frey 244.
Müntz-Wesen in Mecklenburg soll reguliret werden 204. 206.
Musicanten, können nach Gefallen genommen werden, und in wie weit? 343. 344. 346.

N.

Neben-Modus, s. Contribution, it. freye Leute.
Necessarien, ordentliche Landes-bazu tragen Serenissimus Suerinensis für Dero Domainen, auch Dero gesamte Land-Städte jährlich 12000. rthlr. bey, und wie? 222.
zu deren Aufbringung wird von der Ritterschafft die Hufen-Steuer erhöhet, und wie es damit zu halten 223.
wegen des Beytrages des Stargardischen Kreises zu denselben hat sich Ritter- und Landschafft zu vergleichen 224.
Beytrag der Stadt Rostock zu denselben 225.
über solche hat Ritter- und Landschafft freye Disposition 226.
ausserordentliche Landes- welche das Wohl und Beste des gantzen Landes betreffen, sind durch besondere, von Serenissimo und Ritter- und Landschafft zu bewilligende Anlagen aufzubringen 228.
dazu sollen Domainen, Städte und Ritterschafftlichen Güter gemeinschafftlich beytragen ibid.
ausserordentliche, der Ritter- und Landschafft, oder der Ritterschafft allein, werden durch besondere Anlagen aufgebracht 227. s. Anlagen.
diejenigen, wovon ein Stand alleine Nutzen

Nutzen hat, träget derselbe allein 229.
Notarien, auswärtige, deren stehet einem Jeden, sich in seinen Sachen zu bedienen, frey 405. jedoch daß ihr Vergehen von den Partheyen gebüsset werde 408.

O.

Oeconomeyen, sollen wegen an sich gebrachter Stadt-Aecker und Häuser die ordentlichen Lasten und Pflichten abführen 498.
Oeconomey-Güter, wie es mit Vermessung derselben zu halten 41. 42. Contribution von denselben. s. Contribution.
contribuiren auf gleiche Art, wie die Ritterschafftlichen 41. 43. 44.
Contribution von denselben wird in den Land-Kasten gebracht, und von da specifice an Serenissimum entrichtet 72. 93.
Oerter des Rostockschen Districts. s. Rostocksche Gemeinschaffts-Oerter.
Onera publica, auf den Gütern hafftende sollen in Termino Liquidationis mit profitiret, jedoch aus dem Gereidesten vorweg genommen werden 362.
wenn solche pro præterito nicht mit profitiret sind; so soll doch das Gut, und ein jeder Besitzer desselben, so wie für die currente Contribution hafften, und alles in einer Classe. lociret werden 364.

P.

Patronat-Recht, wird der Ritter- und Landschafft bestätiget 474. darinn soll dem Patrono kein Eintrag geschehen 481.
Pfarren, wie es bey der Prediger-Wahl in denselben zu halten 475. s. Prediger, Præsentation.
Patroni, sollen von den Predigern und Kirchen-Vorstehern die Kirchen-Rechnungen abnehmen, und wie? 490. 491.
sollen die Kirchen-Gelder, ohne Bewilligung des Superintendenten nicht auf Zinsen nehmen 493.
Pfand-Buch, soll in den Städten aufgerichtet werden, und wie es damit zu halten 371.
Pfarr- und Küster-Häuser, wie es mit deren Reparation zu halten 500.
Aecker, Vermessung, Bonitirung, Contribution desselben, s. Aecker,
Permutation desselben, zu Aufhebung der Communion, wie es damit zu halten 506.
Pia Corpora, sollen wegen der an sich gebrachten, zu Stadt-Recht liegenden Immobilien die Onera tragen 498.
Policey-Ordnung, verbesserte soll in Meklenburg publiciret werden 318.
Præsentation der Candidaten zum Predigt-Amt, wie es die. Patroni damit halten sollen 476.
wie die Superintendenten in Ansehung

hung der zu præsentirenden Personen zu verfahren 477.
Anzahl der Candidaten, welche zur præsentation zu bringen 479.
eines Candidati allein, wie solche statt habe 480.
Prediger, stehen nebst ihren Frauen und Kindern in Civilibus unter des Consistorii Jurisdiction, nicht aber deren Gesinde 418.
wie es mit der Wahl derselben in den Patronat-Pfarren gehalten werden solle 475.
s. auch Præsentation.
deren ordination und Anweisung auf erstatteten Bericht von der rite geschehenen Wahl 478.
und Kirchen-Bediente geniessen das Misi-Lorn und andere Præstanda von bißher so genannten wüsten Hufen, und wie? 502. 503. 505.
Priester-Bauren, in wie weit selbige unter des Consistorii Jurisdiction stehen 418.
Printzessinn-Steuren, wo? und wenn solche auszuschreiben 115.
Summe derselben 116.
Modus, wie solche aus den Domainen, Adelichen Gütern und Städten zusammen zu bringen 117. 118.
werden in den Jahren, da Reichs- und Crayß-Steuren ergehen, nicht erleget 119.
gehen in den Land-Kasten 120.
Privat-Communion, wenn? und wie solche frey gegeben 508.
Processe, in Ritter- und Landschaffts-

lichen Angelegenheiten in wie weit solche auf gemeine, oder jeden Standes eigene Kosten zu tragen 231.
zwischen Serenissimo und den Ständen, werden durch den Erb-Vergleich aufgehoben 515. 516.
Process-Ordnung, soll verbessert werden 404.
Proclamation derer, die sich verehligen wollen 509.
Procuratoren, einheimische, von denenselben sollen alle Schrifften in Gerichtlichen Sachen unterschrieben werden 407.
wegen deren Gebühren soll eine Constitution ergehen 409.
Publication der Fürstlichen Edicte und Verordnungen, wegen der Art derselben behalten Serenissimus freye Hand 424.

R.

Reichs-Steuren, s. Steuren.
Remedium Supplicationis hat bey den Cantzelleyen und Consistorio in Causis mulctarum, da die Strafe unter 30 biß 50 Rthlr ist, loco Appellationis stat 430.
Resolutiones ad Gravamina bestätiget 3. 4.
Reversales. überhaupt, und besonders die von 1572 und 1621 bestätiget 3. 4.
die von 1572 und 1621. sind dem Erb-Vergleiche als Beylagen Sub

Sub Nis L. & II. beygefüget 3.
Ribnitz, Closter, einige daſſelbe be-
ſondere betreffende Diſpoſitio-
nes 134. 135. 136.
Ritter- und Landſchafft, ſ. Stände.
Ritter-Pferde, ſ. Lehn-Pferde.
Ritterſchafft, iſt von der Acciſe und
Conſumtions-Steuer frey 95.
Inuſiegel, ſo in den, die Ritterſchafft
allein angehenden Ausfertigungen
zu gebrauchen derſelben erthei-
let 184.
Anlagen derſelben unter ſich. ſ.
Anlagen.
Neceſſarien derſelben, ſ. Neceſ-
ſarien.
Schulden derſelben von ihr allein
zu tragen 230.
Zoll-Frenheit derſelben. ſ. Zölle.
iſt von Einquartierung der Fürſtl.
Militz frey 310.
Frenheit derſelben vom Abzugs-
Gelde. ſ. Abzugs-Geld.
Titulatur derſelben, ſ. Titulatur.
die in Roſtock wohnenden von der
Ritterſchafft ſollen nicht unter den
Lübſchen, ſondern den gemeinen
Rechten ſtehen 431.
Patronat-Recht derſelben. ſ. Pa-
tronat-Recht.
Ritterſchafftliche Güter ſollen ver-
meſſen und bonitiret werden 6,
ſollen durch die Ausmeſſung und
Taxation, ihrem gantzen Innbe-
griffe nach, in einen gewiſſen Hu-
fen-Stand gebracht werden, da-
von die eine Hälffte frey, die andere

contribuable 7
welcheStücke hiebey mit in Anſchla[g]
zu bringen, oder nicht zu brin[-]
gen 16. 17. 18
Anzahl der ſteuerbaren Hufen [in]
denſelben proviſorie feſtgeſe[tzt]
ſey 84. 85. 86
das übrige ſ. Sub voce Contribution
Koſten der Vermeß-und bonitirun[g]
derſelben, von wem ſolche zu tra[-]
gen 28. 29
ſ. übrigens Vermeſſung, it. Boniti[-]
rung.
wegen der zu den Domainen gezoge[-]
nen wird aller Anſprache entſa[-]
get 96
jedoch Salvo jure reluendi ex pa[-]
cto 99
von den ſeit 1748. zu den Fürſtl.
Domainen gezogenen ſollen die
Contribution und Landes-Anla-
gen zum Land-Kaſten bezahlet
werden 97.
Brauen, Brandweinbrennen,
Jagd-Gerechtigkeit auf denſelben
ſ. Bier, Brandwein, Krüge,
Jagd-Gerechtigkeit.
Holtz-Fällung und Verkauf auf
denſelben ſ. Holtz.
über die in denſelben Eingeſeſſenen
haben die Regierungs-und Juſtitz-
Collegia das Recht der unmittelbaren Vorladung und Exequirung 420.
aus denſelben ſollen die anderwärts
delinquirt habenden wieder Wiſſen und Willen des Guts-Herren
nicht

nicht de facto weggenommen werden 421.
wie es mit den von Serenissimo zu erkaufenden, oder sonst zu acquirirenden, und den Domanial- oder Patrimonial-Gütern zu incorporirenden zu halten 444.
deren Eigenschafften sollen die gegen Ritterschafftliche Güter vertauschten Domanial-Güter haben 467.
Rostock, tritt demjenigen bey, was zwischen Ritterschafft und Land-Städten wegen des Brauens, Commercii, der Handwercker, u. s. w. verglichen 258. 278.
die von der Landes-Herrschafft mit dieser Stadt getroffenen Verträge bestättiget 529.
Rostocker Gemeinschaffts-Oerter Vermessung derselben 41. 42.
Rückständige Contribution derselben von 1748 biß 1754, kommet der Ritterschafft zum Abtrag des auf diese Jahre generaliter verglichenen Quanti zu gute 93.
Contribution derselben wird von 1755. an, in den Land-Kasten, und von da Specifice an Serenissimum bezahlet 72. 93.
solcher Nahme soll aufgehaben, und statt dessen der Ausdruck: Oerter des Rostockschen Districts gebrauchet werden 126.
mehrere Verfügungen in Ansehung dieser Oerter 127 bis 130.
werden nicht zu Land-Tagen verschrieben, sondern von der Stadt

Rostock vertreten 137.
Ruthen-Maaß, welches bey der Vermessung angenommen 10.

S.

Scharff-Richter, deren Gebühren sollen in der Policey-Ordnung reguliret werden 343.
stehet der Ritterschafft, welchen sie will, zu gebrauchen frey, nur daß es ein Einheimischer sey 343.344.
Scheffel, Rostockscher bey der Vermessung und Bonitirung angenommen 10.
Schorsteln-Feger, deren Gebühren sollen in der Policey-Ordnung reguliret werden 343.
stehet der Ritterschafft, welchen sie will, zu gebrauchen frey, nur das es ein Einheimischer sey 343.344.
gemeinen Leuten, die es verstehen, stehet ihre Schorsteine selbst zu fegen frey 345.
deren soll im Lande eine hinlängliche Anzahl gehalten werden 345.
Schulden der Ritterschafft und Städte von jedem Theil privative zu tragen 330.
Landes, s. Landes-Schulden.
Schulen, in wie weit der Stadt-Magistrat die Inspection darüber habe 494.
sollen von den Predigern des Orts fleißig besuchet, und deren Bestes beobachtet werden 495.
Schul-Meister, auf den Dörffern,

da keine Küster sind, wie sie zu bestellen 496.

Schützen-Könige in den Städten was sie erhalten 64.

Schwein-Schneider, deren Gebühren sollen in der Policey-Ordnung reguliret werden 343.

stehet der Ritterschafft, welchen sie will, zu gebrauchen frey, nur daß es ein Einheimischer sey 343. 344.

gemeinen Leuten, die es verstehen, stehet ihre Schweine selbst zu schneiden frey 345.

Seen, in wie weit solche bey Bestimmung der steuerpflichtigen Hälffte der Ritterschafftlichen Güter mit zu rechnen 16. 17.

Stadt-Buch, vor demselben soll die Verlassung der zu Bürger-Recht liegenden Immobilien geschehen 371.

Stadt-Güter, davon soll die Bürgerschafft, ohne Vorwissen und Einwilligung des Magistrats nichts veräussern 370.

Städte, von denselben zu entrichtende Contribution, und Modus derselben.

s. Contribution, it. Steuer.

Anlagen derselben unter sich. s. Anlagen.

Necessarien derselben. s. Necessarien.

Schulden derselben von ihnen allein zu tragen 230.

verlegen die binnen 2. Meilen von denselben belegenen Krüge auf dem Lande mit Bier, und in welchen Fällen 232. 233. 238. 239.

Obliegenheit der Städte bleibet 234.

wie es mit dem Brauen und Bier verkaufen in denselben zu halten 235. 237.

it. mit Bezahlung des an die Krüge zu liefernden Biers 245.

wie es mit Bestrafung der Contraventionen hiebey zu halten 248. 249.

verlegen die Krüge in den Domainen mit Brandwein 251.

alle Kauffmannschafft und Krämerey treibende Leute sollen in denselben wohnen 253. 254.

zu deren Schaden soll keine Verkäuferey auf dem Lande getrieben werden 255.

wie weit das Hausiren fremder Kauff-Leute und Krämer darinn zugelassen 256.

welche Handwercker in denselben und nicht auf dem Lande wohnen sollen. s. Handwercker.

sollen der Militz Obdach und Lagerstatt geben 310.

sind mit Einquartierung der Cavallerie verschonet 312.

Beschwehrden derselben wegen der Einquartierung und Service sollen gehoben werden 316.

wie es bey vorfallenden Streitigkeiten in denselben zwischen der Bürgerschafft und dem Magistrat zu halten 369.

darinn sollen Pfand-Bücher aufgerichtet

gerichtet werden, und wie es damit zu halten 372.
Erbtheilungen in denselben unter Bürgerlichen Standes-Personen. s. Erbtheilungen.
Bürgerliche Nahrung in denselben treibende, sollen das Bürger-Recht gewinnen 374.
Zünffte in denselben deren Einschränckung s. Zünffte.
Aufnahme der Juden in denselben, darinn soll Maße gehalten werden 377.
Städtische Land-Güter, Contribution von denselben 41. s. Contribution.
contribuiren auf gleiche Art, wie die Ritterschafftlichen 41. 43. 44.
wegen der rückständigen Contribution derselben von 1748. bis 1754. wollen Serenissimus sich besonders vergleichen. 92
die Contribution derselben von 1755. an, wird in den Land-Kasten gebracht, und von da Specifice an Serenissimum entrichtet 72. 93.
Stände, deren Rechte und Freyheiten bestättigt 2. 3.
Union derselben, s. Union der Land-Stände.
denenselben bleiben die Wege Rechtens, in Ansehung der, auf den Land-Tägen angebrachten Beschwerden ꝛc. offen 163. 523.
wie es mit Ertheilung solcher Landes-Constitutionen, Gesetze und Verordnungen, welche deren Ge-

rechtsame betreffen, zu halten 198. 199. 200.
Zusammenkünffte der Stände, s. Convocations- und Deputations-Tage, it. Convente.
deren Deputirte, Schreiben und Supplicata, wollen Serenissimus annehmen 203.
Anlagen derselben unter sich s. Anlagen.
gemeine Landes-Ausgaben derselben, s. Necessarien.
Schulden und Processe derselben, wie weit solche gemeinschafftlich oder von jedem Stande besonders zu tragen 230. 231.
sind zu Verpflegung und Unterhaltung der Herzogl. Truppen nicht gehalten 309.
sind mit Lieferungen zu Magazinen und Aufforderung der Unterthanen zu Fortifications-Arbeiten zu verschonen, 313. 314.
Unterthanen derselben, s. Bauren, it. Unterthanen.
Landes-Herrliche Bestättigung deren Gerechtsamen und Privilegien, wie solche geschehen solle 354. 355.
was dieselben zum gemeinen oder besondern Besten anzutragen haben, wird zu den Land-Tägen verwiesen 380.
Indemnisations-Forderungen derselben, wegen ehemahliger fremden Truppen und Exactionen, werden vorbehalten 513.
Standes-Erhöhungen, von Kayserl. Maje-

Majestät gescheyene, sollen gebührend anerkannt werden 360.
Steuerfreye und Steuerpflichtige
hälffte der Ritterschafftlichen und
andern Land-Güter 7. 16. 17. 18. 41.
Steuerbare Hufen, Anzahl derselben
in denen RitterschafftlichenGütern
proviſorie festgesetzt 84. 85. 86.
Steuer, ſ. Contribution.
Städtiſche, an welchem Orte solche
einzunehmen 49. 50.
wie mit deren Einnahme zu verfahren 51. 52. 53. 54.
ſ. Einnehmer.
wie es mit Unterſuchung und Be-
ſtrafung der dabey vorfallenden
Contraventionen und Defraudatio-
nen zu halten, 56. 57. 58.
Forum der dabey bestellten Unter-
Bedienten 60.
wie weit denen Bedienten dabey
Accidentien zu nehmen erlaubet 61.
wie viel denen Neu-Bauenden daraus zu vergüten 62. 63.
Rata davon, welche den Stadt-Cäm-
merern eigenthümlich bewilliget
werden 64.
was die Schützen-Könige daraus
erhalten 65.
Bürger-Gelder werden nicht mehr
daraus bezahlt 66.
wird nicht in den Land-Kasten gebracht, sondern unmittelbar von
der Herzogl. Cammer eingenommen 71.
wie es mit Remiſſion derselben zu
halten 82.

davon sollen die, von der Ritterſchafft frey seyn 91.
Steuren, Reichs- und Creyß- davon
ist niemand eximiret 101. 102.
sollen auf allgemeinen Land-Tagen
ausgeschrieben werden 103.
wie es damit zu halten und wie solche
zusammen zu bringen 104. 105.
dazu soll die Ritterſchafft nichts erlegen wenn nicht über 200. Römer-
Monahte in einem Jahr erfordert
werden 106.
die Städte erlegen dazu nichts, weil
nicht über 300. Römer-Mo-
nate sind 107.
dazu contribuiren Ritterſchafft,
Städte und Domainen, und wie
solches geschiehet 108 bis 111.
werden in den Land-Kaſten gebracht,
und wie es mit der Einnahme zu
halten 112. 113.
wie es mit dem etwanigen Ueber-
ſchuß zu halten 114.
Printzeßinnen ſ. Printzeßinnen-
Steuren.
Supplicationis Remedium ſ. Remedium ſupplicationis.

T.

Tannen-Wildpret auf 6. Jahr zu
ſchießen verboten 306.
Tax-Ordnung der Cantzley-und Gerichts-Gebühren, soll verfertiget
werden 40.
Taxation der Güter, ſ. Bonitirung.
Taxatores, zur Bonitirung der Güter,
wie

wie ſelbige zu beſtellen 25.
Inſtruction derſelben ſ. Boniti-
 rungs-Inſtruction.
deren End iſt dem Erb-Vergleich
 als eine Beylage Sub No. VI. angefüget ibid.
Anzahl derſelben 26.
Titulatur derer von der Ritterſchafft 357. 358. 359.
Transmiſſion der Acten ſ. Verſchi-
 ckung.
Trauer, Reichs-und landes-wie es
 mit dem ſolcherwegen zu verordnenden Glocken-läuten und Ein-
 ſtellung der Muſick zu halten 482.
Truppen, ſ. Miliz.
fremde Durch-Märſche derſelben
 ſ. Durch-Märſche.

zu ſeyn erachten, die Sachen an die
 landes-Gerichte bringen können
 und ſollen 426.
In den, bey denſelben verhandelten
 Sachen, ſollen die landes-Gerichte,
 nach Beſchaffenheit der Sache,
 nicht ſo wohl auf die Formalien,
 als auf die Sache ſelbſt ſehen 427.
Unterſchrifft, Gerichtlichen und außer-
 Gerichtlichen Schrifften, von wem
 ſolche geſchehen ſolle 407.
Unterthanen der Stände, wegen deren Abfolgung wird die Geſinde-
 Tagelöhner-Bauer-und Schäfer-
 Ordnung, beſtättigt 370.
ſollen ohne ihrer Herren Wiſſen und
 Willen nicht zu Krieges-Dienſten
 angenommen werden 331. 332. 333.

U.

Union der Land-Stände beſtättigt 138.
worinn ſolche beſtehe, in Anſehung
 der Verbindung der Mecklenbur-
 giſchen Provinzen unter ſich 139.
 140.
In Anſehung der Ritterſchafft und
 Stände unter ihnen ſelbſt 141. 142.
wohin dieſelbe nicht zu deuten 143.
Union von 1523. iſt dem Erb-Vergleich Sub No. VIII. beygelegt 144.
Unter-Gerichte, wie ſolche beſetzt ſeyn
 ſollen, und wie darinn zu verfahren 425.
wann und wie diejenigen, welche ſich
 durch deren Beſcheide beſchweret

V.

Vergleich, landes-Grund-Geſetzlicher Erb-darnach, und nach denen
 darinn beſtättigten Geſetzen und
 Erkänntnißen, ſoll lediglich ge-
 ſprochen werden 518.
vom 16. Jul. 1701. wird aufgehoben ibid.
wie es bey entſtehenden Zweifeln
 über den Landes-Vergleich zu halten 521.
landes-Grund-Geſetzlicher, bey
 demſelben ſind Sereniſſimus ſich
 ſelbſt zu handhaben und zu ihrem
 Rechte zu verhelffen, befugt 527.
Veräußerung der Lehn-Güter. ſ.
 Lehn-Güter.

Verlaſ-

Verlassung der zu Bürger-Recht liegenden Immobilien, soll vor dem Stadt-Buche geschehen 372.
Vermessung der Güter, auf was Art solche geschehen solle 8 bis 42.
Instruction deswegen s. Messungs-Instruction.
Das Scheffel- und Ruthen-Maaß dabey bestimmet 10.
Fürstl. Commission dazu niedergesetzt, s. Directorial-Commission.
Land-Messer, so hiezu zu adhibiren. s. Land-Messer.
Kosten derselben, von wem solche zu tragen. 28. 29.
Zu welcher Zeit solche geschehen solle 30. 31.
Dabey stehet den Possessoribus der Güter frey, ihre Nothdurfft wahr zu nehmen 32.
Soll Aemter-weise geschehen, und wie? 33. 37.
Wo solche schon vorhin privatim geschehen, stehet es frey die Charten davon zu ediren, und was für ein Gebrauch hievon zu machen 34. 35. 36.
Lohn der Land-Messer und Notarien dabey 39.
Wie es dabey mit streitigen Grentzen zu halten 38.
Soll sogleich, nach vollzogenen Vergleich ihren Anfang nehmen und völlig zum Stande gebracht werden 40.
Der Güter der 3. Landes-Clöster, der Rostockschen Gemeinschaffts-Ver-

ter und die den Cämmereyen der Land-Städte, auch den Oeconomien gehörigen, geschiehet auf gleichen Fuß, wie der Ritterschafftlichen 41.
Wie es in Ansehung der Kosten der Vermessung itztgedachter Güter, zu halten 42.
Verordnungen in den Domainen, solche zu machen, hat der Landes-Herr freye Macht 193.
s. Gesetze.
Verpfändung der Lehn, s. Lehn-Güter.
Verschickung der Acten wie weit solche bey den Landes-Gerichten statt habe 399. 400.
bey den Unter-Gerichten 425.
wenn solche bey den Cantzleyen und Consistorio in Causis mulctarum zu erkennen 430.
Visitation des Hof- und Land-Gerichts. s. Hof-Gericht.
Kirchen- s. Kirchen-Visitation.
Vor-Jagd auf den Ritterschafftlichen und andern Gütern, deren begeben sich Serenissimus 304.
Vorkäufferey auf dem Lande, zum Nachtheil der Städte verbothen 255.

W.

Wälder,
Waldung. } s. Holtzung.
Wasser-Stauungs-Beschwerden, sollen abgethan werden 378.
Wege-Geld, s. Zölle.
Besserung

Besserung der öffentlichen Land-
wege solche geschehen solle 379.
Beibe, s. Wiese-Wachs.
Werbung, gewaltsame, soll nicht
gestattet werden 331. 333.
Wiese-Wachs, wie solcher gegen
Saat-land zu taxiren 8. 9.

Z.

Zehende, s. Abzugs-Geld.
soll von den wüsten oder gelegten
Hufen, wo er der Pfarre und deren
Dienern erweißlich zustehet, abgetragen werden 505.
Zölle, deßwegen hat es bey den Reversalen und dem Herkommen sein
Verbleiben 280.
Mißbräuche dabey, sollen abgeschaffet werden 289.
neue, sollen nicht angeleget werden 282.
die post Ao. 1621. angelegten, oder
gesteigerten, sollen abgeschafft
und herunter gesetzt werden 282.
wie es mit deren etwa nöhtigen Verlegung zu halten 284.
sollen, von Schaafen, die im Lande
bleiben, nicht gefordert werden 285.
dabey soll niemand überfetzt werden 286.

ob, und in wie weit die, von der
Ritterschafft davon befreyet 286.
288.
wie, in Ansehung der Ritterschafftlichen Zoll-Freyheit, allem Unter-
schleiffe vorzubeugen 287.
wie es in dem Falle gehalten werden soll, da das Herkommen dieser Zoll-Freyheit entgegen
ist 289.
dabey sollen die Bedienten die
Reisenden nicht aufhalten 290.
wie es, wegen des, statt alter Zölle,
eingeführten Damm-Brücken-
oder Wege-Geldes zu halten 291.
bey künfftiger Besserung und Aenderung der Wege, soll nichts neuerlich und einseitig unter den
Nahmen Damm-Wege- oder
Brücken-Geld gefordert werden,
und wie es dieserwegen zu halten 292.
Zoll-Freyheit zwischen Mecklenburg
und der Stadt Lübeck bestätiget 375.
Zünffte in den Städten, Einschrän-
kung und Vorschrifft derselben 374.
Zusammenkünffte der Stände, s.
Convocations- und Deputations-
Täge, it. Convente.

www.ingramcontent.com/pod-product-compliance
Lightning Source LLC
Chambersburg PA
CBHW030118240426
43673CB00041B/1319